퍼스트 브레인, 멘탈 모델

효과적인 학습법, 장기 기억의 체계화, 인지 부하 관리까지
머리를 탁 트이게 할 14가지 학습과학 원리

퍼스트 브레인, 멘탈 모델

효과적인 학습법, 장기 기억의 체계화, 인지 부하 관리까지
머리를 탁 트이게 할 14가지 학습과학 원리

초판 1쇄 2026년 1월 30일

지은이 짐 힐, 리베카 베를린
옮긴이 박영민
발행인 최홍석

발행처 (주)프리렉
출판신고 2000년 3월 7일 제 13-634호
주소 경기도 부천시 길주로 77번길 19 세진프라자 201호
전화 032-326-7282(代) 팩스 032-326-5866
URL www.freelec.co.kr

편 집 박영주
표지디자인 황인옥
본문디자인 백지선

ISBN 978-89-6540-430-9

이 책에 대한 의견이나 오탈자, 잘못된 내용의 수정 정보 등은 프리렉 홈페이지(freelec.co.kr) 또는 이메일(help@freelec.co.kr)로 연락 바랍니다.

퍼스트 브레인
멘탈 모델

짐 힐, 리베카 베를린 지음 | 박영민 옮김

프리렉

짐 Jim

아버지께, 모든 것에 감사드립니다.

리베카 Rebekah

이 헌사에 대한 피드백까지 부탁했던 나의 맷,

당신은 정말 든든한 동반자예요.

추천사

어떻게 하면 우리는 더 잘 배우고, 더 빠르게 성장하며 탁월한 성과를 낼 수 있을까. 이 질문은 학생이나 선수뿐 아니라, 직장인과 경영자 등 오늘도 일터에서 성과를 고민하는 모든 사람이 던지는 질문입니다.

『퍼스트 브레인, 멘탈 모델』은 인지과학을 기반으로 작업 기억과 장기 기억 간의 연계를 통해 사람이 어떻게 정보를 처리하고 기억하는지, 생각이 어떻게 작동하는지 그 구조를 보여줍니다. 이를 통해 무엇이 성장을 가속하는지를 풀어냅니다. "학습/성장/성과를 위한 과학적 비법서"라 해도 과언이 아닙니다.

생각의 작동 원리를 이해하면 학습과 성장의 방식도 달라집니다. 성장은 열심과 태도의 문제가 아니라 설계의 문제임을 분명히 일깨워주는 책입니다. 성장을 원하는 모든 분, 그리고 누군가의 성장을 돕는 교사, 코치와 리더들에게 이 책을 권합니다.

_ 신수정

임팩트리더스아카데미 대표, 『진짜 공부 리스타트』, 『일의 격』 저자

인공지능과 기계학습의 연구자이자 동시에 교육자로서, '어떻게 하면 더 효율적으로 정보를 인식하고 구조화하고 부호화하고 그리고 사용할 것인가'는 저에게 가장 중요한 연구 주제이며 고민거리입니다. 『퍼스트 브레인, 멘탈 모델』은 기계학습의 원리와도 묘하게 닮아 있는 인지과학의 핵심을 놀랍도록 명쾌하게 풀어내고 있습니다. 학습 데이터의 과적합Overfitting을 막기 위해 다양한 사례를 학습시키는 기계학습의 원리는 이 책에서 말하는 '다다익선(다양한 예시)' 원리와 비슷하며, 복잡한 네트워크 구조 속에서 지식이 연결되는 '스키마'의 형성은 인공신경망의 가중치 학습 과정을 떠올리게 합니다. 특히 '작업 기억의 한계'를 고려한 인지 부하 관리 전략은, 제한된 컴퓨팅 자원 내에서 최적의 성능을 내야 하는 최적화 기법과 연결되어 연구자로서 깊은 흥미를 느꼈습니다.

저자들은 14가지 멘탈 모델을 통해 학습자의 뇌라는 하드웨어에 어떻게 정보를 부호화하고 저장할 것인지에 대한 가장 인간적이면서도 과학적인 방법론을 제시합니다. AI 시대에 인간이 어떻게 더 깊이 사고하는지를 아는 것은 너무나 중요한 일입니다. 이 책은 학생들에게 지식을 전달하는 교육자들에게는 최적의 교수 설계 지침서가, 새로운 연구의 실마리를 찾는 연구자들에게는 인간 지능에 대한 깊은 통찰을 주는 힌트가 될 것입니다. '학습'이라는 주제를 가지고 우리 '인간'을 다시 되돌아보게 하는 이 책을 통해, 우리의 마음속에도 견고하고 유연한 '멘탈 모델'이 구축되기를 기대합니다.

_ 김현철

고려대학교 컴퓨터학과 교수

30년 넘는 시간 동안 가르침과 배움이란 무엇일까를 늘 고민해 왔습니다. 어느 때는 정원사와 씨앗이라 느꼈고, 길을 비추는 등불과 빛을 따라 걷는 걸음이라 정의하기도 했으며, 현재의 이해와 새로운 지식 사이를 잇는 다리라고도, 교사의 음과 학습자의 음이 만나 새로운 선율을 만드는 공명과 조율이라는 생각도 했습니다.

학습과학을 공부한 이후로는 효과적인 가르침이란 학습자의 머릿속 풍경을 이해하고, 그 지형에 맞는 길을 함께 만들어가는 일이라는 생각을 합니다. 안타깝게도 많은 교육자가 자신이 이미 잘 아는 길만을 고집하거나, 오랜 전문성이 만들어낸 높은 산 위에서 초보 학습자가 헤매는 숲을 내려다보지 못합니다. 이른바 "전문가의 맹점"에 갇혀버리는 것이지요. 학습과학은 그 산과 숲 사이를 이어주는 길이 되어줍니다.

『퍼스트 브레인, 멘탈 모델』이 흥미로웠던 이유는 학습의 여정을 하나의 흐름으로 엮어낸다는 점이었습니다. 주의 집중에서 시작해 정보 처리를 거쳐, 정교화를 통해 깊어지고, 마침내 회상으로 꽃피우는 학습의 전 과정을 인지 부하 이론이라는 나침반으로 안내합니다. 마치 숙련된 가이드가 등산객의 체력과 경험을 고려해 쉼터와 경로를 조정하듯, 학습자의 인지적 부담을 세심하게 관리하는 방법을 보여줍니다.

이 책을 읽으며, 저는 오래전부터 품어왔던 신념을 다시 한번 확인하게 되었습니다. 학습자에게 필요한 것은 더 많은 정보의 홍수가 아니라, 지식과 지식 사이의 관계를 스스로 발견하게 하는 것이라는 믿음 말입니다. 마치 별자리를 보듯, 흩어진 점들을 연결하는 선을 그릴 수 있을 때 비로소 의미 있는 그림이 완성됩니다. 학습자의 제한된 인지 자원을 귀한 화폐처럼 아껴 쓰고, 가장 중요한 곳에 투자하도록 안내하는 것, 단순히 "무엇을" 아는 것을 넘어 "왜" 그런지 묻게 하는 것, 등반가가 각 홀드를 확인하고 체중을 싣듯, 학습자가 이미 알고 있는 것과 새로 배울 것 사이의 연결고리를 의도적으로 견고하게 만드는 것. 이것이야말로 교육자의 책임이 아니겠습니까? 오랜 시행착오 끝에 마침내 학습자의 눈빛이 환해지는 그 순간을 경험하고 싶은 모든 교육자 여러분이 함께 읽었으면 좋겠습니다.

_ **장은경**

서울 둔촌고등학교 수석교사, 수업 컨설턴트 겸 교사교육가

과학 이야기를 매일 대중에게 풀어내다 보면 "열심히 설명했는데 왜 전달이 안 되지?"라는 벽을 자주 만나게 됩니다. 상대방도 마찬가지로 "분명 들었는데 왜 기억이 안 나지?" 같은 순간을 매일 겪기도 하죠.

『퍼스트 브레인, 멘탈 모델』은 그 답을 '재능'이 아니라 '마음의 구조'에서 찾습니다. 작업 기억의 한계와 부호화가 일어나는 조건, 장기 기억의 스키마가 어떻게 우리의 이해를 바꾸는지까지, 인지과학의 핵심을 생활의 언어로 풀어내며, 우리가 일상에서 지금 당장 활용할 수 있는 도구들로 만들어줍니다. 그리하여 우리 생각을 정리하고 전달하는 방식을 바꿔줄 '멘탈 모델'을 한가득 건네줍니다. 복잡한 생각을 더 단단하게, 그리고 더 다정하게 전달하고 싶은 모든 사람에게 권합니다.

_ **과학커뮤니케이터 항성**

(천체물리학자, 과학 유튜브 채널 <안될과학> 운영자

마음이 작동하는 방식을 이해하면, 인간의 수행 능력도 변화한다. 『퍼스트 브레인, 멘탈 모델』은 그러한 이해를 위한 탁월한 청사진이다. 이 책은 마음에 대한 복잡하고 과학적인 이해를 실생활의 사례들과 연결하여, 실용적이면서도 강력하고 우리 모두가 배우는 방식에 필수적인 통찰을 제공한다. 달리 표현할 방법이 없다. 인생을 바꿀 아이디어들이 이 책 안에 담겨 있다.

_ **홀리 코베이** Holly Korbey

《더 벨 링어》 편집자, 교육 저널리스트, 『더 나은 시민 만들기 Building Better Citizens』 저자

정말 놀라운 책이다! 힐과 베를린은 명료하며 전문용어에 치우치지 않은 문체로 인지과학의 세계를 활짝 열어 보인다. 『퍼스트 브레인, 멘탈 모델』은 인지과학을 접근 가능하면서도 실행 가능하게 만들어, 우리가 가르치고, 이끌고, 배우는 방식을 개선할 수 있는 강력한 프레임워크를 제공한다. 일상생활에서 마음의 힘을 발휘하고자 하는 모든 이에게 필수적인 책이다.

_ **잘 메타** Jal Mehta

하버드 교육대학원 교육학 교수, 『더 깊은 배움을 찾아서 In Search of Deeper Learning』 저자

『퍼스트 브레인, 멘탈 모델』은 연구와 실제 적용 사이의 간극을 훌륭하게 연결하며, 우리가 생각하고 배우는 방식에 대한 접근 가능하고 실행 가능한 안내서를 제공한다. 힐과 베를린은 인지과학을 실용적인 전략으로 풀어내어, 교육자, 리더, 전문가 등 누구나 이해력, 의사소통, 의사결정을 향상시킬 수 있도록 돕는다. 마음의 힘을 활용하여 의미 있는 영향력을 만들어내고자 하는 이들이 반드시 읽어야 할 책이다.

_ **브리짓 햄리** Bridget Hamre

티치스톤 공동창립자 겸 최고경영자, 버지니아 대학교 교육인간발달대학원 부교수

멘탈 모델이 무엇이고 왜 교수와 학습에 중요한지를 명확하게 논의하는 책이 드디어 나왔다. 『퍼스트 브레인, 멘탈 모델』은 훌륭한 과학과 그것이 효과적인 학습에 의미하는 바를 완벽하게 결합한다. 힐과 베를린은 가장 어려운 개념들을 이해하기 쉽게 만드는 놀라운 능력을 지녔다. 그들이 사용하는 사례와 비유(두 가지 매우 강력한 교수 기법)는 독자의 관심을 사로잡는 '고리'로, 가장 어려운 개념도 쉽게 이해하게 만드는 '촉진자'로, 그리고 기억을 돕는 '닻'으로 작용한다. 모든 교사, 교육자, 강사에게 필독서다!

_ 폴 A. 키르슈너Paul A. Kirschner

교육심리학 명예교수, 전 국제학습과학회 회장

『배움은 어떻게 일어나는가How Learning Happens』, 『가르침은 어떻게 일어나는가How Teaching Happens』, 『증거 기반 학습 설계Evidence-Informed Learning Design』 저자

멘탈 모델은 교수와 학습에서 가장 중요한 개념 중 하나다. 전문가들이 아이디어를 이해하고 신속하고 효과적으로 결정을 내릴 수 있는 이유는, 개념이 어떻게 보이고 작동해야 하며 왜 그러한지에 대한 풍부한 멘탈 모델, 즉 마음속 청사진을 가지고 있기 때문이다. 그러나 "어떻게 하면 학습자가 전문가처럼 강력한 멘탈 모델을 개발하게 할 수 있는가?"라는 핵심 질문은 제대로 이해되지 못했다. 이 매우 강력한 책은 그 미스터리를 벗겨 내며, 교육자들이 멘탈 모델을 이해하고 학습자의 마음속에 최적으로 구축하도록 돕기 위해 따를 수 있는 실천적 단계들을 제공한다. 인지과학이 학습에 어떻게, 그리고 왜 적용되어야 하는지를 설명하는 탁월한 기여다.

_ 더그 레모브Doug Lemov

『챔피언처럼 가르쳐라Teach Like a Champion』, 『완벽하게 연습하라Practice Perfect』 저자

서문

어떤 이는 성공하고 다른 이는 실패하는 이유는 무엇일까? 우리가 어떤 영역에서는 성공하지만, 다른 영역에서는 그러지 못하는 것은 왜일까? 흔히 우리는 성공을 '카리스마'나 '재능' 같은 무형의 자질 덕분이라고 생각한다. 뛰어난 연설가나 관리자를 두고 "그 사람은 분명 그럴 만한 자질이 있을 것"이라고 추측할 뿐, 그 '무언가'가 실제로 무엇인지는 묻지 않는다. 마찬가지로, 다른 사람의 성공을 본받으려 애쓰다가 못 미칠 때마다 "나한테 안 맞는 일이야."라는 생각에 사로잡히곤 한다. 능력과 성공에 대한 이러한 관념은 우리의 성장을 가로막고, 사람들과의 일상적인 상호작용에 영향을 미치는 여러 요인을 간과하게 한다. 심지어 그중 상당수는 눈앞에 두고도 알아차리지 못한다.

좀 더 구체적으로 생각해 보자. 직장에서 최근에 했던 발표나 자녀에게 무언가를 가르치려 했던 순간을 떠올려 보라. 팀을 이끌고 복잡한 프로젝트를 진행하거나 친구에게 낯선 아이디어를 설명하려던 순간은 어떤가? 이제 그런 순간을 자칫 망쳐버렸을지도 모르는 모든 가능성을 따져보자. 엄청나게 긴 시간을 발표 준비에 쏟아부었음에도 불구하고, 여러분이 분명히 설명한 내용을 다시 묻는 사람들은 항상 있다. (그들은 정말 듣고는 있었을까?) '기름칠된 기계'처럼 잘 돌아가던 팀 프로젝트가 순식간에 '개판 오 분 전'으로 변해 버린다. 친구에게 무언가를 설명하려는 시도는 결국 "아, 됐어. 신경 쓰지 마."란 말로 끝나고 만다.

다행히 우리는 이런 예를 포함한 수많은 일상적 상호작용에서 성공할 가능성을 높일 방법을 알고 있다. 바로 우리 생각의 작동 원리를 이해하는 것, 즉 인지과학을 적용하는 것이다.

인지과학은 우리가 세상을 어떻게 이해하는지, 즉 우리 삶을 구성하는 정보에 어떻게 주의를 기울이고 처리하며 기억하는지를 다룬다. 인지과학은 발표를 듣는 청중이 집중력을 유지하기 어려운 이유를, 팀이 목표를 잃어버리는 이유를, 그리고 자신이 잘 아는 개념을 아무것도 모르는 상대방에게 설명하는 것이 왜 그토록 어려운지를 설명할 수 있다.

더 중요한 것은, 인지과학이 우리가 더 자주 그리고 더 성공적으로 행동할 수 있도록 돕는 로드맵을 제공한다는 점이며, 바로 이것이 이 책의 핵심 주제다.

멘탈 모델

그렇다면 이 책의 제목은 무슨 뜻일까? 햄 샌드위치를 만들든, 피아노로 베토벤 소나타를 연주하든, 어떤 일을 할 때 우리에겐 인지과학자들이 '**멘탈 모델**mental models'이라 부르는 것이 있다. 이러한 정신적 표상으로 인해 우리는 전체를 볼 수 있고, 개별 부분을 들여다볼 수도 있으며, 혹은 그 둘 사이의 관계를 생각해볼 수 있다.

멘탈 모델은 인지적 설계도로서, 우리 행동을 안내하는 역할을 한다. 가령 치실을 사용할 때, 당신의 멘탈 모델은 다음과 같다. 1) 치실 양 끝을 손가락에 감는다. 2) 왼쪽 아래 ¼ 지점에서 시작해 오른쪽 아래로 이동한다. 3) 위쪽 치아에도 동일하게 반복한다. 독자 여러분은 아마 마음속으로 이 동작들을 수행하는 자신의 모습을 영화처럼 재생할 수 있을 테다. 언제든 일시 정지하거나 화면을 확대해 보는 능력도 함께.

멘탈 모델은 또한 우리의 행동을 판단하는 기준점이 된다. 예컨대, 저녁을 요리하며 중간중간 맛을 보다가 싱겁다고 깨닫는 순간을 떠올려 보자. 여러분이 그런 생각을 하게끔 하는 것이 바로 멘탈 모델이다. 멘탈 모델은 여러분이 머릿속에서 원하는 요리의 이상적인 맛을 알려주고, 그 기준에 맞을 때까지 계속 간을 조절하도록 작동한다.

우리는 또한 시간이 지나면서 멘탈 모델을 점점 정교하게 다듬어 나간다. 세발자전거를 타는 아이와 투르 드 프랑스에 참가하는 프로 사이클리스트가 떠올리는 효과적인 페달링의 멘탈 모델은 다를 것이다. 전문성이 쌓일수록 우리의 정신 모델은 더 정확해지고 동시에 더 복잡해지는 경향이 있다.

앞선 예시가 보여주듯, 일상적 성공이나 실패의 규정에서 인지과학이 하는 일에 대해 두 가지를 말할 수 있다.

1. 우리 삶은 주변 사람들과 함께 가르치고, 배우고, 성장할 기회로 가득 차 있다.
2. 대부분의 사람은 이런 순간을 기회로 인식하지 못한다. 설령 인식한다 해도, 우리는 마음이 실제로 어떻게 작동하는지에 대한 이해를 그 순간에 적용할 준비가 되어 있지 않다.

다시 말해, 우리는 특정 상황에 들어설 때마다 대개 성공에 대한 어떤 멘탈 모델을 갖지만, 막상 눈앞의 과제에는 턱없이 부족한 경우가 많다. 우리는 스스로에게 말한다. "사람들의 관심을 끌려면 이렇게 해야 해." "그룹을 위한 구체적인 목표는 이렇게 설정하는 거야." "새로운 개념을 처음 접하는 사람에게 설명하려면 이렇게 해야 해." 이러한 행동들(그리고 무수히 많은 다른 행동들)에 대한 우리의 멘탈 모델은, 실제 마음이 어떻게 작동하는지에 대한 이해를 바탕으로 할 때 훨씬 개선될 수 있다. 그러나 지난 50여 년간 인지과학이 엄청난 발전을 이루었음에도 불구하고, 우리 대부분은 여전히 일상생활에 이를 적용하는 방법을 모른 채 살아간다.

이런 놓친 기회들의 결과는 명백하다. 발표를 듣고도 건져 가는 게 없고, 팀의 성과는 기대에 미치지 못하며, 친구나 가족은 혼란스러워하며 자리를 떠난다.

더 효과적인 사고를 위한 멘탈 모델 정교화

만약 자신의 성장을 이끌거나 타인의 성장을 돕는 일이 말 배우기처럼 직관적인 행위라면, 이 책은 애초에 필요가 없었을 것이다. 현실적으로 멘탈 모델을 인지과학의 원리에 부합하도록 다듬는 일에는 읽기나 쓰기처럼 더 의도적이고 체계적인 접근이 필요하다. 이 책은 바로 그 과정을 돕기 위해, 일상 활동을 떠받치는 인지 과정을 하나하나 풀어낼 것이다.

- 먼저 '**배우는 마음**The Learning Mind'에서 일상적으로 적용 가능한 인지 모델을 소개한다. 새로운 아이디어를 접하고, 그것을 처리하며 (바라건대) 향후 사용을 위해 기억해내는 과정에서 우리 마음속에서 무슨 일이 일어나는지를 탐구할 것이다.
- 다음으로 '**질서 있는 마음**The Ordered Mind'에서는 전문가의 마음이 초보자의 마음과 어떻게 다른지, 특히 장기 기억 구조 측면에 집중하여 살펴본다. 지식을 습득하고 세상을 이해하는 과정에서 이 구조가 어떤 역할을 하는지, 효과적으로 이해하기 위해선 무엇이 필요한지도 배운다.
- 이어서 '**인지의 톱니바퀴**The Wheels of Cognition'를 통해 정보가 작업 기억에서 장기 기억으로 옮겨 가려면 무엇을 해야 하는지, 왜 종종 다시 끄집어내지 못하는지, 그리고 이를 어떻게 해결할 수 있는지를 탐색한다.
- '**생각의 무게**The Weight of Thought'에서는 인지 부하 이론을 이해하고, 우리가 생각할 때 짊어지는 정신적 부하를 관리함으로써 학습 과정을 어떻게 최적화할 수 있는지 알아본다.

- 마지막으로 '**사고의 여정**Journeys of the Mind'에 도달해, 지금까지 살펴본 학습 과정을 하나로 엮는다. 독자들은 학습이 목표가 되는 어떤 상황에서도 적용할 수 있는 일관된 접근법을 얻게 될 것이다.

결국 삶의 전반에서 우리는 효과적이고 영향력 있는 존재가 되기 위해 해야 할 것과 하지 말아야 할 것에 대한 멘탈 모델을 지니고 있다. 이 책은 여러분이 그러한 멘탈 모델을 정교하게 다듬도록 안내하며, 삶을 구성하는 사람들과 아이디어에 보다 효과적으로 대응하도록 준비시켜줄 것이다.

차례

생각의 무게

05 사고의 여정

일러두기

- 인명, 사명, 지역명은 대체로 표준국어대사전의 외래어표기법을 따르되, 널리 퍼진 용례가 있는 경우에는 이를 준용했다.
- 원서에서 이탤릭체로 강조한 단어는 작은따옴표로 표기했다.
- 본문의 모든 각주는 독자의 이해를 돕기 위한 역자주 및 편집주이다.
- '더 알아보기' 페이지는 각 장의 주제와 관련하여 역자가 제공하는 추가 읽을거리이다.

1장. 배우는 마음: 인지 모델

01

배우는 마음

인지 모델

1부에서는 우리가 마음, 혹은 사고라고 말할 때 무엇을 의미하는지, 그리고 그것이 어떻게 작동하고 왜 중요한지를 다룬다.

배우는 마음

본격적으로 인지 과정을 활용해 성공적으로 일을 해내는 다양한 전략을 살펴보기 전에, 마음의 실제 작동 방식을 이해하는 멘탈 모델을 갖추는 것이 중요하다. 이를 바탕으로 앞으로 소개될 개념들을 설명해 나가겠다.

수십 년간의 인지과학 연구는 우리가 어떻게 생각하고 배우는지에 대해 이해한 바를 하나로 모아왔다. 버지니아 대학교의 인지과학자 대니얼 T. 윌링햄Daniel T. Willingham은 그 핵심을 단순하게 제시했으며, 우리는 이 책 전반에 걸쳐 이를 참고할 것이다.

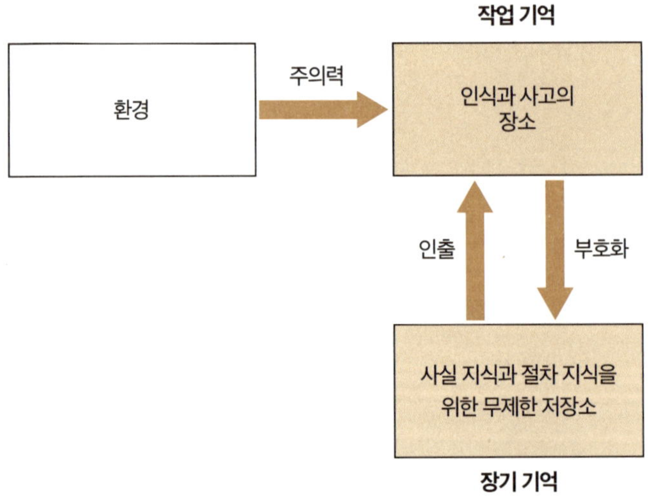

기술적인 설명은 다음과 같다. 우리가 주의를 기울인 정보는 작업 기억에서 처리된다. 거기서, 희망사항이긴 하나 우리는 그 정보를 부호화하여 장기 기억에 무기한 저장할 수 있게 된다. 필요할 땐 이 정보에 접근해, 다시 인식과 사고의 장소인 작업 기억으로 불러온다. 이건 도대체 무는 뜻이며, 일상에선 어떻게 작동할까?

상상해 보자. 당신은 새로운 직장에서 첫 주를 보내고 있다. 화장실에서 나오자 복도에 상사가 서 있다. 좋은 인상을 남기고 싶은 마음에 발걸음을 맞춰 따라 가는데, 상사가 방금 일정에 회의가 추가되었다고 알려준다. 10분 후에 시작되는 회의다. 그 회의에는 당신과 상사, 그리고 상사가 협력하고 싶어 하는 다른 기관의 대표 몇 명이 참석할 예정이다. 바로 그때, 주머니 속 휴대폰이 진동하기 시작한다. 재빨리 진동을 끄지만 잠시 후 다시 진동이 울린다.

"연속으로 두 통이라니," 당신은 생각한다. "무슨 급한 일이 생긴 걸까? 전화를 확인하려고 상사를 방해했는데, 별것 아닌 영업 전화면 어쩌지?"

위의 상황에서 무슨 일이 벌어지고 있는 걸까? 휴대폰의 진동이 당신의 주의를 끌자마자, 작업 기억은 온갖 생각으로 가득 채워진다. "왜 두 번이나? 큰일은 아니겠지?"부터 "동생 녀석이 마트 가는 길에 심심해서 전화한 거겠지?"에 이르기까지 말이다.

나쁜 소식이 있다. 주의력과 작업 기억은 한정된 자원이다. 한 가지에 주의를 기울일수록 다른 것에 쏟는 주의력은 줄어든다.

따라서 "근무 시간에 수다 떨려고 전화하지 말라고 했는데, 제발 내 동생이 아니길!" 같은 생각을 하기 시작하는 순간, 당신의 마음은 상사가 설명하는 곧 다가올 회의의 세부사항을 전혀 처리할 수 없게 된다. 상사가 여전히 말하고 있다는 사실은 인지할 수 있고 가끔 단어 몇 개가 귀에 들어오기는 하겠지만, 당신의 작업 기억은 온통 어떻게 하면 들키지 않고 휴대폰을 꺼내 발신자를 확인할지에 대한 전략으로 이미 가득 차 있기 때문이다.

나쁜 소식은 하나 더 있다. 당신이 스스로에게 던지는 질문들, 즉 1)여러 통의 전화가 걸려오는 원인을 자세히 따져보게 하고 2)상사 일을 방해하며 휴대폰을 확인할 때의 장단점을 분석하게 하는 질문들이야말로, '바로' 인지과학자들이 "부호화"라 부르는 과정을 촉발하는 유형의 심층 처리 질문이란 사실이다.

부호화encoding는 정보를 작업 기억에서 장기 기억으로 옮기는 과정이다. 작업 기억은 정보를 몇 초밖에 유지하지 못하는 반면, 장기 기억은 무기한 저장할 수 있다. 저장된 정보는 나중에 꺼내 쓰기 전까지 장기 기억에 남아 있다(기억remembering 행위). 물론 잊지 않는다면 말이다. 망각이라는 경험은 우리가 정보를 회상할 적절한 단서를 갖지 못할 때 발생한다. 혹은 단서와 기억 흔적(정보를 불러오는 경로)을 사용하지 않아 쇠퇴할 때도 발생한다.

따라서 부호화는 정보를 기억하고 활용할 수 있게 하는 핵심이다. 그러나 부호화할 수 있는 것은 오직 작업 기억에서 먼저 처리한 정보뿐이다. 따라서 상사가 이 잠재적 파트너십에 그토록 관심을 갖는 이유를 기억하고 싶다면, 그 정보를 깊이 있게 처리하는 것이 최선의 방법이다. 그런데 그 시간에 예를 들어 "설마 우리 집이 불이 난 건 아닐까? 아까 가스레인지 끄긴 했지?" 같은 생각에 깊이 파고들었다면, 안타깝게도 나중에 장기 기억에서 꺼낼 수 있는 건 그 생각뿐이다.

왜 이런 게 중요할까? 자, 두 번 연속 온 전화가 불행하게도 때를 영 못 맞춘 단순한 영업 전화였다는 걸 확인하고 나서, 상사와 함께 회의에 들어간 상황을 상상해 보자. 회의 시작 10분만에 상사가 당신을 가리키며 말한다. "지금 소개드리는 동료가 우리가 이 잠재적 파트너십을 기대하는 몇 가지 이유를 말씀드릴 거예요." 당황한 당신이 아무리 머리를 쥐어짜도 복도에서 나눈 대화와 관련해 장기 기억에서 끌어낼 수 있는 건, 그저 어색하게 고개를 끄덕이며 "음, 네." 하고 대충 맞장구친 기억뿐이다. 주머니에서 휴대폰을 슬쩍 빼내려는 사실을 숨기려 애쓰던 바로 그 순간말이다. 물론, 물리적으로 당신은 상사의 말을 '들었'다. 상사가 말할 때 그 자리에 있었고, 소리 파동이 당신의 귀로 전달되긴 했다. 그러나 당신이 상사의 말을 처리process하지 않았기 때문에, 그 내용은 장기 기억에 옮겨지지 않았다. 당신은 상사가 그 협력 관계를 두고 왜 그렇게 들떠 있었는지 기억할 수 없는데, 애초에 그 말에 주의를 기울이지 않았기 때문이다.

다른 방식으로 말하자면, 사고의 결과가 결코 보장되지 않는다는 것이다. 우리의 마음은 끊임없이 주변 환경에 주의를 기울이고, 그것을 이해하기 위해 장기 기억에서 정보를 끌어오며, 이 모든 것을 작업 기억에서 처리한다. 이 과정은 어느 단계에서든 쉽게 탈선할 수 있다. 작업 기억, 부호화, 장기 기억, 회상 등 그 어느 지점에서든 말이다. 그리고 이는 분명한 결과를 낳는다. 우리가 무엇을 어떻게 처리하는지는 타인과의 상호작용, 그리고 업무 수행 방식에 연쇄적으로 영향을 미친다.

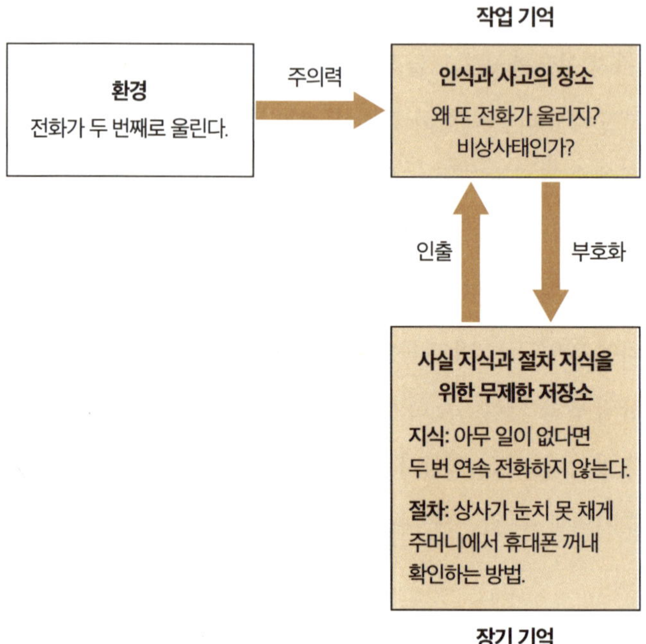

마음에 대한 멘탈 모델을 갖는 것은 어떻게 도움이 될까? 마음이 어떻게 작동하는지 이해하면, 우리 자신과 타인의 정신적 과정을 의도적으로 조정하고 살짝 방향을 틀어줌으로써 모두가 원하는 결과에 도달할 가능성을 높일 수 있다.

같은 예시를 다시 살펴보면서, 이번엔 마음에 대한 이해가 결과에 어떤 영향을 미칠 수 있는지 보자. 당신은 새로운 직장에서 첫 주를 보내고 있다. 화장실에서 나오자 복도에 상사가 서 있다. 좋은 인상을 남기고 싶은 마음에 발걸음을 맞춰 따라 가는데, 상사가 방금 일정에 회의가 추가되었다고 알려준다. 10분 후에 시작되는 회의다. 그 회의에는 당신과 상사, 그리고 상사가 협력하고 싶어 하는 다른 기관의 대표 몇 명이 참석할 예정이다. 바로 그때, 주머니 속 휴대폰이 진동하기 시작한다. 재빨리 진동을 끄지만 잠시 후 다시 진동이 울린다.

당신이 산만해진 것을 눈치챈 상사는 당신이 다시 자신을 바라볼 때까지 잠시 멈춘다. 그러고는 이렇게 말한다. "제가 묻고 싶은 건 이겁니다. 그 사람들의 목표가 우리 목표와 일치한다는 점을 어떻게 알아차리게 할까요?"

이 질문에 즉시 응답하는 순간, 나중에 정보를 기억할 수 있게 하는 심층 처리 과정이 바로 시작된다. 작업 기억이 제한적이라는 점을 알고 있기에, 즉흥적이며 중요한 회의 준비와 계속 진동하는 휴대폰의 의미에 대한 생각을 동시에 처리할 수 없다는 것을 이해한다. 당신은 "자리로 돌아가자마자 확인하자."라고 생각하고, 휴대폰에 대한 생각은 작업 기억에서 흘려보낸다. 이렇게 함으로써 작업 기억엔 상사의 질문에 집중할 여유 공간이 생긴다.

질문에 답한 뒤, 왜 두 기관이 협력하기를 간절히 바라는지, 상사가 열거하는 이유들을 듣는다. 당신은 동의하면서도, 마음속으로 또 다른 심층적인 질문을 던진다. "우리 조직에 좋은 건 알겠는데, 그들은 왜 우리와 파트너십을 맺고 싶어 할까?" 자리로 돌아와 휴대폰을 본 당신은, 연달아 걸려온 영업 전화임을 확인한 후 다시 집중한다. 그리고 상사의 논리를 정리하며, 구직 과정에서 파악해 두었던 두 기관에 대한 정보를 장기 기억에서 끌어와 답변 초안을 적어둔다.

그러면서 이전 직장에서의 파트너십 회의가 떠오른다. 그 회사는 현재 회사와 다른 목표를 가지고 있었지만, 당시에 파트너십을 지원하기 위해 사용했던 절차 중 현재의 맥락에서도 유용할 부분이 있나 고민해 본다.

두 조직이 협력할 수 있는 프로젝트 예시 몇 가지를 메모에 추가하고, 상사가 어떤 질문을 던지더라도 대응할 준비를 마친 상태로 회의실에 들어선다.

이 복도에서의 상호작용과 그 결과는 왜 이렇게 달랐을까? 물론 두 번째 버전에서는 감정 조절이 조금 더 잘되었다. 하지만 가장 큰 차이는 각 단계마다 사고 과정이 완전히 달랐다는 데 있다.

첫 번째 버전에서는 작업 기억, 나아가 장기 기억마저 "휴대폰을 확인할까, 말까?"와 같은 생각들로 채워져 있다. 반면 두 번째 경우는 전 과정이 중요한 회의를 성공적으로 이끄는 데 결정적일 수 있는 정보를 처리하는 데 집중되어 있었다.

볼링장의 범퍼(볼링공이 레인 옆 거터로 빠지지 않게 막아주는 레일)처럼, 우리가 마음이 어떻게 작동하는지에 대한 멘탈 모델을 가지고 있으면, 사고 과정이 원하는 방향으로 향하게 의도적으로 유도nudges할 수 있다. 당신이 주의 산만해 보였을 때 상사가 잠시 말을 멈춘 것은 단순히 예의 때문이 아니었다. 당시 가장 중요한 정보에 당신이 다시 주의를 집중할 기회를 준 것이다. 또한 상사가 "어떻게 하면 그들이 자신의 목표와 우리 목표가 일치한다는 것을 알아차리게 할까?"라는 질문을 던졌을 때, 당신이 나중에 답을 기억할 가능성을 가장 높이는 바로 그 사고를 촉진한 것이다. 당신이 나중에 "왜 그들이 우리와 파트너십을 원할까?"라고 자신에게 물었을 때처럼 말이다.

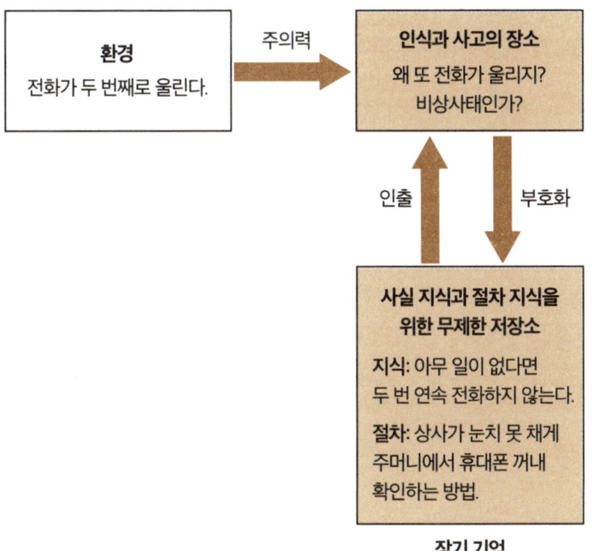
작업 기억
환경
전화가 두 번째로 울린다.
주의력
인식과 사고의 장소
왜 또 전화가 울리지?
비상사태인가?
인출
부호화
사실 지식과 절차 지식을
위한 무제한 저장소
지식: 아무 일이 없다면
두 번 연속 전화하지 않는다.
절차: 상사가 눈치 못 채게
주머니에서 휴대폰 꺼내
확인하는 방법.
장기 기억

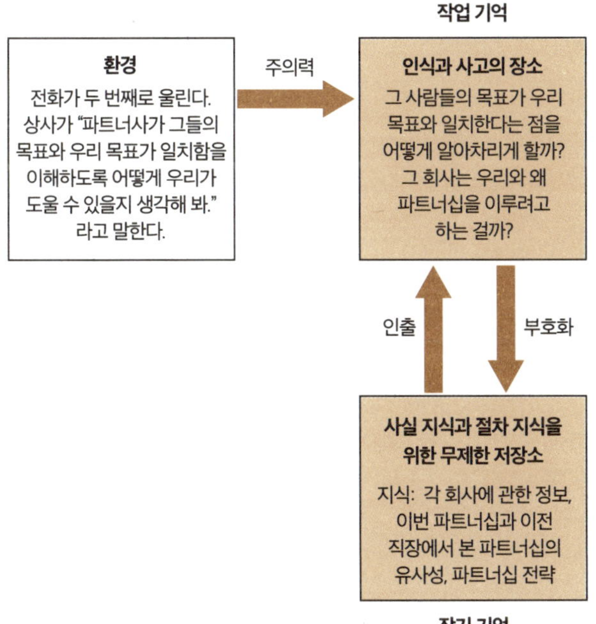
작업 기억
환경
전화가 두 번째로 울린다.
상사가 "파트너사가 그들의
목표와 우리 목표가 일치함을
이해하도록 어떻게 우리가
도울 수 있을지 생각해 봐."
라고 말한다.
주의력
인식과 사고의 장소
그 사람들의 목표가 우리
목표와 일치한다는 점을
어떻게 알아차리게 할까?
그 회사는 우리와 왜
파트너십을 이루려고
하는 걸까?
인출
부호화
사실 지식과 절차 지식을
위한 무제한 저장소
지식: 각 회사에 관한 정보,
이번 파트너십과 이전
직장에서 본 파트너십의
유사성, 파트너십 전략
장기 기억

물론, 대부분의 사람이 직장에서 대화 중에 다른 사람들이 눈치채지 못하게 휴대폰을 확인하는 능력을 연마하는 데 시간을 쓰지는 않는다(뭐, 조금은 할지도 모르지만). 하지만 당신은 회의에 참석하거나, 프레젠테이션을 하거나, 신입 직원을 교육하거나, 프로젝트를 관리하거나, 팀을 이끌거나, 또는 사람들과 함께 생각하고 성장하는 수많은 상황에 놓이게 될 것이다. 이 모두가 곧 사고와 학습의 과정이다.

이런 과정을 우연에 맡기기보다는, 인지과학의 원리를 활용해 더 효과적으로 해낼 수 있다. 다음 장에서 이러한 원리를 본격적으로 하나씩 살펴보자.

핵심 요점

* 작업 기억working memory은 한정된 자원이다. 하나에 주의를 더 기울이고 처리할수록, 다른 것에 주의를 기울이고 처리할 수 있는 능력은 줄어든다.
* 부호화encoding(정보가 작업 기억에서 장기 기억으로 이동하는 것)는 자동으로 일어나는 것이 아니다. 부호화 없이는 기억도 없다. 따라서 가능성을 높이려면 심층 처리(분석, 정교화, 정당화)를 활용해야 한다.
* 작업 기억은 제한적이나, 장기 기억은 무제한이다.
* 기억하기remembering란 장기 기억에서 작업 기억으로 정보를 인출하는 것에 불과하다.

일상에서의 작업 기억: 생각이 일어나는 현장

읽기는 단순히 단어와 문장을 해독하는 과정이 아니라, 여러 인지적 자원이 필요한 복잡한 정보처리 과정이다. 작업 기억을 중심으로 '읽기 과정'을 이해하면 이렇다. 글자라는 시각 정보가 눈에 들어오면, 이는 음운 부호로 변환되어 작업 기억 내 청각 저장 공간phonological loop에 잠시 저장된다. 이 음운 부호는 장기 기억에 저장되어 있던 의미와 문맥, 배경지식 등의 정보와 연결되고 통합된다.

이 과정을 이미 알고 있는 단어와 처음 만난 단어인 경우로 나누어 생각해 보자. 익숙한 단어는 장기 기억에 이미 저장된 형태소와 음운, 의미 정보에 빠르게 접속할 수 있다. 이 과정이 거의 자동적으로 이루어지기 때문에 작업 기억에서 단어 해독에 소모되는 인지 자원이 적다. 이렇게 확보된 여유 자원은 문맥 연결, 의미 추론, 다음 단어 예측 등 고차원적 인지 처리에 활용될 수 있다.

반면, 처음 접하는 단어의 경우 장기 기억에 대응되는 정보가 없으므로, 작업 기억은 시각 정보의 음운 부호 전환부터 복잡한 음운 분석, 음소-문자 대응 규칙을 통한 발음 추론에 이르기까지 더 많은 처리 자원을 투입해야 한다. 이때 단어 해독과 발음 분석이 복잡하게 이루어지면서 의미 해석은 제한적이거나 불확실해진다. 그 결과 작업 기억의 부하가 커지고, 문장 전체의 의미를 통합할 공간이 줄어들어 독해력이 저하된다. 즉, 단어 인식의 숙달도는 읽기 속도와 이해력, 학습 난이도에 영향을 미친다.

단어를 빠르게 인식할 수 있는 독자라 하더라도, 작업 기억은 여전히 분주하게 작동한다. 이미 읽은 문장의 정보를 일정 시간 유지한 채, 새로 읽는 문장의 내용과 연결해 맥락적 일관성을 지속적으로 유지하고 있어야 하기 때문이다. 만약 단어 해독이나 음운 변환만으로도 작업 기억이 과도하게 소모된다면, 문맥 유지나 추론에 투입할 여유가 부족해져 전체적인 이해력이 떨어진다. 결국, 작업 기억을 효율적으로 운용하는 능력은 독해력에서 중요한 역할을 한다.

1부

참고문헌/출처

1장. 배우는 마음

Altmann, E. M., & Gray, W. D. (2002). Forgetting to remember: The functional relationship of decay and interference. ***Psychological Science***, ***13***(1), 27-33.

Atkinson, R. C., & Shiffrin, R. M. (1968). Human memory: A proposed system and its control processes. In ***Psychology of Learning and Motivation*** (Vol. 2). New York: Academic Press, pp. 89-195.

Bransford, J. D., Brown, A. L., & Cocking, R. R. (2000). ***How People Learn*** (Vol. 11). Washington, DC: National Academy Press.

Chandler, P., & Sweller, J. (1991). Cognitive load theory and the format of instruction. ***Cognition and Instruction***, *8*(4), 293-332.

Chincotta, D., Underwood, G., Ghani, K. A., Papadopoulou, E., & Wresinski, M. (1999). Memory span for arabic numerals and digit words: Evidence for a limited-capacity, visuospatial storage system. ***Quarterly Journal of Experimental Psychology Section A***, *52*(2), 325-351.

Ericsson, K. A., & Kintsch, W. (1995). Long-term working memory. ***Psychological Review***, ***102***(2), 211-245.

Willingham, D. T. (2017). A mental model of the learner: Teaching the basic science of educational psychology to future teachers. ***Mind, Brain, and Education***, ***11***(4), 166-175.

Willingham, D. T., & Riener, C. (2019). ***Cognition: The Thinking Animal***. Cambridge: Cambridge University Press.

2장. 보여주며 말하기: 추상적 개념과 구체적 예시를 짝지어라

3장. 다다익선: 다양한 예시로 스키마를 풍성케 하라

4장. 그게 아니고: 틀린 예시를 활용하라

02

질서 있는 마음

장기 기억의 구조

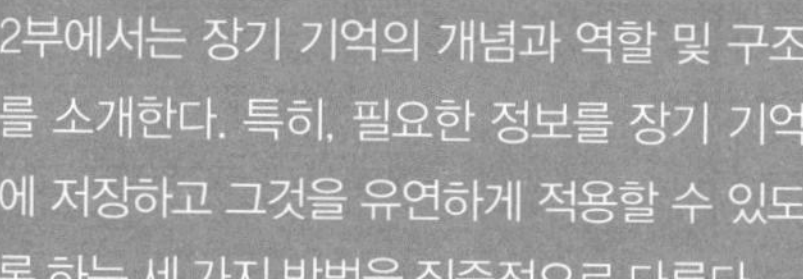

2부에서는 장기 기억의 개념과 역할 및 구조를 소개한다. 특히, 필요한 정보를 장기 기억에 저장하고 그것을 유연하게 적용할 수 있도록 하는 세 가지 방법을 집중적으로 다룬다.

보여주며 말하기

추상적 개념과 구체적 예시를 짝지어라

어쩌면 터무니없이 들릴지도 모르지만, 잠시 팬데믹이 전 세계를 휩쓸고 있다고 생각해 보자. 과학자들과 대중 모두 무엇이 일어나고 있는지 이해하려 애쓰지만, '누구도 경험해 본 적 없는 사태의 용어와 내용을 어떻게 소통할 것인가' 하는 과제는 점점 더 현실적인 문제가 된다.

이제 과학자들과 대중 사이에 괴리가 있다고 상상해 보자. 이 괴리는 신뢰성 문제가 아닌(비록 이 역시 중요한 요인일 가능성이 높지만) 기본적인 이해의 차이다. 물론, 대중은 질병과 그 전염 과정에 대한 상식적인 이해가 있고, 과학자들은 전염병에 관한 전문 지식을 갖고 있으며, 팬데믹을 일으킨 원인 바이러스에 대한 이해 역시 점점 더해 가고 있다. 그렇다고 해서 양측이 서로 오해하지 않을 거라는 보장은 없다. 사실 대중이 질병이 일반적으로 어떻게 퍼지는지 이해한다고 해서, 이 바이러스의 전파 속도를 완전히 이해하는 것은 아니다. 마찬가지로 과학자들이 그 분야 전문가라는 사실이, 발생하는 일을 보통 사람들이 이해할 수 있는 방식으로 설명할 수 있음을 뜻하진 않는다.

예컨대 일반 대중이 "이 바이러스는 '기하급수적'으로 증가하고 있다"라는 진술을 이해한다는 것은 무슨 뜻일까. 이 개념을 설명하려고 할 때, 과학자들은 "들불처럼 번지고 있다"와 같은 완곡어법을 쓸 수 있으나, 그것만으로는 상황을 다 설명하지 못한다. 참고로, 기하급수적 성장 편향은 실제 현상이다. 연구에 따르면, 바로 이 편향 탓에 우리가 새 신용카드를 더 쉽게 발급받는다고 한다. 우리의 저축과 대출에 복리 이자가 미칠 영향을 직관적으로 과소평가하기 때문이다. 같은 이유로 바이러스가 매우 '빠르게', 광범위하게 퍼질 잠재력을 과소평가하기도 한다.

그렇다면 이런 괴리의 존재는 무엇으로 설명할 수 있을까? 문제는 "기하급수적" 같은 용어들이 지나치게 추상적이라는 데 있으며, 특히 배경 지식이 부족할 때는 더욱 그렇다. 추상적 개념은 쉽게 일반화되고, 그 결과 모호하고 불완전한 상태로 우리 마음속에서 남기 쉽다. 예를 들어, 평범한 사람이 '기하급수적'이 빠른 성장과 관련 있다는 것을 안다고 해도, 실제로 그가 전염병의 확산 속도가 현실에서 어떤 모습으로 나타나는지 파악하고 있다는 의미는 아니다. 전문가들이 그 개념을 현실적 맥락에 단단히 묶어 사람들이 따져보고 이해할 수 있게 한다면 몰라도.

자, 이러한 차이를 어떻게 해결할까? 어떻게 해야 개념들을 풍부하게 드러내면서도 추상성으로 인한 오해를 피해 소통할 수 있을까? 그 방법은 바로 추상적 개념(새로운 용어, 은유, 거창한 아이디어)을 구체적 예시와 짝지어 전달하는 것이다. 예시는 개념이 현실에 기반을 얻고, 실질적인 의미를 갖게 한다. 2장에서는 바로 이 짝짓기를 잘 해내는 방법을 살펴보려고 한다.

전문가와 초보자가 충돌할 때

추상적 개념을 구체적인 예시와 짝짓는 것이 왜 중요한지 이해하려면, 먼저 전문가와 초보자 사이의 차이를 이해해야 한다. 흔히 있는 오해 중 하나는 초보자도 전문가와 거의 같은 방식으로 문제에 접근하거나 정보를 받아들일 거라는 생각이다. 하지만 현실은 전혀 다르며, 인지과학 덕분에 우리는 그 차이를 명확히 보여줄 수 있게 되었다.

전문가들은 초보자보다 더 많은 지식을 자유롭게 사용할 수 있을 뿐만 아니라, 지식을 조직화하는 방식도 더 정교하다. 전문가는 정보를 고립된 사실들의 나열로 보지 않고, 상호 연관된 개념들의 네트워크, 즉 인지과학자들이 **스키마**schema라고 부르는 구조로 파악한다.

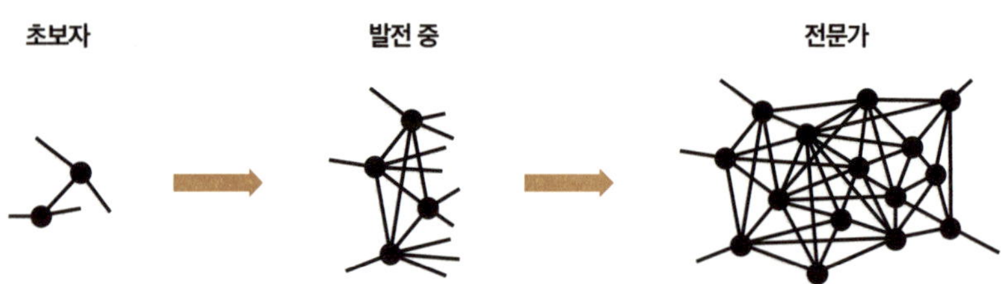

우리는 누구나 시간이 지나면서 나름의 스키마를 발달시킨다. 가장 근본적인 수준에서 스키마가 있기 때문에, 어린 아이라 해도 고양이와 개 사이의 범주적 유사점과 차이점을 말할 수 있다. 저자 짐의 네 살 아이 노라는 고양이와 개가 똑같이 네 다리와 털을 가지고 있음을 알지만, 다른 요소로 구분할 수 있다는 것도 안다(예를 들어, 하나는 야옹거리고 다른 하나는 멍멍 짖는다).

이제 노라가 커서, 고양이과와 개과 간 비교생물학을 세부 전공으로 한 동물학 학위를 취득한다고 상상해 보자. 고양이가 고양이다운 것과 개가 개인 이유를 세밀하게 구분하는 노라의 능력은 어린 시절과 비교할 수 없을 정도로 발전되어 있을 것이다. 노라의 스키마는 훨씬 풍부하고, 다면적이며, 긴밀하게 연결되어 있다. 예를 들어, 노라는 고양이가 특정한 필수 아미노산을 합성하지 못하기 때문에 고기나 생선을 먹어야 건강을 유지한다는 것을 알게 될 수 있다. 반면 개는 그러한 결핍이 없으므로 이론적으로는 고기나 생선 없이도 살 수 있다는 것을 배울 수 있다. 따라서 개는 채식주의자가 될 수 있지만 고양이는 그럴 수 없다. 여기서 주목할 점은, 두 스키마의 차이가 단순히 '더 많은 사실'을 아는 것이 아니라, 지식의 부분들 사이 관계와 그 부분들이 어떻게 맞물리는지를 보다 정교하게 파악하는 데서 발생한다는 것이다.

"전문가들의 스키마가 초보자의 스키마와 다른 이유가 무엇인지"란 질문은, 수십 년 동안 인지과학자들이 실험 연구에서 탐구해 온 주제다. 1973년 윌리엄 체이스William G. Chase와 허버트 사이먼Herbert A. Simon이 실시한 한 연구에서는, 세 그룹(체스 초보자, A급 체스 선수, 체스 그랜드마스터)에게 체스 게임의 스냅샷을 보여주고 5초 동안 말들의 위치를 기억하도록 했다. 5초 후 보드를 가리고 참가자들에게 말의 배치를 최대한 정확하게 회상하도록 했다. 이 과정은 각 참가자가 모든 말을 완벽하게 기억할 때까지 반복되었다.

예상대로, 초보자들은 A급 선수보다 더 여러 번 시도해야 말의 위치를 기억했고, A급 선수들 역시 그랜드마스터들보다 더 많은 시도가 필요했다. 이 시점에서 연구자들은 영리하게 실험 조건을 바꿨다. 이번엔 체스판에 말을 완전히 무작위로 배치해 실제 체스 게임에서 볼 수 없는 상황을 만든 것이다. 그러자 그랜드마스터들도 A급 선수나 심지어 초보자와 다를 바 없이 말의 위치를 기억하는 데 어려움을 겪었다.

이 연구는 그랜드마스터가 다른 참가자들보다 단순히 더 나은 기억력을 가지고 있는 게 아님을 보여준다. 대신 그들은 수년간의 연습과 경기 속에서 접해온 수많은 체스 말 배치 패턴을 활용할 수 있었다. 그렇게 실제 맥락 속에서 배치를 조직화하며 이해력을 쌓아왔기 때문에, 실제 경기 같은 상황에서는 뛰어난 기억력을 보인 것이다. 그러나 게임과 동떨어진 무작위 배치에서는 그 대단한 맥락적 스키마가 작동하지 않았다.

따라서 전문가가 초보자와 다른 점은 단순히 더 많이 아는 것이 아니다. 그들은 정보를 관찰하고 조직화하는 방식 자체가 다르다.

전문가들은 초보자들보다 더 빠르게 "핵심을 파악한다"

더 정교한 스키마를 개발하고 지식을 아이디어의 패턴으로 보는 것은 큰 장점이다. 이는 전문가가 주어진 개념에서 무엇이 주목할 만한 핵심인지 빠르게 파악할 수 있게 하기 때문이다. 이런 능력은 문제 해결에서 특히 빛을 발한다. 그 예로 캐서린 K. 머세스Katherine K. Merseth가 1993년에 발표한 글에 제시된 문제를 보자.

양 떼에 양 125마리와 개 5마리가 있다. 목동의 나이는 몇 살일까?

이 책을 읽는 대부분의 성인 독자는, 이 질문이 말도 안되는 전제를 담고 있어 답할 수 없다는 것을 첫 눈에 깨달았을 것이다. 그러니 4명 중 3명의 어린이가 당연한 듯 이 문제를 풀어보려고 했으며, 심지어 개중 상당수가 근거를 들며 답을 제시했다는 것을 알면 아마 놀랄 것이다. 다음 연구의 녹취록은 한 학생이 답에 도달하기 위해 사용한 사고 과정을 보여준다.

125 + 5 = 130은 너무 크고, 125 - 5 = 120도 여전히 너무 큰데, 125 ÷ 5 = 25입니다. 이게 맞네요! 목동은 25살일 거예요.

보다시피, 초보자는 눈앞의 문제에서 가장 핵심적인 정보(이 문제는 애초에 답이 없다)에 주목할 수 없고, 따라서 해결할 수 없는 것을 해결하려는 시도에서 불필요한 인지적 에너지를("그럴듯한" 답에 도달할 때까지 숫자를 대입하는 것) 소모한다. 이것은 인지적 비용이 많이 드는 행동이다. 특히 작업 기억에는 본질적으로 한계가 있고, 인지적 과부하에 빠지기가 쉽다는 사실을 고려할 때 특히 그렇다. 슬프게도 이것이 바로 일상생활에서 우리가 '항상' 대가를 치르게 되는 인지적 결함이다. 실제로 우리가 무언가에 주의를 기울일 때, 영어로 비용을 지불한다paying는 단어를 쓰는 이유가 있다. 모든 주의는 비용을 수반하기 때문이다. 따라서 무엇이 가장 주의를 기울일 가치가 있는지 아는 것은 전문성의 핵심 지표이며, 전문성은 인지적 비용을 절감하는 훌륭한 방법이다.

그렇다면 초보자가 새로운 것을 이해할 때 치러야 하는 인지적 비용을 어떻게 낮출 수 있을까? 바로 여기서 구체적인 예시가 중요한 역할을 한다.

전문가, 초보자 그리고 구체적 예시의 힘

아무리 장점이 많은 전문가라고 해도, 자신이 아는 것을 비전문가들에게 효과적으로 설명하리란 보장은 없다. 이미 직감했겠지만, 전문가들은 특정 주제에 대한 이해도가 지나치게 정교한 나머지 그 주제가 초보자에게 어떤 어려움으로 다가갈지 기억해내기 어렵기 때문이다. 달리 말하면, 전문가는 종종 비전문가의 시각이 어떤 느낌인지 잊어버리기 십상이다.

다행히 방법은 있는데, 전문가든, 혹은 아이디어를 처음 접하는 사람에게 설명하려는 누구든, 자신의 사고를 구체적인 예시로 보여주면 된다. 인지과학 연구에 따르면, 인간은 추상적 표현보다 구체적 표현을 훨씬 잘 이해하도록 타고났으며, 이 둘을 결합하면 이해력과 지속적인 학습에 강력한 효과가 나타난다.

1994년 앨런 파이비오Allan Paivio가 이끈 연구팀은 역사적 인물들에 대한 사실적 문단 여러 개를 연구 참가자들에게 제시했다. 참가자들은 각 문단에 점수를 매겼는데, 친숙성(이 정보와 비슷한 것을 전에 본 적이 있는가)과 구체성(정보가 추상적 개념뿐만 아니라 구체적인 예시와 함께 제시되었는가)을 근거로 하였다.

연구에서 제시된 문단 세트의 서로 다른 조건은 다음과 같다.

- **세트 1**: 두 문단의 **친숙성은 같고 구체성은 다름**.
- **세트 2**: 두 문단의 **친숙성과 구체성이 서로 다름**. 단, **구체성이 낮은 문단이 친숙성은 높음**.

구체적 문단과 추상적 문단이 똑같이 친숙한 경우, 참가자들은 구체적인 문단을 거의 두 배나 더 잘 회상했다. 추상적인 문단이 더 친숙한 경우, 참가자들은 두 문단을 비슷한 수준으로 기억해냈다. 즉, 내용의 구체성은 정보의 학습 능력을 강화했고, **심지어** 정보가 덜 친숙할 때조차도 여전히 효과적이었다.

따라서 전문가는 언제든 초보자가 자신과 같은 정교한 스키마를 가지고 있다고 착각하는 함정에 빠질 수 있지만, 구체적인 예시를 든다면 이내 함정에서 벗어나 개념을 효과적으로 보여줄 수도 있다. 우리는 이미 구체적인 용어로 제시된 개념이 더 쉽게 접근되고, 이해되며, 기억된다는 것을 알고 있다.

가장 단순한 예는 이 장의 맨 처음에 제기한 질문으로 돌아가 찾아볼 수 있다. "전문가는 어떻게 비전문가에게 바이러스가 기하급수적으로 확산된다는 개념을 보여줄 수 있을까?"

'기하급수적exponential'이라는 단어의 사전적 정의는 "(증가가) 점점 더 빨라지는"인데, 수학적 정의는 "지수가 포함된 변수를 가진"이라고 되어 있을 것이다. 그런데, 이 정의가 지나치게 추상적이라는 것을 우리는 이제 알게 되었다.

대신, 이렇게 해보자. "기하급수적으로 퍼지는 바이러스"가 의미하는 바를 다음과 같이 설명하는 전문가를 상상해 보는 것이다.

'기하급수적'이란 말은 어떤 양이 현재의 크기에 비례하여 증가하는 성장을 설명하는 용어입니다. 매번 같은 양을 더하는 선형적linear 성장(예: 2, 4, 6, 8, 10 등)과 달리, 기하급수적 성장에서는 변화량이 매번 증가합니다. 바이러스 확산 같은 사례에서는 기하급수적 성장이 충격적으로 빠르게 전개되는데, 이를 이해하기 위해 다음 예시를 살펴봅시다.

넓은 연못을 상상해 봅시다. 처음에는 단 하나의 연꽃 잎만 떠 있습니다. 이제 그 연꽃 잎이 48일 동안 연못을 완전히 뒤덮을 때까지 매일 두 배로 늘어난다고 합시다. 놀랍게도, 연못은 47일째가 되어서야 절반 덮이게 됩니다. 그리고 불과 하루 만에, 연꽃은 연못 절반에서 전부로 가득 차 버립니다.

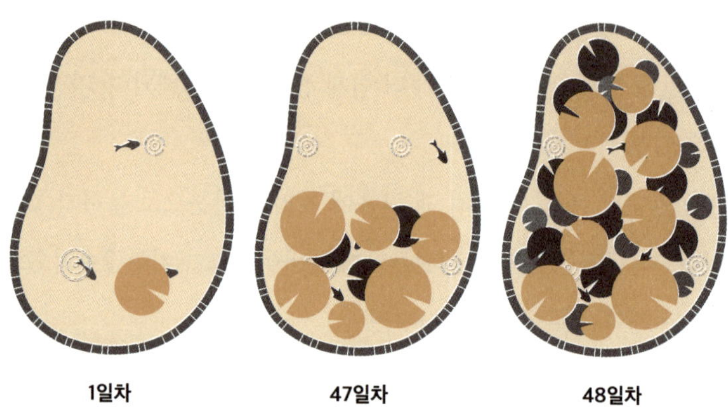

이런 이유로, 바이러스 확산에서 기하급수적 성장이 그토록 충격적인 것입니다. 처음엔 점진적으로 퍼지지만, 곧 폭발적으로 가속화됩니다. 어느 날은 절반의 인구만 감염되어 있더라도, 단 하루 만에 전체 인구로 퍼질 수 있답니다.

이와 같은 접근법이 효과적인 이유는, 학습자가 개념과 그것이 실제 의미하는 바 사이의 연결을 강화하도록 하기 때문이다. 어떤 개념을 이해한다는 건, 현실에서 그것이 실제 어떻게 보이고 들리는지 파악하고, 그 예시와 더 일반적인 개념 사이에 의미 있는 연결을 세우는 과정이다. 그리고 이 모든 것이 우리가 탐구할 첫 번째 멘탈 모델로 이어진다.

실전 구체적 예시 적용

보여주며 말하기

핵심 아이디어: 추상적으로 표현된 개념은 초보 학습자들이 이해하기 어려울 수 있으므로, 일반적인 개념을 구체적인 예시와 짝지어야 한다.

멘탈 모델 Mental Models

미국 초등학교에서 흔히 하는 "**보여주며 말하기**show and tell" 활동이 있다. 방식은 간단하다. 급우들에게 보여줄 물건을 가져와 그것이 무엇을 의미하는지 설명하는 것이다. 본질적으로, 추상적 개념을 구체적인 예시와 짝짓는 것은 이와 다르지 않으며, 여러분이 할 수 있는 방법은 다음과 같다.

+ 1단계: "말하고" 싶은 것은 무엇인가?

언뜻 간단해 보일 수 있지만, 실제로는 어떤 주제가 더 쉽게 접근 가능한지, 어떤 주제가 더 추상적인지 알아차리지 못하는 경우가 많다. 따라서 전달하려는 내용을 명확히 정의해서, 이를 분명하고 기억에 남는 예시로 보완할 필요가 있다.

예를 들어, 조직에서 변화가 어떻게 일어나는지에 대해 여러분이 직장 동료들에게 설명하는 세션을 진행한다고 가정해 보자. 좀 더 구체적으로, 여러분의 계획은 동료들에게 도움이 될 변화 모델을 적응할 과제와 기술적 과제로 나누어 설명하는 것이다. 동료들은 이 아이디어를 처음 접한다는 것을 알고 있고, 이 개념이 꽤 까다롭다는 것 역시 알고 있기 때문에, 동료들이 실제 업무에 적용하기 전에 확실히 이해하게 돕고 싶다. 다음은 여러분이 전달하고자 하는 개념들의 사전적 정의이다.

- **기술적 도전 과제**technical challenges란 개인이나 조직에서 변화가 즉시 가능한 측면이다. 기술적 도전 과제의 경우, 여러분이나 팀이 이미 필요한 지식을 알고 있고 필요한 자원도 있으며, 단지 계획을 실행하기만 하면 되는 것이다.
- **적응적 도전 과제**adaptive challenges란 개인이나 조직이 변화에 저항하는 측면이다. 적응적 도전 과제의 경우, 여러분이나 팀이 필요한 지식을 모르고 있으며, 필요한 자원도 부족할 가능성이 크다. 따라서 상황을 변화시키려면, 여러분과 팀의 태도나 방식 자체가 변해야 한다.

+ 2단계: 말하려는 것을 어떻게 "보여줄" 것인가?

"보여주며 말하기"의 좋은 예에서와 마찬가지로, 이 단계의 비결은 적절한 예시를 고르는 것이다. 핵심 내용을 더 쉽게 이해하고 오래 기억하도록 하는 예시가 필요하다.

이 경우, 적응적 도전 과제와 기술적 도전 과제의 가장 중요한 특징을 구체적으로 보여주는 예시는 다음과 같다.

핵심 아이디어의 특징	아이디어를 나타내는 구체적인 예시
기술적 도전 과제는 문제의 해답이 이미 존재한다고 전제하며, 여러분이 할 일은 단순히 그 계획을 실행하는 것뿐이다.	정기 검진을 받으러 병원에 갔는데, 난생 처음 나이에 비해 혈압이 높다는 말을 의사에게 들었다고 하자. 고혈압이 심장질환이나 다른 질병의 초기 경고 신호가 될 수 있다는 것을 알게 된 당신은 뭔가 조치를 취하기로 결심한다. • 기술적 관점에서의 과제 정의: "나는 고혈압이 있다." • 기술적 해법: "나는 병원에 가서 혈압을 낮출 약을 처방받을 것이다."

<table>
<tr><td></td><td>이 문제를 기술적 관점에서 바라보면 혈압 문제는 단순한 해결책이 있는 간단한 문제로 여기게 되겠지만, 실제로는 더 복잡하다.

만약 약을 복용하는 것만으로 문제를 해결하려 하고, 그 밖에 무엇을 어떻게 바꿔야 할지 전혀 고려하지 않는다면, 혈압을 낮추고 그 상태를 유지할 가능성은 크게 떨어진다.</td></tr>
<tr><td>적응적 도전 과제는 문제에 대한 해결책이 아직 존재하지 않으므로, 이전과 다르게 일을 해야 한다고 가정한다.</td><td>위 상황과 마찬가지로, 혈압을 낮추고 싶지만 이번에는 적응적 접근을 택한다고 하자.

• 적응적 관점에서의 과제 정의: “내 일상에서의 의사선택이 고혈압을 초래하고 있다.”

• 적응적 해법: “내 생활 방식을 바꿔, 어떤 방법이 효과적인지 꾸준히 확인하겠다. 운동, 약물 치료, 스트레스 관리의 조합 중 혈압을 낮출 올바른 조합을 찾아낼 때까지 계속 시도하겠다.”</td></tr>
</table>

+ 3단계: “보여주며 말하기”에 청중을 어떻게 빠져들게 할 것인가?

이제 모든 것을 하나로 엮어야 할 차례다. 개념과 그 구체적인 예시를 별개의 것으로 보지 말고, 스스로에게 이렇게 물어야 한다. “내가 잘 고른 예시를 통해, 이 핵심 개념을 어떻게 잘 전달할 수 있을까?”

[1장. 배우는 마음]에서 살펴보았듯이, 주의를 기울여 처리하지 않은 정보는 장기 기억으로 성공적으로 부호화되지 못한다. 따라서 학습자가 개념과 예시, 그리고 그 둘 사이의 관계에 주목하도록 신호를 주어야 한다. 이 경우라면 이렇게 질문을 던질 수 있다. “이 예시들 각각은 변화에 대한 적응적 접근과 기술적 접근을 어떻게 보여주고 있는가?”

그 다음 단계에서는 청중들 스스로 예시를 떠올리고 공유하도록 이끌어라. 그리고 나서 그 예시를 우리가 다루는 개념에 비추어 검토해 보게 하라. 이렇게 말할 수 있다. "우리가 적응적으로 대처했던 순간을 떠올려 보세요 - 그것은 어떤 모습이었습니까? 이제, 우리가 더 기술적으로 대응했던 순간을 떠올려 보세요 - 그것은 어떤 모습이었습니까? 어떤 맥락적 요인이, 우리로 하여금 어느 한쪽 접근법을 택하게 했을까요?"

결론

올리버 웬델 홈즈Oliver Wendell Holmes의 말을 빌리자면, 구체적인 예시는 아이디어의 근본적인 구조에 대한 통찰을 제공한다는 점에서 "복잡성 너머의 단순함"을 제공한다. 보여주고 동시에 설명함으로써, 이런 예시는 우리가 의지할 수 있는 인지적 고리를 내어준다. 즉, 개념이 너무 복잡해 길을 잃을 때, 언제든 되돌아가 이해를 단단히 다질 수 있는 토대가 되는 지점이다. 게다가 구체적인 예시와 일반화된 개념을 짝지으면, 큰 아이디어와 실제 현실 사이의 연결이 강화된다. 그 결과 개념이 더 구체화되고, 훨씬 쉽게 접근할 수 있으며, 보다 오래 기억할 수 있게 된다.

핵심 요점

* 전문가와 초보자는 지식을 다루는 방식이 다르다. 초보자는 각 지식 항목을 고립된 단위로 보는 경향이 있는 반면, 전문가는 각 지식을 점차 상호 연결되는 아이디어 네트워크, 즉 스키마의 일부로 인식하게 된다.
* 정교한 스키마를 가질수록, 전문가는 자신이 본 것을 이해하기 위해 다양한 표상적 예시를 동원할 수 있으며, 정보에서 더 의미 있는 세부사항과 덜 중요한 것을 빠르게 구분할 수 있다.
* 전문가라고 해서 자신이 아는 것을 비전문가들에게 효과적으로 설명하리란 보장은 없다. 하지만 구체적인 예시는 도움이 된다. 연구에 따르면 추상적 개념을 구체적인 예시와 함께 제시하면 정보가 접근하기 더 쉬워지며 더 오래 기억된다. 아이디어를 예시와 함께 설명할 땐 '보여주며 말하기' 방식을 활용하라.

다다익선

다양한 예시로 스키마를 풍성케 하라

포크란 무엇인가? 겉보기엔 단순한 질문 같지만, 이 질문을 마리아 아르기로풀리나Maria Argyropoulina나 그녀의 결혼식에 온 사람들, 또는 디즈니 영화 〈인어공주〉의 아리엘에게 물어보자. 우리는 아마 식기, 악마의 도구, 그리고 빗이라는 서로 전혀 다른 세 가지 답을 듣게 될 것이다. 3장은 그 이유를, 다양한 예시가 스키마 형성과 어떻게 연결되는지를 살펴보며 밝혀볼 것이다.

인간은 주변 사물의 의미와 사용 방식에 관해서 협소한 관습에 오랫동안 머물러 있었다. 1004년, 마리아 아르기로풀리나는 자신의 결혼식에서 작은 상자를 열고 황금 포크를 꺼내 하객들을 충격에 빠뜨렸다. 비잔틴 황제 바실리오스 2세와 콘스타티노스 8세의 조카였던 마리아는 베네치아 총독의 아들과 결혼식을 올리고 있었고, 이를 축하하러 베네치아에서 온 하객들은 연회 내내 공포에 질려 있었다. 그 공포는 실로 어마어마해서, 몇 년 후 마리아가 사망하자 성 베드로 다미아니Saint Peter Damian는 포크를 '악마의 도구'라고 단언하기까지 했다. 그가 기록하길, "마리아는 두 개의 이빨이 달린 황금 도구로 음식을 찔러서 입으로 가져갔다. 이 여자의 허영심은 전능하신 하나님 앞에 보이기엔 흉측했고, 하나님이 분명 그 일에 대한 복수를 하셨다."라 했다. 그 결과, 포크는 이후 400년 동안 유럽에서 사용되지 않았다. 실제로 영국 귀족들이 포크 사용을 받아들인 것은 1633년에 이르러 찰스 1세가 "포크를 사용하는 것이 품위 있는 일이다."라고 선언하면서부터였다.

반 세기 동안 식사 도구를 금기시하는 일이 극단적으로 보일 수 있지만, 인지과학 연구에 따르면 그리 놀랄 일은 아니다. 무엇이 무엇이고, 또는 무엇이 어디에 사용되는지에 대한 다양한 예시에 노출되지 않으면,

우리의 스키마는 제한적일 수밖에 없고 이는 사고를 제약한다.

다양한 예시로 심층 구조 파악하기

2장에서 다룬 것처럼, 장기 기억은 스키마로 조직화된 지식과 과정으로 채워져 있다. 스키마는 흔히 **개념 노드**concept nodes와 각각에 연결된 특징들, 그리고 예시로 표현된다.

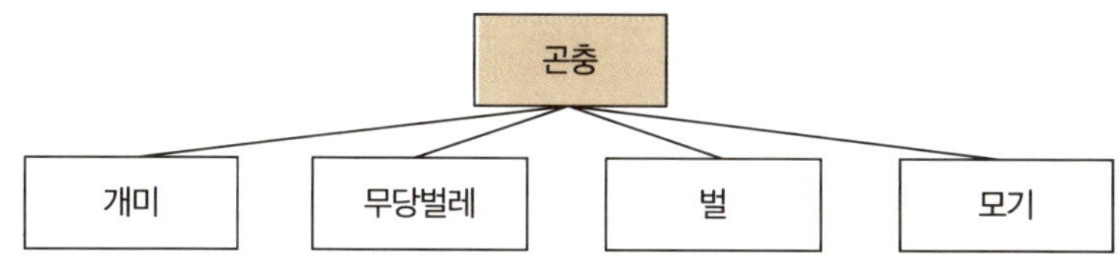

또한 초보자와 전문가의 스키마가 몇 가지 중요한 점에서 다르다는 것도 살펴보았다. 첫째, 전문가의 스키마는 초보자보다 훨씬 견고하다. 전문가는 각 개념에 대해 장기 기억 속에 훨씬 더 많은 세부사항을 저장해 둔다. 둘째, 전문가는 개념과 관련된 세부사항 가운데 무엇이 핵심적인지 판별할 수 있다. 심층 구조를 식별할 수 있다는 말이다. 예를 들어, "벨크로란 무엇입니까?"라고 묻는다면, 전문가는 심층 구조를 설명한다. "서로 달라붙는 두 줄인데, 한 줄은 고리가 있고 다른 한 줄은 갈고리가 있음." 초보자는 개념의 주변적 사실이나 틀렸을지도 모를 표면적 특징들을 말할지도 모른다(예: 어린이 신발에 자주 보이고, 흰색인 경우가 많음).

인지과학자들에 따르면, 초보자가 새로운 개념을 배우기 위해서는 다음 세 가지가 특히 중요하다.

1. 하나의 개념을 여러 가지 다양한 예시를 통해 접하기
2. 각 예시가 핵심 아이디어와 어떻게 연결되는지 이해하도록 도움 받기
3. 여러 예시 사이에 존재하는 관계 자체를 이해하도록 도움 받기

이것이 무슨 뜻인지 앞선 벨크로 사례로 살펴보자. 1940년대, 스위스 엔지니어 조르주 드 메스트랄George de Mestral은 개와 산책에 나섰다. 집에 돌아와 보니 옷에 도꼬마리 가시가 잔뜩 달라붙어 있었다. 호기심이 생긴 조지는 현미경으로 가시를 관찰했고, 그 표면이 작은 갈고리로 덮여 있어 옷감의 고리에 걸려 붙는다는 사실을 알게 되었다. 이후 조지는 갈고리와 고리로 이루어진 구조를 실험했고, 그 결과 벨크로가 탄생했다.

만약 이 이야기를 들어본 적이 없는 사람에게 도꼬마리와 벨크로 조각을 보여주고 30초 안에 두 가지의 공통점을 말해 달라고 한다면, 아마 이렇게 대답할 수 있다. "별로 없는 것 같은데요. 하나는 자연에 있고 갈색이네요. 다른 하나는 사람이 만들었고 보통 옷에 쓰이죠. 둘 다 가끔 원하지 않는 데 달라붙는다는 게 비슷한 점일까요?" 이 사람은 표면적 특징에 주목한 것이다.

이제 장기 기억 속에 이미 심층 구조를 갖춘 스키마를 가진 사람에게 같은 질문을 던진다고 상상해 보자. 바로 "갈고리와 고리 시스템"이라고 말할 것이다.

그렇다면 누군가가 개념의 심층 구조를 깊이 이해하도록 어떻게 도울

수 있을까? 방법은 이렇다. 우선 여러 개의 다양한 예시를 제시하고, 이어서 그들이 심층 구조를 파악하는 데 도움이 될 질문을 하는 것이다. 앞 사례에서처럼 누군가에게 "갈고리와 고리 시스템" 개념을 이해하게 하려면, 먼저 두 가지 예시(도꼬마리, 벨크로)를 보여준다. 그런 다음 이렇게 질문한다. "이 두 가지는 겉으로 달라 보이지만 사실은 매우 유사합니다. 둘 다 원치 않는 곳에 달라붙는다고 하셨죠. 왜 그렇다고 생각하나요? 두 가지는 구조적으로 어떤 공통점이 있나요? 아무 곳에나 달라붙지는 않습니다. 달라붙는 것들의 공통점은 무엇입니까?" 처음 두 질문은 학습자가 갈고리에 주목하게 하고, 마지막 질문은 고리에 주목하게 한다. 이 두 가지가 합쳐져 바로 심층 구조가 된다.

따라서 두 예시 사이의 관계를 설명하는 것만으로도 사람들이 개념의 심층 구조를 파악하는 데 도움이 될 수 있다. 하지만 과연 두 개의 예시로 충분할까? 여러 가지 다양한 예시가 필요하다고 말하는 이유는 무엇일까?

전형성 효과 typicality effect

연구에 따르면, 특정 범주를 떠올릴 때 우리가 가장 흔히 그 범주와 연결하는 예시는 바로 가장 익숙한 것이다. 누군가가 허브에 대해 말한다고 해보자. 여러분이 가장 자주 접한 허브가 파슬리라면, 머릿속에 가장 먼저 떠오를 건 당연히 파슬리일 것이다. 덜 친숙한 허브와 비교해, 파슬리야말로 "진정한" 허브라고 생각할 것이다. 즉, 파슬리와 물냉이가 둘

다 허브라는 걸 알지만, 파슬리가 물냉이보다 더 "허브답다"고 여긴다는 말이다. 연구자들은 이것을 "**전형성 효과** typicality effect"라고 한다. 그래서 "요리용 허브"의 예를 떠올리라고 하면, 사람들은 대부분 자신이 자라면서 먹은 음식에 쓰이거나 지금 요리할 때 사용하는 허브부터 말할 것이다.

이것이 바로 다양한 예시의 중요성이 부각되는 지점이다. 여러분이 파슬리만 가끔 접한 것이 아니라, 물냉이, 타이 바질, 이탈리아 바질, 레몬그라스, 파팔로, 쇠비름, 고수, 오레가노, 타임, 로즈마리, 라벤더, 그리고 여러 종류의 세이지 등을 어릴 적부터 요리에 사용하며 자랐다면 어떨까? 여러분은 장기 기억에서 끌어낼 훨씬 더 많은 예시를 쌓았을 것이고, 특정 허브가 다른 허브보다 더 '진정한 허브'라고 생각할 가능성이 줄어들 것이다. 여러분의 스키마는 풍부하고 세밀해진다.

이 양상에는 우려되는 면도 있다. 사람들이 쉽게 떠올릴 스키마와 예시는 그들이 일상에서 접하는 경험에 의해 크게 좌우된다. 이 때문에 사람들은 편향을 형성하거나 고정관념에 빠질 수 있다. 예를 들어, 흑인 여성이 회사를 운영하는 모습을 전혀 본 적이 없고 백인 남성만 경영진 자리에 있는 모습을 접한 어린이들은, 백인 남성만이 회사를 운영할 수 있다고, 즉 '백인 남성'이란 속성이 경영진이 되기 위한 심층 구조의 일부라고 오해할 수 있다.

광고주는 이 점을 잘 알고 있다. 그래서 특정 제품을 사용할 사람이 한 가지 "유형 type"뿐이라고 생각하지 않도록, 엄청난 비용을 들여 다양한 사용자들(노인, 청년, 다양한 인종, 다양한 가족 형태, 다양한 성 정체성 등)을 보여주는 광고 캠페인을 만든다. 광고의 방식을 따르자. 견고하고 정확한 스키마를 구축하고, 우리가 가장 자주 보는 것을 "최고의" 예시로 일반화하는 경향을 막기 위해, 반복적으로 우리 자신(다른 사람들도 포함해서)을 다양한 예시에 노출시켜야 한다. 그래야만 특정 대상에 대해 지나치게 제한된 관념을 갖지 않게 된다.

기능적 고착 functional fixedness

인지과학자들은 또한 "**기능적 고착**functional fixedness"이라는 현상도 발견했다. 이는 융통성 없이 생각하는, 유감스러운 경향이다. 흔히 우리는 어떤 사물을 볼 때 그동안 써왔던 용도로만 떠올린다. 예를 들어, 벽에 못을 박으려고 할 때, 대체로 망치만 생각할 것이다. 하지만 위급할 땐 렌치의 뒷부분으로도 충분히 못을 박을 수 있다.

이제 처음 던졌던 "포크란 무엇입니까?" 질문으로 돌아가 보자. 기능적 고착(혹은 그것의 부재) 덕분에 디즈니의 '인어공주' 아리엘은 그토록 특이한 존재가 된다. 포크가 무엇인지 또는 무엇에 사용될 수 있는지에 대한 고정된 아이디어에 얽매이지 않아서, 아리엘은 포크를 빗으로 사용한다. 만약 아리엘처럼 유연하게 생각하길 바란다면, 스키마에 충분히 다양한 예시가 있어야 한다. 그래야만 사물이 어떻게 쓰여야 한다는 제한된 관념에 갇히지 않는다. 다양한 예시를 주는 것은 사람들이 정확한 정보를 기반으로 사고하고, 독립적이며 창의적인 문제 해결자가 되도록 돕는 일이다. 그리고 바로 이것이 우리가 살펴볼 다음 멘탈 모델로 이어진다.

실전 다다익선

삼다리 의자 제작

핵심 아이디어: 다양한 예시를 활용해 풍부하고 세밀한 스키마를 만들고, 과도한 일반화를 피하라.

멘탈 모델 Mental Models

연구자들이 발견한 '서로 다른 여러 가지 예시'의 힘을 현실에 적용할 수 있는 한 가지 방법을 알아보자. 바로 새로운 개념을 소개할 때마다 누군가와 함께 다리 3개인 의자를 만든다고 상상하는 것이다.

+ 좌판 만들기: 일반적인 개념 소개

먼저 아이디어라는 좌판에 흔들림 없이 앉아야 한다. 예를 들어, 여러분에게 보고하러 온 직원에게 피드백을 주려고 한다고 가정해 보자. 일반적 개념을 먼저 소개하자. "직원이 주도적으로 행동하기를 바란다."

+ 다리 세우기: 최소 세 개의 예시로 아이디어 받치기

단기적으로 직원에게 가장 중요할 예시에 우선순위를 두어라. 전형성 효과를 기억하자. 직원들이 자주 접한 예시일수록(예: 여러분으로부터 들어서), 쉽게 떠올릴 가능성이 높다. 또한 편향을 상쇄할 수 있는 예시를 포함하라.

직원들이 좀 더 주도적으로 행동하길 바란다고 말했다면, 실제로 어

떤 모습일지에 대한 최소 세 가지의 구체적 예시로 그 말을 뒷받침하자. 가령 다음 회의를 위한 안건 작성하기, 별도의 지시가 없어도 실행 항목들에 대한 후속 조치 취하기, 기존 프로세스를 더 효율적으로 개선하기 등이다.

+ 지속성 구축하기: 연결을 강화하는 질문하기

새로운 정보가 오래 잊히지 않게 하려면, 예시와 핵심 메시지 사이의 연결을 튼튼하게 해야 한다. "왜 __도 이것의 예시일까요?"와 같은 문장 틀을 활용하면, 사람들이 심층 구조를 명확히 표현하기 쉽다. 세 가지 이상의 예시를 들어도 좋다. 듣는 이에게 예시를 직접 만들어 보도록 해서 이해력을 높여라(또한 여러분이 전하려는 메시지를 제대로 받아들였는지 확인하라).

이 예시에서는 직원에게 자신의 역할에서 주도성을 보일 수 있는, 두 가지 다른 방법을 떠올려 보라고 요청해볼 수 있다. 또는 직원이 생각해 보지 못했을 예시를 하나 제시하고, 다시 주도적으로 행동한다는 개념으로 연결하도록 돕는다. 예를 들어, "피드백을 먼저 요청하는 것이 어떻게 주도성을 보여주는 좋은 예가 될까요?"라고 물을 수 있다.

효과적인 이유

이 방식을 "좀 더 주도적으로 행동해 주세요."라고 말하고 끝내는 관리자와 비교해 보자. 이 방식은 너무 추상적이어서 쓸모가 없다. 예시 없이는 모든 것이 해석하기 나름이다. 예를 들어, 직원은 그 말을 듣고 "아, 내가 말을 더 많이 하라는 거구나"라고 생각할 수도 있지만, 실제로 여러분이 원했던 건 질문이 있을 때 적극적으로 찾아오는 태도였을 수 있다.

단 하나의 예시만 제공하는 것도 충분하지 않다. 만약 "회의 안건 작성할 때처럼 주도적으로 행동하면 좋겠군요."라고만 말한다면, 그 직원은 "안건 완성. 나는 주도성을 충분히 발휘했어."라고 생각할지도 모른다. 이렇게 제한적으로 "주도성을 발휘한다"는 것이 무엇을 의미하는지 보여주면, 직원의 행동 변화를 좁게 만들 뿐이다. 반대로 여러 예시를 제시하면, 상대는 심층 구조를 보게 되어 "아, 이건 단지 회의에 관한 것이 아니구나."라고 생각하게 된다. 바로 포크의 다양한 활용법을 알아차리게 하는 것이다.

결론

사람들은 대부분 자신이 본 것을 기준점으로 삼지만, 좋은 방식은 아니다. 유연하게 문제를 해결할 수 있는 정교한 스키마를 사람들에게 길러주려고 한다면, 반드시 다양한 예시를 제공해야 한다.

핵심 요점

* 사람들은 자신이 본 것에 쉽게 고정되는 경향이 있다. 대부분, 어떤 사물의 용도는 우리가 이전에 접해 본 경험에 국한된다. 어떤 범주를 대표한다고 생각하는 예시, 그리고 "최고"라고 생각하는 예시는 대개 우리에게 가장 친숙한 것일 때가 많다.
* 편향을 막고 고정관념을 뿌리 뽑으려면 다양한 예시를 활용하라. 사람들이 스스로 정교한 스키마를 구축할 수 있도록, 스스로는 잘 떠올리지 못할 예시를 최소 하나는 꼭 제시하라.
* 사람들이 새로운 아이디어에 대해 스스로 예시를 만들어 보게 하라. 단, 그 예시가 특정 개념이나 과정의 정확한 예시임을 '이유'를 들어 설명할 수 있어야 한다. "왜 ___가 그것의 좋은 예시입니까?"와 같은 문장틀을 활용하자.

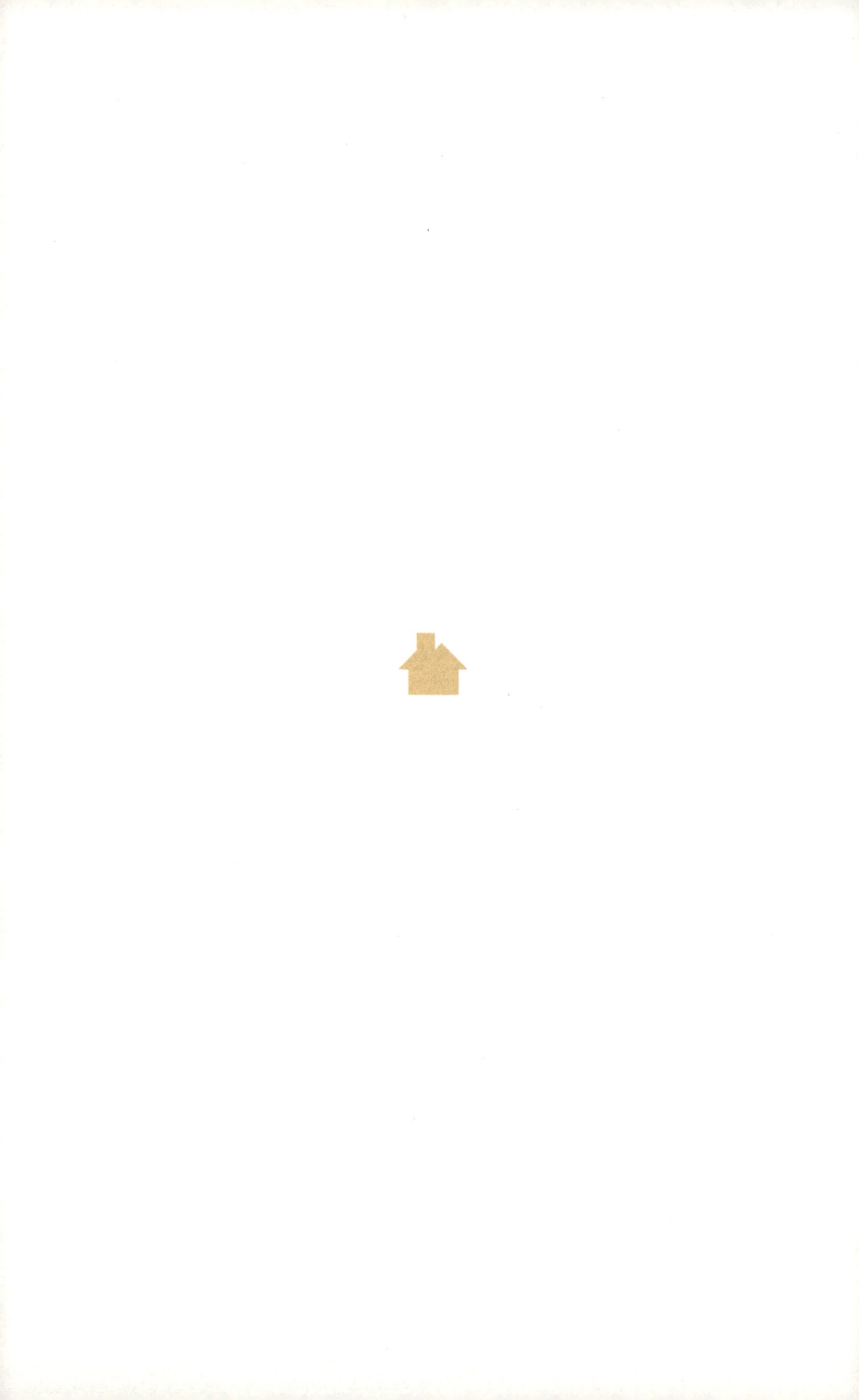

그게 아니고

틀린 예시를 활용하라

저자 리베카[Rebekah]가 10대 초반이 되자, 아버지는 이제 잔디를 깎을 나이가 되었다고 했다. 리베카는 안타깝게도 그 일에 대해선 아버지와 의견이 다르다고 설명했다. 어느 정도 나이가 되었으니 자신이 할 일이 많다고는 생각했지만, 잔디 깎기는 포함되지 않았던 것이다. 아버지는 딸의 의견을 존중하면서도, 이 문제만큼은 예외라고 못 박았다. 그래서 다음날 아침, 리베카는 아버지를 따라 마지못해 잔디 깎기를 배우기 시작했다. 줄을 당겨 기계의 시동을 켜고 끄는 법, 잔디 주머니를 비우는 시점, 깎은 풀을 어디다 버려야 하는지 같은 것들 말이다.

첫날, 리베카는 뜨거운 햇볕과 무거운 잔디깎이, 그리고 여동생들은 안 해도 되는 이 일을 자신만 하는 억울함을 함께 느꼈다(물론 자신이 동생들보다 몇 살이나 더 많다는 사실은 대충 넘어갔다). 일을 안 맡기길 바라는 마음에, 리베카는 일부러 잔디를 여기저기 듬성듬성, 엉성하게 잘랐다. 퇴근한 아버지가 이 참담한 결과를 보고 충격받아, 다시는 잔디 깎기를 안 맡길 것이라고 확신했다.

그러나 고된 하루를 마치고 돌아온 아버지는 이렇게 말했다. "리베카, 네게 잔디를 깎으라고 했지." 리베카는 "깎았어요."라고 답했다. "그건 잔디 깎기가 아니지." 그러자 리베카는 "그래도 저는 최선을 다했어요."라고 대꾸했다. 물론 뻔뻔한 거짓말이었지만, 이쯤 되니 리베카는 무능한 척하기로 마음먹은 상태였다.

"잔디를 깎으라고 할 때, 뭐가 잔디 깎기고 뭐가 아닌지 정말 내가 일일이 말해 줘야겠니?" 아버지가 물었다. 리베카는 "아니요."라며 고개를 저었고, 다음 날 나가서 잔디깎이로 잔디에다 자기 이름을 새겼다.

엄밀히 말해 리베카가 잔디를 깎긴 했지만, 분명히 이건 "틀린 예시

Here's what I don't mean"의 범주에 해당하는 사례다.

물론 이 상황에서 리베카의 아버지가 굳이 "'마당에 이름 새기기'는 잔디 깎기에 포함되지 않아."라고 명확히 말할 필요는 없었을지도 모른다. 하지만 집안일 회피는 놔두고서라도, "내가 말한 것은 이런 게 아니야." 라고 말하는 전략은 누군가에게 새로운 일을 시키거나 새로운 개념을 이해시키려 할 때 매우 효과적이다. 스키마를 발달시킬 때, 과도한 일반화를 하지 않으려면 새로운 아이디어의 경계를 알아야 한다. 이것이 무엇인지, 왜 그렇게 중요한지, 이 장에서 살펴볼 것이다.

자, 어째서 굳이 '틀린 예시'가 필요할까? 대부분 인간이 추론을 잘 못하기 때문이다. 사람들은 잘못된 일반화를 흔히, 많이 하곤 한다. 다음 몇 가지 예시를 살펴보자.

대화적 함의 conversational implicature

인지심리학자들(그리고 대부분의 인간관계 경험자들)은 우리가 잘못된 결론에 도달하는 흔한 원인 중 하나가 모호한 언어 사용 때문임을 알고 있다. 앞서 언급했듯이, 리베카의 아버지가 마당에 이름 새기기는 잔디 깎기가 아니라고 말할 필요는 아마 없었을지도 모른다. 하지만 엄밀히 말해 리베카는 잔디를 '깎긴' 했다. 왜냐하면 개념의 경계를 명확히 하지 않는다면, "잔디 깎기"란 말은 여러 가지로 해석될 수 있기 때문이다.

인지과학자들은 우리가 이해하는 단어의 의미가 의사소통 관습에 기반하는 이 같은 현상을 "**대화적 함의**"라고 부른다. 예를 들어, 누군가가 초

콜릿 칩 쿠키 레시피를 알려주며 "설탕 조금과 소금 조금"이 필요하다고 말했다고 하자. 이에 따라 여러분이 소금 한 컵과 설탕 한 티스푼을 넣는다면 여전히 각각 "약간"씩 넣은 것이긴 하지만, 그 결과는 형편없는 쿠키가 될 것이다.

즉 우리는 "없는 것보다 많은"을 의미하는 "조금some"과 같은 애매한 표현을 맥락에 따라 해석한다. 적절한 배경지식 덕에, 쿠키 레시피에서 같은 표현인 "소금 조금"과 "설탕 조금"의 의미를, 매우 다른 양으로 해석해야 함을 알게 되는 것이다. 그 지식이 없다면 우리는 헤맬 수밖에 없다.

전환 오류 conversion errors

"일부some" 같은 애매한 단어에서 오는 문제는 여기서 끝나지 않는다. 우리가 잘못된 일반화를 저지르는 또 다른 흔한 방식은, "일부"와 "모든all"처럼 바꾸면 안 되는 용어들을 뒤바꾸는 것이다. 이를 **전환 오류**라고 한다. 예를 들어, 다음 문장은 정확하다.

어떤 파이는 디저트다. Some pies are desserts.

어떤 디저트는 파이이다. Some desserts are pies.

여러분이 치킨 팟 파이*를 먹어보았다면, 달콤한 디저트에 속하지 않는 파이가 많다는 걸 알 것이다. 그러므로 이건 정확한 진술이다. 반면에, 전환 오류에는 이런 문장이 해당될 수 있다.

모든 쿠키는 디저트다. All cookies are desserts.
모든 디저트는 쿠키다. All desserts are cookies.

좋아하는 아이스크림을 떠올린 독자들은 두 번째 문장이 엉터리임을 금세 안다. 두 번째 문장에는 “모든” 대신 “일부”를 써야 하지만, 이 문장을 쓴 사람은 첫 번째가 참이면 그 역도 참이라고 착각한 것이다.

이런 전환 오류의 위험성은 디저트 수준의 문장을 벗어나면 더욱 심각해진다. “올해 최고의 판매원은 모두 신입사원이었다. 따라서 모든 신입사원은 최고의 판매원이 될 것이다”와 같은 전환 오류로 인해 내려지는 잘못된 의사결정을 상상해 보라. 누가 봐도 틀린 소리 같지만, 안타깝게도 이런 오류들은 꽤 흔히 발생한다.

틀린 예시

이럴 때 필요한 것이 바로 여기서 **틀린 예시**non-examples다. 이것은 개념의 경계를 선명하게 드러냄으로써 과잉 일반화를 막고, 스키마를 더 정확하

* 닭고기 크림 스튜로 속을 채운 파이 -역주

고 빠르게 구축하도록 돕는다.

아버지가 리베카에게 가르친 모든 일이 잔디 깎기만큼 나빴던 것은 아니다. 리베카에게 망치 사용법을 가르칠 때, 아버지는 망치를 잡는 서로 다른 세 가지 방법을 직접 보여주었다. "너무 위쪽을 잡으면 힘을 못 쓰고, 너무 아래쪽을 잡으면 제어가 안 돼. 딱 중간 지점을 잡아야 힘도 있고 정확하게 쓸 수 있어."

우리는 이런 방식의 틀린 예시 활용을 **골디락스 효과**Goldilocks effect라고 부른다. 전래동화 <골디락스와 곰 세 마리Goldilocks and the Three Bears>에서, 우리는 골디의 "딱 알맞는" 죽이 정확히 어떤 맛인지 알지 못하지만, 적어도 "너무 뜨거운" 것과 "너무 차가운" 것 사이 어딘가에 있다는 것을 안다. 리베카의 경우, 아버지는 리베카에게 망치는 이렇게 잡으라고만 알려줬을 수도 있다. 하지만 틀린 예시를 보여주지 않았다면, 리베카는 어떤 위치가 최적인지, 또 그 경계가 어디인지 이해할 수 없었을 것이다. "두 번 실수한다고 정답을 찾아내진 않는다."라는 격언이 있지만, 스키마를 구축하는 경우에는 두 개의 틀린 예시가 정답에 훨씬 더 가까워지게 한다.

이것을 눈치챈 사람이 동화 작가들이나 리베카의 아버지만은 아니다. 1970년대 이후 인지과학자들은 바른 예시와 틀린 예시 모두를 학습자들에게 주고 공부하게 할 때, 개념 발달이 더 빠르고 견고해진다는 증거를 발견했다. 그들은 이 현상을 틀린 예시로 학습자들이 개념의 경계를 더 이해하기 때문이라고 설명한다. 즉 무엇이 거기에 해당하지 않는지 이해함으로써, 학습자들은 그것이 무엇인지를 더 선명하게 이해하게 되는 것이다. 그 정도의 이해를 갖춘다면, 잘못된 일반화를 할 가능성이 줄어든다.

예를 들어, 2008년에 페시아 차미르Pessia Tsamir가 이끄는 연구팀은 어린이들이 삼각형의 개념을 어떻게 발달시키는지에 관심이 가졌다. 연구팀은 유치원생들에게 삼각형의 다양한 예시와 틀린 예시를 보여주었다. 그리고 지금 보는 것이 삼각형 그림인지, 그걸 어떻게 아는지를 물었다. 연구 결과, 틀린 예시는 두 가지 방식으로 작용한다는 것을 알게 되었다.

어린이들이 즉시 틀린 예시로 구분하는 것이 있었다. 예를 들어 정사각형을 보여주었을 때, 아이들은 "아니예요!"라고 말했다. "삼각형처럼 안 생겼어요." 또는 "그건 네모잖아요."라며 이유를 대면서 말이다.

좀 더 미묘하게 직관에 반하는 틀린 예시도 있어 어린이들은 다른 방식으로 추론해야 했다. 연구자들이 "거의 삼각형"이라고 부르는 도형들을 바르게 분류하느라 어린이들은 애를 먹었다. 예를 들어, 연구자들이 다음 모양을 보여주었을 때, 삼각형이 아님을 판단한 어린이는 5%에 불과했다.

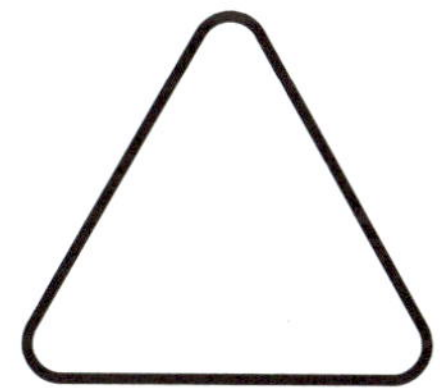

오답을 낸 어린이들에게 그 이유를 물었더니, 그 도형에 세 변이 있으니까 삼각형이라고 답했다. 이는 어린이들이 삼각형의 중요한 속성들(즉, 삼각형을 삼각형으로 만드는 것) 중 일부에만 주목하고 있음을 보여준다. 정답을 낸 어린이들 역시, 수학 용어를 쓰진 않았지만 세 개의 꼭짓점이 없다는 등, 삼각형의 중요한 특징들을 언급했다.

이 연구를 통해, 우리는 바른 예시와 표면적으로 유사하게 보이는 ("거의 삼각형"과 같은) 틀린 예시들이 개념 발달에 있어 매우 강력한 효과를 발휘한다는 것을 알게 되었다. 학습자가 개념의 핵심 속성과 일치하는 것과 아닌 것을 구분하도록 가르칠 때 활용한다면 말이다. 이제 틀린 예시가 일반적으로 활용할 수 있는 멘탈 모델에서 어떻게 쓰이는지 살펴보자.

실전 틀린 예시 활용

빨간불, 초록불

핵심 아이디어: 틀린 예시를 활용해 스키마 구조의 경계를 지어라.

멘탈 모델 Mental Models

틀린 예시를 실제로 적용해볼 준비가 되었는가? 새로운 개념을 소개하는 것을 아이들의 '빨간불, 초록불Red Lights, Green Lights' 게임처럼 생각해보자.

여러분의 회사에서 웹사이트 "채용 공고" 랜딩 페이지를 업데이트하고 싶어 한다고 상상해 보자. 당신은 팀원들에게 새 랜딩 페이지에 쓸 텍스트 초안 작성을 맡기며 그들이 어조를 딱 맞추길 바란다. 다음 화요일까지 초안을 제출하라는 단순한 지시 대신, 빨간불 초록불 접근법을 사용하여 다음과 같이 말해 보자.

+ 1단계: 상황 설정

일반적인 아이디어나 개념을 먼저 제시한다. 예를 들어, “우리는 우리 브랜드와 일치하는 방식으로 소통하고 싶습니다. 따뜻하고, 신뢰할 수 있고, 겸손한 톤을 지향합니다.”와 같이 말하는 것이다.

+ 2단계: 빨간불, 초록불

먼저 틀린 예시를 주되, 사람들이 흔히 저지를 만한 실수를 포함한 것이 좋다(거의 삼각형을 생각해 보자). 그런 다음 바른 예시와 짝지어 제시하라.

현재 사례에서는 “우리 브랜드에 맞는 텍스트의 바른 예시와 틀린 예시가 있습니다. 문구가 완전히 맞는 것 같진 않지만, 우리 브랜드의 톤에 맞춘다는 의미가 무엇인지, 그리고 무엇이 해당되지 않는지 보여드리고 싶었습니다.”와 같이 말할 수 있다.

	빨간불: 딱딱하고, 비인격적이며, 형식적이고, 접근하기 어려운 어조 “수십 년 동안 우리 회사는 채용에 대해 세 갈래 접근법을 취해왔습니다. 각 구성 요소는 전문성을 중심에 둡니다.”
	초록불: 따뜻하고, 친근하며, 신뢰할 수 있고, 겸손한 어조 “우리는 늘 배웁니다. 전문성이 뛰어나지만, 스스로를 평생 학습자로 여깁니다.”

이 방법이 당신 팀에게 도움이 되는 몇 가지 이유가 있다. 대화적 함의를 기억하는가? "신뢰할 수 있는" 톤으로 글을 쓰라고만 이야기하면, 여러 가지 방식으로 해석될 수 있다. 그러나 바른 예시와 함께 틀린 예시를 제시한다면, 팀원들이 어조의 경계를 더 쉽게 파악하고 스스로 새로운 예시들을 만들어 낼 수 있다.

그 다음 단계로 진행하고 싶다면, 다음 두 가지를 제안한다.

- **핵심 특징 짚어주기:** 틀린 예시가 '왜' 틀렸는지 설명하면, 사람들이 개념의 경계를 더 잘 잡을 수 있다. "거의 삼각형" 사례를 기억하는가? 둥근 모서리를 가진 도형이 왜 삼각형이 아닌지를 교사가 짚어준다면, 학습에 도움이 된다. 이와 같은 방식으로 설명하라. 혹은 "왜 X는 Y의 예시가 아닙니까?"와 같은 질문을 하여, 사람들이 핵심 특징에 주목하게 하면 더 좋다. (예: "삼각형의 세 가지 속성에 근거해 볼 때, 이 도형은 왜 삼각형이 아닐까요?"). 이번 경우라면 이렇게 물어볼 수 있다. "'수십 년 동안 우리 회사는 채용에 대해 세 갈래 접근법을 취해왔습니다. 각 구성 요소는 전문성을 중심에 둡니다.'라고 말하면 왜 우리 브랜드 톤과 맞지 않을까요?"라고 물을 수 있다.
- **최적의 지점 찾기:** 누군가가 어떤 개념을 배우게 하려면, 서로 다른 양 극단에 위치한 틀린 예시를 보여주면 좋다. 그럼 중간의 "딱 맞는" 지점을 쉽게 파악할 수 있다.

"채용" 랜딩 페이지의 업데이트 사례에서, 당신은 우선 너무 딱딱하고 거리감 있는 문장이 어떤 것인지 보여주었다. 이제 반대편 끝에 있는 틀린 예시를 보여줄 차례다. "안녕하세요! 당신의 꿈의 직책이 여기서 기다리고 있습니다."와 같은 예를 제시할 수 있다. 이 예시를 핵심 특징을 짚어주는 설명까지 덧붙여 "이 예시를 우리 브랜드 톤에 맞게 바꾸려면 무엇을 고쳐야 할까요?"라고 물어보자.

팀원들은 이 틀린 예시가 "따뜻한" 어조를 훨씬 넘어섰다는 것, 즉 지나치게 가벼워(게다가 진부하기까지 하다) 회사의 신뢰성을 훼손할 수 있음을 알아차리고는, 당신이 딱딱한 어조와 가벼운 어조 사이 어딘가에서 적절한 지점을 찾으라고 한다는 것을 알게 된다. 이런 방식은 팀원들이 브랜드 톤의 경계를 명확히 식별하도록 해주어, 이번 과제뿐 아니라 앞으로의 글쓰기 작업에서도 큰 도움을 줄 것이다.

결론

인간은 일반화하는 것을 좋아한다. 어떤 경우엔 일반화가 도움이 되지만, 사람들은 종종 들은 것을 지나치게 확대 해석해 버리기도 한다. 틀린 예시는 이러한 경향을 막는다. 틀린 예시는 스키마의 경계를 분명하게 하며, 그 결과 우리가 배운 것을 더 정확하게 적용할 수 있게 한다.

핵심 요점

* 틀린 예시를 활용해, 내가 의미하지 **않는** 것, 혹은 개념의 경계를 보여주자. 새로운 것을 배울 때, 무엇이 아닌지를 아는 것은 무엇인지를 이해하는 데 큰 도움이 된다.
* 틀린 예시가 왜 틀렸는지를 설명하면, 다른 사람들이 그 개념의 경계를 더 잘 파악할 수 있다. 더 좋은 방법은 "왜 x는 y의 예시가 아닙니까?"와 같은 질문을 던져 새로운 아이디어의 핵심 특징에 주목하게 하는 것이다.
* 양 극단에 있는 두 가지 틀린 예시(예: 너무 크다, 너무 작다)를 함께 제시해서 그 사이에 있는 "딱 맞는" 지점이 무엇인지 보여주자.

좋은 예시와 틀린 예시를 만드는 인공지능 프롬프트: 학교 편

당신은 교육 전문가입니다. 아래 내용을 참고하여 주어진 과제에 대해 학생들이 이해하기 쉽도록 다음 내용을 포함한 설명과 함께 좋은 예시와 틀린 예시를 각각 제시해 주세요.

1. 학년 혹은 숙련도[Level]: [예: 5학년, 초급, 중급, 고급 등 입력]
2. 과제 개요[Overview]: [과제의 핵심 내용 및 흐름 간략히 설명]
3. 과제 목표[Objective]: [학습자들이 이 과제를 통해 달성해야 하는 목표 명시]
4. 성공 판단 기준[Success Criteria]: [과제 수행 시 어떤 점을 성공으로 볼 것인지 구체적으로 작성]
5. 실패 판단 기준[Failure Criteria]: [어떤 경우 과제 수행이 부족하다고 판단할지 명시]
6. (4와 5 대신) 평가 루브릭[Rubric]: [채점이나 평가 기준에 대한 상세 설명]

위 정보를 바탕으로

- 좋은 예시[Example]: 성공적인 수행 사례를 구체적으로 설명하고, 왜 이것이 좋은 예시인지 이유를 간결히 제시
- 틀린 예시[Non-example]: 실패하거나 부족한 사례를 구체적으로 설명하고, 왜 이것이 나쁜 예시인지 이유를 간결히 제시

좋은 예시와 틀린 예시를 만드는 인공지능 프롬프트: 직장 편

당신은 직장 내 리더십 및 커뮤니케이션 전문가입니다. 아래 내용을 토대로 팀장이 팀원이나 동료에게 특정 업무 과제에 대해 조언할 때 사용할 수 있는 좋은 예시와 틀린 예시를 각각 구체적으로 만들어 주세요.

1. 직급 및 팀 상황[Level]: [예: 팀장, 중간 관리자, 신입 팀원 대상 등]
2. 업무 과제 개요[Overview]: [업무 과제 내용 간략 설명]
3. 조언 목표[Objective]: [팀원의 어떤 행동이나 사고 변화를 유도할 것인지 구체 설명]
4. 성공 조언 기준[Success Criteria]: [효과적이라고 판단할 수 있는 기준 명시]
5. 실패 조언 기준[Failure Criteria]: [부적절하거나 효과가 떨어지는 유형 명시]
6. 필수 포함 사항(Optional, 루브릭이나 평가 기준 등)

이 정보를 바탕으로

- 좋은 예시[Example]: 효과적이고 긍정적인 조언 내용, 구체적 행동 지침 포함
- 틀린 예시[Non-example]: 모호하거나 비효율적이며 혼란을 야기할 수 있는 조언 내용, 왜 그렇지 않은지도 한 문장으로 설명 업무 조언

2부
참고문헌/출처

2장. 보여주며 말하기

Chase, W. G., & Simon, H. A. (1973). Perception in chess. *Cognitive Psychology*, *4*(1), 55-81.

Clark, J. M., & Paivio, A. (1991). Dual coding theory and education. *Educational Psychology Review*, *3*, 149-210.

Lang, T., & Ramirez, R. (2020). *Tending the lily pond: Exponential growth and scenario planning*. Said Business School. Available at: www.sbs.ox.ac.uk/oxford-answers/tending-lily-pond-exponential-growth-and-scenarioplanning(Accessed: November 25, 2024).

Merseth, K. K. (1993). How old is the shepherd? An essay about mathematics education. *Phi Delta Kappan*, *74*(7), 548-554.

National Research Council. (2000). *How People Learn: Brain, Mind, Experience, and School: Expanded Edition*. Washington, DC: The National Academies Press.

Paivio, A., Walsh, M., & Bons, T. (1994). Concreteness effects on memory: When and why? *Journal of Experimental Psychology: Learning, Memory, an Cognition*, *20*(5), 1196-1204.

Reusser, K. (1988). Problem solving beyond the logic of things: Contextual effects on understanding and solving word problems. *Instructional Science*, *17*(4), 309-338.

Sabers, D. S., Cushing, K. S., & Berliner, D. C. (1991). Differences among teachers in a task characterized by simultaneity, multidimensionality, and immediacy. *American Educational Research Journal*, *28*(1), 63-88.

Sadoski, M., Kealy, W. A., Goetz, E. T., & Paivio, A. (1997). Concreteness and imagery effects in the written composition of definitions. *Journal of Educational Psychology*, *89*(3), 518–526.

Sadoski, M., & Paivio, A. (2004). A dual coding theoretical model of reading. In R. B. Ruddell & N. J. Unrau (eds.) *Theoretical Models and Processes of Reading* (5th ed.). Newark, DE: International Reading Association, pp. 1329–1362.

Weinstein, Y. (2019). *Learn to study using...concrete examples*. The Learning Scientists. Available at: https://www.learningscientists.org/blog/2016/8/25-1(Accessed: November 25, 2024).

3장. 다다익선

Atkinson, R. K., Derry, S. J., Renkl, A., & Wortham, D. (2000). Learning from examples: Instructional principles from the worked examples research. *Review of Educational Research*, *70*(2), 181–214.

Azzarito, A. (2020). 'A tool of the devil': The dark history of the humble fork.

Fast Company. Available at: www.fastcompany.com/90481445/a-tool-of-thedevil-the-dark-history-of-the-humble-fork(Accessed: November 26, 2024).

Azzarito, A. (2020). Ten surprising facts about everyday household objects.

Smithsonian Magazine. Available at: www.smithsonianmag.com/innovation/ten-surprising-facts-about-everyday-household-objects-180974566/(Accessed: November 26, 2024).

Hilbert, T. S., Schworm, S. I. L. K. E., & Renkl, A. (2004). Learning from worked-out examples: The transition from instructional explanations to self-explanation prompts. *Instructional Design for Effective and Enjoyable Computer-Supported Learning*, 184–192.

Proffitt, J. B., Coley, J. D., & Medin, D. L. (2000). Expertise and category-based induction. *Journal of Experimental Psychology: Learning, Memory, and*

Cognition, *26*(4), 811-828.

Quilici, J. L., & Mayer, R. E. (1996). Role of examples in how students learn to categorize statistics word problems. ***Journal of Educational Psychology***, ***88***(1), 144-161.

Rosch, E. H. (1975). Cognitive representations of semantic categories. ***Journal of Experimental Psychology: General***, ***104***(3), 192-233.

Salvi, C., Bricolo, E., Franconeri, S. L., Kounios, J., & Beeman, M. (2015). Sudden insight is associated with shutting out visual inputs. ***Psychonomic Bulletin*** & ***Review***, ***22***, 1814-1819.

Smithsonian Institute. (2014). ***George de Mestral: Velcro® inventor.*** Available at: https://invention.si.edu/george-de-mestral-velcro-inventor (Accessed:November 26, 2024).

Willingham, D. T., & Riener, C. (2019). ***Cognition: The Thinking Animal.*** Cambridge: Cambridge University Press.

4장. 그게 아니고

Begg, I., & Harris, G. (1982). On the interpretation of syllogisms. ***Journal of Verbal Learning and Verbal Behavior***, ***21***(5), 595-620.

Bills, L., Dreyfus, T., Mason, J., Tsamir, P., Watson, A., & Zaslavsky, O. (2006). Exemplification in mathematics education. In J. Novotná, H. Moraová M. Krátká & N. Stehlíková (eds.) ***Proceedings of the 30th Conference of the International Group for the Psychology of Mathematics Education Vol. 1***, pp.126-154.

Dickstein, L. S. (1975). Effects of instructions and premise order on errors in syllogistic reasoning. ***Journal of Experimental Psychology: Human Learning and Memory***, ***1***(4), 376-384.

Klausmeier, H. J., & Feldman, K. V. (1975). Effects of a definition and a varying number of examples and nonexamples on concept attainment. ***Journal of Edu-***

cational Psychology, *67*(2), 174-178.

McKinney, C. W., Larkins, A. G., Ford, M. J., & Davis III, J. C. (1983). The effectiveness of three methods of teaching social studies concepts to fourth-grade students: An aptitude-treatment interaction study. ***American Educational Research Journal***, 20(4), 663-670.

Tsamir, P., Tirosh, D., & Levenson, E. (2008). Intuitive nonexamples: The case of triangles. ***Educational Studies in Mathematics***, *69*, 81-95.

MEMO

5장. '왜'를 묻는 힘: 정교화 질문으로 깊이 있게 처리하라

6장. 더 높이 오르기: 사전지식을 활성화하라

7장. 무엇이든 이야기로: 서사의 힘을 활용하라

8장. 성장 관리: 효율적인 연습으로 전문성을 쌓아라

03

인지의 톱니바퀴

부호화, 정보가 기억으로 바뀌는 과정

3부에서는 정보가 실제로 작업 기억에서 장기 기억으로 이동하려면 어떤 일이 일어나야 하는지, 그리고 그 정보를 다시 꺼내려 할 때 왜 다시 나오지 못하는 경우가 있는지 알아본다.

'왜'를 묻는 힘

정교화 질문으로 깊이 있게 처리하라

저자 짐[Jim]의 아들인 샘은 "왜?"라는 게임을 좋아한다.

규칙은 간단하다. 샘이 먼저 질문을 던지고, 답을 듣자마자 또 (여러분이 짐작한 대로) "왜?"라고 묻는다. 그 다음부터는 아버지가 무슨 답을 내놓든 "왜"를 붙여 묻는 일을 매우 즐거워한다. 이는 짐이 인내심을 잃거나 (더 흔하게는) 그 주제에 대한 지식이 바닥날 때까지 이어진다. 마침내 "왜?" 연쇄 질문이 짐의 이해력 밑바닥까지 도달하면, 그는 "그냥… 그런 거야, 알겠지!"라고 말하며 패배를 인정할 수밖에 없다. 그 순간 샘은 또다시 자기에게 상당히 유리하게 짜여진 게임을 이겼다는 사실에 기뻐한다.

적어도 샘에게는 즐거운 놀이일지 몰라도, 이 게임은 "왜"의 힘에 대한 더 심오한 무언가를 암시한다. 결국, "왜?"란 질문을 던질 수 있는 능력은 인간이 가진 가장 중요한 인지 능력 중 하나다. 우리는 어떤 아이디어를 검토할 때, 시스템에 의문을 제기할 때, 혹은 표면을 넘어 더 깊은 것을 들여다볼 때마다 이 질문을 이용한다. 실제로 우리에게 그 단어, "왜"를 효과적으로 사용하는 경향이 없었다면, 인류가 지금 어디까지 왔을지 상상하기조차 어렵다.

그런데 여기서 중요한 점은 모든 "왜"가 똑같은 것은 아니라는 것이다. 사실 특별히 더 효과적으로 왜를 묻거나, 다른 사람들에게 왜를 묻도록 유도하는 방식이 있다. 다행히도 수십 년간의 연구 덕분에, (짐작했겠지만) 왜 그런지를 알 수 있게 되었다. 그리고 그 방법은 인지과학자들이 **정교화 질문**[elaborative interrogation]이라고 부르는 것과 관련이 있다.

먼저 각 단어를 정의해 보자. '정교화하다[elaborate]'는 어떤 것에 더 보태어 설명한다는 뜻이고, '질문하다[interrogate]'는 표면 아래를 파고드는 방식으로 의문을 제기한다는 것이다. 정교화 질문은 이 두 개념을, 사람들이 깊이 파고들어 더 많이 배우도록 이끄는 방식으로 결합한 것이다.

자, 정교화 질문은 실제로는 어떤 모습일까? 그리고 어떻게 하면 왜를 묻는 힘을 우리에게 유리하게 활용할 수 있을까?

정교화 질문의 과학

5장의 목적을 달성하기 위해, 정교화 질문을 활용해 더 나은 학습 결과를 만들어 낼 두 가지 방법을 살펴볼 것이다. 이를 각각 "깊이depth"와 "연결connection"이라고 부르겠다.

정교화 질문과 깊이

학습이 어떻게 일어나는지에 관한 연구를 통해, 우리는 어떤 것을 얼마나 깊게 사고하느냐와 그 사고가 남기는 기억 흔적memory trace의 강도 사이에 밀접한 관계가 있다는 것을 알고 있다. 정교화 질문과 관련해서는, 누군가가 아이디어에 대해 깊이 생각하게 만드는 질문(즉 인지과학자들이 "인지적 자원이 많이 필요한effortful" 사고라고 부르는 질문)이 그렇지 않은 것보다 훨씬 효과적이라는 사실이 알려져 있다. 실제로 정교화 질문이 어떻게 작동하는지 이해하려면, 다음 두 질문을 생각해 보고 왜 한쪽이 다른 쪽보다 더 깊은 처리를 유도하는지 스스로에게 물어보라.

"레오 실라르드Leo Szilard가 핵 연쇄 반응 이론을 처음 고안한 것은 몇 년인가?"
"레오 실라르드Leo Szilard가 핵 연쇄 반응을 발견한 시기는, 그가 그 돌파구를 마련한 해라는 점에서 왜 중요한 의미를 갖는가?"

첫 번째 질문은 **얕은 처리**shallow processing만을 요하며, 답변 자체에도 별다른 의미가 담기지 않는다. 이런 의미에서, 이 질문은 레오 실라드가 몇 년에 태어났다거나, 언제 결혼했는지를 묻는 질문으로 바꿔도 다를 게 없다. 반면 두 번째 질문은 그 날짜 자체에 중요한 의미를 부여한다. 결국 연쇄 반응chain reaction의 개념은 핵무기의 가능성을 열어 놓았고, 이는 궁극적으로 제2차 세계대전과 인류 역사의 흐름을 바꾸어 놓았다. 이러한 중요성은 질문에 답하는 사람들이 그 해(참고로, 1933년이다)에 의미를 부여하게 만들고, 그 결과 훨씬 더 기억에 잘 남게 된다.

이처럼 풍부한 연상 작용이 단어와 언어의 수준에서 일어날 때, 학자들은 이를 의미적 개입semantic involvement이라고 지칭한다. 1975년 퍼거스 크레이크Fergus I. M. Craik와 엔델 툴빙Endel Tulving이 진행한 연구에서, 참가자들은 20밀리초(사실, 한 번 번쩍이는 정도의 시간) 동안 스크린에 제시된 단어를 보고, 그 단어와 관련된 질문에 "예" 또는 "아니요"로 답해야 했다. 짧은 휴식 후, 참가자들은 화면에 표시된 단어들을 얼마나 잘 기억하는지를 알아보는 깜짝 테스트를 받았다. 이를 통해 연구자들은 어떤 유형의 질문을 던지느냐에 따라, 참가자들이 단어를 기억해내는 정도가 달라짐을 밝혀냈다.

예를 들어, 일부 참가자들에게는 그 단어가 다른 단어와 운율이 맞는지 또는 대문자나 소문자로 쓰여 있는지에 대한 질문이 주어졌다. 이러한 표면적 수준의 질문surface-level questions은 표면적 처리surface-level processing를 유도했고, 그 결과 그들은 단어들을 잘 기억해내지 못했다. 반대로, 번쩍 제시된 단어 뒤에 그 단어에 의미를 부여하도록 이끄는 질문(예: 단어의 정의를 물음)을 했을 때, 참가자들은 이어진 기억력 테스트에서 그 단어를 더 잘 기억해내는 경향을 보였다.

어떻게 작동하는지 살펴보자. 실험에 따르면 **인출 단서**retrieval cues가 부호화encoding 과정과 일치할 때, 우리는 더 잘 기억한다. 예를 들어 여러분이 단어 리스트에 있는 각 단어의 첫 글자를 말해 보라는 질문을 받았다고 치자. 그런 다음 그 단어들을 떠올려 보아야 하는 시험에서 동의어 목록을 힌트로 받았다면, 시험 결과가 좋지 못한 것은 당연하다. 학습할 때 사용한 단서(첫 글자)와 인출할 때의 단서(동의어)가 서로 맞지 않기 때문이다. 우리 일상생활에서, 우리가 해야 하는 대부분의 일은 얕은 처리를 포함하지 않는다. 우리가 하는 대부분의 업무는 "이 단어의 첫 글자는 무엇입니까?"와 같은 단순 과제보다 훨씬 복잡한 과정으로 채워져 있다.

인지과학자들은 이 현상을 "**전이 적합상 처리**transfer-appropriate processing perspective"라고 한다. 이 이론에 따르면, 심층 처리는 더 강력한 회상과 연결된다. 그 이유는, 심층 처리 과정에서는 우리가 만들어내는 의미가 다양한 인출 맥락에서 두루 적용될 수 있기 때문이다. 각 단어의 첫 글자를 말해 보라고 하는 대신(얕은 처리), 각 단어를 문장에서 사용하라고 요청했다고(심층 처리: 단어의 의미에 초점을 맞춤) 하자. 이런 경우, 각 단어의 의미에 대한 정보를 활용해 폭넓은 과제를 수행할 수 있다. 단어를 정의하거나, 읽는 도중 어떤 단어의 반의어를 떠올리고, 일상 대화에서 자연스럽게 사용하는 것이다. 반면, 얕은 처리는 매우 특정한 맥락(예: B로 시작하는 단어들 나열하기)에서만 인출을 돕는데, 그런 상황은 우리 일상에서 거의 접할 수 없다. 심층 처리에 집중하는 이유는, 대부분 사람들이 일상에서 정보를 사용하는 방식이 바로 그것이기 때문이다.

정교화 질문과 연결 짓기

깊은 생각을 유도하는 것 외에도, 가르치는 학생이나 함께 일하는 직원이 어떤 분야에서 성장하게끔 돕는 효과적인 방법이 하나 더 있다. 바로 그들이 서로 다른 개념을 연결해 보도록 하는 것이다. 이것이 왜 효과적인지 설명하기 위해, 산을 오를 때 옷(또는 반려견의 털)에 달라붙는 도꼬마리 씨앗의 비유를 들어보자.

3장의 내용을 떠올려 보면, 도꼬마리 씨앗이 개의 다리에 잘 달라붙는 이유는 표면을 뒤덮고 있는 수많은 작은 갈고리 때문이다. 갈고리가 많을수록 가시는 더 끈끈하게 달라붙는다. 우리가 사람들에게 제시하는 정보도 마찬가지다. 정교화 질문법을 통해 사람들이 그 내용을 어떻게 생각하게 하느냐에 따라 그 정보가 얼마나 잘 달라붙고 오래 남을지가 달라진다.

예를 들어, 다음 두 질문의 차이를 생각해 보자.

"돌고래는 아가미를 사용해서 호흡합니까, 폐를 사용해서 호흡합니까?"

"돌고래는 왜 물고기가 아닙니까?"

첫 번째 질문의 답은 아가미냐 폐냐 둘 중 하나를 고르는 형태다. 반면 두 번째 질문은 1) 물고기를 물고기로 만드는 것이 무엇인지와 2) 돌고래가 그러한 기준을 충족하는지를 따져 보게 한다. 앞서 들었던 비유를 이어서 하자면, 이 두 번째 질문은 더 많은 정보 "갈고리"가 있기 때문에 더 끈끈한 "가시"가 된다. 이 문제에 답하려면, 돌고래가 냉혈동물이 아니라 온혈동물이라는 점, 공기를 마시려고 수면 위로 올라와야 한다는 점, 또는 알을 낳는 것이 아니라 새끼를 낳는다는 점 등을 설명하게 된다.

각각의 응답은 학습자가 이미 알고 있는 것(물고기와 포유류의 특성 차이)과 여러분이 학습자에게 이해시키고 싶은 것(왜 돌고래를 물고기가 아닌 포유동물로 분류해야 하는지) 사이에 잠재적 연결 고리를 형성한다. 이런 연결을 만들어내는 방법은 다양한데, 6장에서 사전지식prior knowledge의 개념을 더 깊이 탐구할 예정이다. 지금으로서는 정교화 질문법이 새로운 정보를 기존의 이해 구조에 통합하도록 돕는다는 것이 중요하다. 이렇게 이미 알고 있는 지식에 새 정보를 갈고리처럼 "걸어둠 hooking"으로써, 나중에 그 정보를 더 잘 기억할 수 있게 된다.

다른 예를 보자. 1987년 마이클 프레슬리Michael Pressley가 이끄는 연구팀이 진행한 한 연구에서는, 참가자들에게 한 남자의 행동을 설명하는 여러 가지 문장을 제시했다. 첫 번째 그룹은 그 남자의 행동과 이유가 함께 제시된 문장을 받았다("배고픈 남자가 식당에 가기 위해 차에 탔다."). 두 번째 그룹은 정교화 질문으로 그 남자의 행동 이유를 스스로 생각해 보도록 유도받았다("그 남자는 왜 그런 행동을 했을까?"). 세 번째 그룹은 단순히 행동만 담긴 기본 문장을 받았다("배고픈 남자가 차에 탔다.").

이후 참가자들에게 문장의 세부사항을 회상하라고 했더니, 왜 그 남자가 그렇게 행동했는지를 생각하도록 요구받았던 두 번째 그룹이, 다른 두 그룹보다 세부사항을 훨씬 잘 기억해냈다. 이 참가자들은 이미 알고 있는 것("나는 배고플 때 식당에 간다.")과 새로운 정보(현재 읽고 있는, 차에 타는 남자를 설명하는 문장)를 연결해야 했고, 그런 능동적 처리로 인해 정보가 더 기억에 잘 남게 된 것이다.

질문이 모호하지 않고 구체적일수록, 그리고 학습자가 더 많은 사전지식을 가지고 있을수록 정교화 질문이 그러한 연결을 유도하는 데 가장 효과적이라는 사실을 밝혀낸 실험이 있다. 1992년 베라 월로신Vera Woloshyn이 주도한 연구에서 연구자들은 캐나다와 독일 학생들에게 두 나라에 대한 지리적 사실들을 제시했다. 따라서 각 참가자 그룹은 둘 중 한 가지 상황(모국에 관한 정보)에 대해 더 많은 사전지식을 가지고 있었다. 연구 결과 사전지식이 더 많은 경우, 정교화 질문이 학습에 미치는 효과가 훨씬 더 컸다. 이는 앞서 언급한 "**연결 짓기**connection"의 원리를 다시 확인시켜준다. 배경지식이 더 많은 학습자는 장기 기억 속에 이미 다양한 사실을 보유하고 있어, 거기에 새로운 정보가 잘 걸려드는 것이다.

자, 이제 우리는 깊이와 연결을 바탕으로 정보를 처리할 때 그 정보를 훨씬 잘 기억할 가능성이 높아진다는 사실을 알게 되었다. 그렇다면 어떻게 그런 질문을 만들어내고, 또 그것을 우리에게 이로운 방향으로 활용할 수 있을까? 바로 다음 멘탈 모델이 그 해답이 될 것이다.

실전 '왜'를 묻는 힘

고고학 발굴

핵심 아이디어: 학습자가 개념을 깊이 있게, 그리고 다른 정보와 연결하여 처리할 때, 그 정보는 더 오래 기억에 남게 된다. 그러므로 우리는 정교화 질문을 유도하는 질문을 던져야 한다.

멘탈 모델 Mental Models

+ 고고학 팁 1: 더 깊이 파면, 더 많이 배운다

여러분이 고고학 발굴 현장에 있다고 상상해 보자. 땅에서 반짝이는 물체가 삐죽 튀어나와 있는 걸 발견했다. 단순히 주변 흙을 조금 털어내고, 눈앞에 보이는 것에만 감탄한 뒤 현장을 떠나버리지는 않을 것이다. 아마도 계속 파들어 가서 그 물체 전체를 드러낼 때까지 발굴을 이어갈 것이다. 학습자도 마찬가지로, 표면적 이해에 만족하지 않고 더 깊이 파고들도록 해야 한다. 우리가 이미 알고 있듯이, 표면적 특징을 넘어서 개념에 대해 더 깊이 질문하고 탐구하도록 이끄는 것이야말로 성장과 기억을 촉진하는 강력한 방법이기 때문이다.

깊이를 이끌어내는 데 도움이 되는 질문에는 이런 것들이 있다.

- **"어떻게 알았나요?"** (예: "금방 가속하고 있다고 말했죠. 그걸 어떻게 알았나요?")
- **"이 과정을 설명해 주세요. 어떻게 작동하는 거죠?"** (예: "총이익률 계산 과정을 설명해 주세요. 어떻게 작동합니까?")
- 샘이 가장 좋아하는 질문, **"왜죠?"** (예: "제가 왜 남동부 고객들을 먼저 타겟으로 하고 싶어 한다고 생각하시나요?")

이러한 질문은 응답자가 처음 내놓을 피상적 수준의 답변에 머물지 않고, 그 답변을 정교화하도록 계속 파고들게 한다. 앞서 살펴본 것처럼, 학습자는 이러한 질문에 답을 하는 과정에서 자신의 스키마에 더 많은 세부사항을 추가하여 정교화하게 되고, 이로 인해 추후 해당 정보를 더 잘 기억해낼 확률이 높아진다.

그럼 실제 현실에서 더 깊게 파고드는 질문이 어떻게 작동하는지 살펴보자. 여러분이 이끄는 팀이 프로젝트를 계획하고, 그 계획을 프레젠테이션해서 승인을 받아야 한다고 상상해 보자. 그런데 팀원들은 프로젝트 관리에 대한 배경지식이 전혀 없다. 이때 단순히 기초적 내용만 담아 프레젠테이션을 할 수도 있겠지만, 팀원들이 각 핵심 개념을 두고 심층 처리를 하게끔 한다면 팀원들은 프로젝트 정보를 더 오래 기억하게 될 것이다. 예컨대, 프로젝트에서 역할과 책임을 정의하는 데 사용할 템플릿을 소개한 후, 다음과 같이 질문해 볼 수 있다.

- "잠깐 정리해 봅시다. 역할과 책임을 우리가 어떻게 정의했죠? 우리가 사용한 네 가지 단계는 무엇이었고 각각이 왜 중요한가요?"
- "겉보기엔 추가 작업처럼 보이겠지만, 왜 제가 각 팀원이 프로젝트에 필요한 시간의 비율뿐 아니라 실제로 가능한 시간의 비율까지 적으라고 했을까요?"

팀원들에게 더 깊이 파고들게끔 하는 데 시간을 들이는 건 충분한 가치가 있다. 그렇게 함으로써 "한 귀로 듣고 한 귀로 흘려버리는" 상황을 피할 수 있기 때문이다. 팀원들이 역할과 책임을 어떻게 정의하는지와 왜 중요한지를 직접 설명해 보았다면, 추후에 그 과정을 훨씬 잘 기억해낼 것이다.

+ 고고학 팁 2: 더 똑똑하게 파면, 더 많이 배운다

고고학자들은 매우 신중한 사람들이다. 가치 있는 것을 발견하면, 그것을 조심스럽게 다루고 매우 구체적인 방식으로 기록한다. 예를 들어, 단순히 발견한 물건을 "거울"이라고 표시하는 대신, "기하학적 무늬가 새겨진 은제 거울, 아동용으로 제작된 것으로 보임"이라고 이름표를 붙일 가능성이 높다. 이렇게 정보를 구조화하는 이유는, 자신이 발견한 유물을 다른 연구자들도 구성 요소(아동용, 은제, 새김무늬)를 기반으로 식별하고 이해하며, 그들의 연구와 연결하기를 바라기 때문이다.

우리 두뇌도 장기 기억에 무언가를 저장할 때 비슷한 방식으로 작동한다. 앞서 살펴본 "도꼬마리" 예시와 마찬가지로, 어떤 정보에 이름표나 갈고리가 많을수록 더 끈끈하게 달라붙게 되고, 나중에 그 정보를 이해하고 다시 떠올릴 기회가 훨씬 많아진다. 우리는 정교화 질문이 사람들로 하여금 이런 핵심적 연결을 더 많이 만들어 내게끔 한다는 것을 알고 있다.

연결 짓기를 유도하는 정교화 질문의 예로는 "X를 Y로 바꾼다면 어떻게 될까?"가 있다. 이 질문은 응답자가 두 개념의 내재적 특성을 탐구하고 그 사이의 연결 고리를 찾아내도록 이끈다. 초등학교 3학년 학생에게 "5 + 2 = 7이라는 것을 알고 있지요? 만약 더하기 기호를 곱하기 기호로 바꾸면 어떻게 될까요?"라고 묻는 게 여기 해당된다.

다른 질문으로는 "왜 X에서는 성립하는데 Y에서는 성립하지 않을까요?"가 있다. 이 질문은 차이점을 탐색하게 하고, 학습자가 핵심적인 구분점을 도출하도록 한다. 가령 변호사 지망생에게 "어떤 행동이 연방 범죄로는 성립하지만 주정부 범죄로는 성립하지 않는 이유가 무엇일까요?"라고 묻는 것이다. 또 "이 둘은 어떻게 관련되어 있습니까?"란 질문 역시 중요한 연결을 명확히 표현하게 이끄는 간단한 방법이다.

프로젝트 관리의 기초를 배우는 과정에서 팀원들이 더 똑똑하게 파고들도록 유도하려면, 지식을 통합하게끔 하는 다음과 같은 질문들을 사용할 수 있다.

- "우리는 성공적인 프로젝트의 핵심 원칙을 이야기했습니다. 시간 준수, 목표 달성, 예산 준수였죠. 팀원들의 행동은 각 원칙과 어떻게 관련되어 있습니까?"
- "이 세 가지 원칙의 관계를 한번 풀어봅시다. 만약 일정이 고정되어 있는데 범위가 늘어난다면 예산은 어떻게 될까요? 반대로 프로젝트가 진행 중인데 예산을 삭감해야 한다면 우리에겐 어떤 선택지가 있을까요?"
- "이번 프로젝트에서는 왜 지난 프로젝트에서보다 일정에 더 높은 우선순위가 부여될까요?"

결론

아이디어란 끝없는 차원을 가진 복잡한 존재이며, 그중 상당수는 우리가 결코 보지 못한다. 따라서 하나의 아이디어를 바라보는 방식은 무수히 많겠지만, 그 모든 방식이 학습에 도움이 되는 것은 아니다. 우리가 던지는 질문은 종종 학습의 성패를 좌우하곤 한다. 학습자가 피상적이고 빗나간 사고에 머물지, 아니면 깊이 있고 정교하며 지속적인 학습으로 나아갈지를 결정할 수 있기 때문이다. 누군가에게 더 깊이 파고들도록 유도하고 새로운 아이디어와 더 많이 연결 짓게 할 때, 우리는 그 아이디어 고유의 풍부함을 더 많이 발견하며, 동시에 기억에 남을 가능성도 높인다. 정교화 질문은 이러한 풍부함을 열어줄 뿐 아니라, 다른 사람들 역시 그 과정에 참여하도록 이끄는 효과적인 방법이다.

핵심 요점

* 인지과학에 따르면, 어떤 아이디어를 깊이 있게, 그리고 다른 지식과 연결해 생각할 때, 그 아이디어를 더 잘 기억하고 이후에 다시 활용할 가능성이 높다.
* 정교화 질문을 활용함으로써, 사람들이 정보를 적절히 처리하고 기억에 오래 남기도록 할 수 있다.
* 정교화 질문은 사람들이 단순히 아이디어의 표면적 특징을 살피는 데서 그치지 않고, 자신이 내린 결론에 대한 근거와 이유를 설명하도록 이끌며, 이미 알고 있는 것과 새로 배우는 것을 연결 짓게 한다.

Ask Smile: 질문력 높이기

정교화 질문은 멘탈 모델의 관점에서 볼 때, 새 정보가 기존 스키마에 어떻게 들어맞는가 혹은 왜 새 정보가 그 스키마와 달라야 하는가를 탐색하게 한다. 정교화 질문을 만들어 볼 때 (혹은 일반적인 질문이라도), ask smile 사이트를 활용해 보자. 이 사이트는 Stanford Mobile Inquiry-based Learning Environment[SMILE] 프로젝트의 일환으로 개발된 질문 교육 플랫폼이다. 누구나 자신의 질문을 만들어 제출하면, 인공지능[gpt] 기반 평가와 피드백을 통해 질문력과 비판적 사고력을 기를 수 있도록 설계되었다.

평가 기준은 인지심리학자 블룸[Bloom]이 제안한 인지수준[Taxonomy]에 기반을 두며, 1~5 단계(기억, 이해, 적용, 분석, 평가, 창조) 중 어디에 속하는지 판단하여 피드백을 제시한다.

1. 먼저 학습 주제(혹은 업무 키워드)를 정하고, 그 주제에 대한 핵심 사실이나 개념을 선별한다.
2. 그 핵심 사실을 바탕으로 '왜?' '어떻게?' 'A와 B는 어떻게 다른가?'와 같은 정교화 질문의 초안을 작성한다.
3. https://ask.smile.seedsofempowerment.org/에 그 질문을 입력하여 평가를 받는다. 예컨대 나의 질문이 단순히 기억을 요구하는 수준인지, 분석이나 평가를 필요로 하는 것인지 알 수 있다.
4. 사이트에서 받은 피드백을 토대로 질문을 수정한다.
5. 최종적으로 수정된 질문을 실제 활용해 본다. 이런 과정을 여러 차례 반복하면서, 질문의 구성에 대한 감각을 익힌다.

시범으로 ask smile 사이트에 본문에 나온 질문 하나를 입력해, 어떻게 수정할 수 있을지 살펴보자.

Ask a question

With the help of GPT, your question will be evaluated on a rubric from Level 1 to Level 5 aligned to Bloom's Taxonomy

"우리는 성공적인 프로젝트의 핵심 원칙을 이야기했습니다. 시간 준수, 목표 달성, 예산 준수였죠. 팀원들의 행동은 각 원칙과 어떻게 관련되어 있습니까?"

Submit question

이 질문은 레벨 3 질문으로 분류하겠습니다. 팀원들의 행동과 성공적인 프로젝트의 핵심 원칙—시간 관리, 목표 달성, 예산 준수—간의 관계를 분석하는 내용이 포함되어 있습니다. 이 질문에 효과적으로 답변하려면 프로젝트 관리 개념에 대한 이해를 적용하고, 특정 행동이 이러한 원칙과 어떻게 부합하거나 지원하는지 분석해야 합니다.

질문을 더욱 개선하고 수준을 높이기 위해 다음과 같이 **가설**적이거나 **조건부**로 만드는 것을 고려해 보십시오: "팀원들의 시간 관리, 목표 달성, 예산 준수라는 핵심 원칙을 따르지 않을 경우 발생할 수 있는 잠재적 결과는 무엇이며, 이는 프로젝트의 전반적인 성공에 어떤 영향을 미칠 수 있을까요?"
이러한 수정안은 불확실성과 조건부 구조를 도입하여 질문 수준을 5단계로 끌어올립니다.

깊이 있는 질문을 구성하는 훌륭한 작업을 계속해 주세요! 귀하의 분석적 사고는 프로젝트 관리 논의에서 더 깊은 통찰력을 이끌어낼 수 있습니다.

• 참고: 영어로 제시된 피드백을 한국어로 번역했으며, 이해를 돕기 위해 밑줄로 표시했음.

더 높이 오르기

사 전 지 식 을 활 성 화 하 라

"저는 우리 지구인들을 대표하여 인사를 전합니다. 우리는 오직 평화와 우정만을 추구하며, 태양계를 벗어나 우주로 나아갑니다. 요청받으면 가르치고, 행운이 따른다면 배우려고 합니다." 당시 유엔 사무총장이었던 쿠르트 발트하임Kurt Waldheim이 남긴 이 말은, 아마 인류 역사상 가장 야심차고도 희망에 찬 소통 행위의 첫 문장일 것이다. 이 메시지는 두 개의 보이저 골든 레코드Voyager Golden Record에 새겨져, 1977년 8월 20일과 9월 5일에 발사된 쌍둥이 보이저Voyager 탐사선에 부착되었다. 목적은 분명했다. 외계 생명에게 지구 생명의 단편을 전하는 것이었다.

천체물리학자 칼 세이건Carl Sagan과 동료 학자들은 저서 『지구의 속삭임Murmurs of Earth』에서 외계 생명체의 관람과 청취 즐거움을 위해 인류의 대표적인 단면을 큐레이팅하는 기념비적인 작업을 회고한다. 연구팀은 끝없는 논의 끝에, 55개의 고대 및 현대 언어로 된 인사말, 지구의 다양한 자연 소리, 90분 분량의 음악, 그리고 전 세계에서 모은 115장의 사진을 담기로 했다고 한다. 그중에는 DNA의 구조, 혹등고래의 울음소리, 척 베리Chuck Berry의 1958년 록앤롤 명곡 "자니 비 굿Johnny B. Goode"까지 포함되어 있다.

지구 생명의 모습을 어떻게 '담아낼지' 결정하는 것만큼이나 중요한 문제는, 우리와 전혀 다른 생명체가 그 정보를 어떻게 '해석할 수 있을까' 하는 점이었다. 이 사실을 놓치지 않았던 또 다른 참여자인 예술가 존 롬버그Jon Lomberg는 이렇게 회상했다. "전 사진을 들여다보면서, 마치 그 대상을 처음 본다고 상상하려 했습니다. 이 사진이 잘못 해석될 가능성은 무엇일까? 어떤 부분이 오해의 소지가 있을까?"

저자들은 외계 생명체가 이 기록물을 어떻게 해설할지에 대한 예측이 본질적으로는 추측의 영역임을 알고 있었다. 그들이 보기에, 보이저의 메시지가 수신될 가능성부터도 희박했지만, 수신자들이 그것을 이해할 가능성은 그보다도 훨씬 낮았다. 결국 롬버그가 가정했듯, 그 생명체들에겐 "우리가 이해하는 방식의 감각 자체가 없을" 수도 있기 때문이다.

본질적으로, 세이건과 롬버그는 인지과학자들이 수십 년 전부터 알고 있던 현실을 외계로 확장하는 문제와 씨름하고 있었다. 그 문제란, 우리는 새로운 정보를 이미 알고 있는 것과의 관련성 속에서 이해한다는 것이다. 따라서 우리는 새로운 것을 배울 때마다 기존의 지식이 어떻게 활성화되는지 생각해 보아야 한다. 다행히도, 사전지식이 학습에서 어떤 역할을 하는지 이해하는 일은 지구에서는 상대적으로 쉽다. 그러나 여전히 우리의 정신이 정보를 어떻게 받아들이고 조직하는지 제대로 이해하려는 노력은 필요하다.

사전지식은 왜 중요한가

'보이저 골든 레코드' 프로젝트를 추진했던 학자들은, 현실보다는 희망에 매달렸다. 모든 새로운 아이디어는 기존 지식을 참조 틀로 삼아야만 이해될 수 있기 때문이다. 이 학자들의 경우엔 외계 생명체가 가진 사전지식을 전혀 알 수 없었다. 하지만 이것은 "**사전지식**prior knowledge" 이야기의 한 단면만을 보여줄 뿐이다. 나머지를 이해하기 위해서는 다시 인지과학의 몇 가지 근본 원리로 돌아가야 한다.

이 책의 도입부에서, 우리는 "정신의 단순한 모델"을 살펴보았다. 이 모델은 우리가 처한 환경, 그 환경에 기울이는 주의, 그리고 단기 기억과 장기 기억 사이의 관계를 설명한다. 이어 2장에서는 스키마라는 개념을 소개했는데, 이는 서로 연결된 개념들의 네트워크로 정의했다. 자, 이 두 모델 사이에 중요한 연결점이 존재한다. 바로 이 연결점이 학습에서 사전지식을 핵심 요소로 고려해야 하는 이유를 설명한다. 우리가 새로운 아이디어에 맞닥뜨릴 때, 우리의 사전지식(혹은 스키마) 안에 있는 특정 지식 항목(혹은 노드[nodes])들이 활성화된다. 이 노드란 우리가 접하고 있는 정보와 관련 있다고 장기 기억이 판단하는 개념들을 가리킨다.

예를 들어, "자동차"라는 단어를 들으면, 듣는 사람의 장기 기억 속에서 그 개념과 연결된 온갖 용어들과 이미지가 활성화된다. 여기에다 아이디어를 조금 변형해 추가하면 더 많은 노드가 활성화된다. "스포츠카"(빠름, 위험함, 고성능)라는 수식어를 "패밀리카"(신뢰성, 견고함, 화려하지 않음)와 대조하여 덧붙이면, 장기 기억 속에서 더욱 세분화된 스키마가 활성화된다. 그리하여 "자동차"라는 개념은 여러 가지 모습을 동시에 띨 수 있다. 이제 상상해 보자. 여러분이 시간을 거슬러 올라가 1870년대 사람에게 "전기 자동차"라는 말을 설명해야 한다고 말이다. 이 경우엔 완전히 새로운 개념을 설명해야 하는 난관에 부딪히게 되는데, 사전지식과의 자연스러운 연결점이 거의 없기 때문이다.

사전지식이 왜 중요한지, 혹은 그것이 결여되었을 때 어떤 문제가 생기는지를 이해하는 또 다른 방법은 직접 경험해 보는 것이다. 다음 발췌문을 읽고 스스로에게 물어보자. 지금 6장을 다 읽고 나서 시험을 친다면, 다음 문단의 몇 퍼센트나 기억해낼 수 있을까?

블랙 캡스Black Caps는 109점 1아웃에서 110점 4아웃으로 무너졌다. 라친 라빈드라Rachin Ravindra가 32점, 윌 영Will Young 이 54점, 대릴 미첼Daryl Mitchell이 1점에서 아웃되면서다. 하지만 주장 톰 레이섬Tom Latham과 경기 최우수선수로 선정된 글렌 필립스Glenn Phillips가 반격을 이끌었다. 두 사람은 약 5번째 위켓에서 26오버도 채 안 되는 시간 동안 144점을 합작했다. 이후 나빈 울하크Naveen-ul-Haq의 공이 라시드 칸Rashid Khan에게 잡히며 필립스가 아웃되었다. 이로써 뉴질랜드는 254점 5아웃을 기록했다. 이어 마크 채프먼Mark Chapman이 12구만에 25점을 빠르게 쌓으며 팀을 288점까지 끌어올렸다.

만약 기억해낸 비율이 5%도 안 된다고 해도, 여러분만 그런 건 아니니 걱정하지 말라. 적어도 미국에서는 그렇다. 혹시 영국이나 호주, 또는 인도 같은 나라에서 자란 사람이라면 기억해내는 비율이 훨씬 더 높았을 것이다. 그 이유는 간단하다. 이 발췌문은 크리켓 경기 보도에서 가져온 것이고, 크리켓은 미국 사람들에게는 (높은 확률로 한국 사람들에게도) 매우 낯선 스포츠이기 때문이다.

여기서 중요한 점은, 사용된 언어 자체는 매우 단순하다는 것이다. 글자를 읽을 줄 아는 성인이라면 누구나 페이지에 적힌 단어를 이해할 수 있다. 따라서 차이를 만드는 요인은 개별 단어를 이해하느냐가 아니라 전달되는 더 넓은 의미를 이해할 수 있는 배경지식을 가지고 있는가다. 바로 이 사전지식이 크리켓 보도를 이해하고 기억해낼 수 있는지를 결정하는 가장 큰 요소다.

여러 연구가 사전지식이 기억과 학습에서 중요한 역할을 한다는 사실을 일관되게 보여준다. 1972년 존 브랜스포드John D. Bransford와 마르시아 존슨Marcia K. Johnson이 진행한 고전적인 연구에서도, 앞선 예시와 유사한 접근법을 사용했다. 연구팀은 참가자들에게 특정 주제를 알지 못하면 해독하기 어려운 난해한 글을 건네주었다. 그 이후 참가자들을 두 그룹으로 나누어, 한쪽에는 그 글의 주제를 알려주고, 다른 쪽에는 아무 정보도 주지 않았다. 나중에 두 그룹에게 읽은 글에서 최대한 많은 정보를 기억해내라고 요구했다. 예상대로, 주제를 알고 있던 그룹(즉, 해당 주제에 관한 사전지식을 활용할 수 있었던 쪽)이 그렇지 않은 그룹보다 읽은 글의 더 많은 부분을 기억해낼 수 있었다.

사전지식이 중요한 이유에 대한 지배적 이론은 우리가 앞서 살펴본 멘탈 모델로 돌아간다. 어떤 개념을 접할 때, 사전지식은 주의를 기울일 만한 세부사항을 가려내도록 도와주어, 중요하지 않은 부분에 소중한 작업 기억을 낭비하지 않게 해준다. 또한 사전지식은 새로운 지식을 흡수할 수 있는 기존의 아이디어 네트워크(즉, 스키마)를 제공한다. 이런 점에서, 주어진 아이디어에 대한 스키마를 하나의 거대한 직소 퍼즐에, 새로운 아이디어는 그 퍼즐에 더해지는 조각에 비유할 수 있다. 이 새로운 조각은 우리가 다루는 아이디어의 그림을 점점 확장시켜 나가는 데 추가될 수도 있고, 그렇지 않을 수도 있다.

사전지식이 전혀 없거나, 혹은 사전지식이 활성화되지 않는 경우에는, 새로운 퍼즐 조각이 들어갈 더 큰 그림 자체가 존재하지 않는다. 집과 같은 역할을 하는 스키마가 없다면, 새로운 아이디어가 장기 기억에 부호화될 가능성이 훨씬 낮아진다. 설령 일부 흔적이 기억에 남아 있더라도, 제자리를 찾지 못했기에 나중에 불러내기 매우 어려워진다. 다시 말해,

새로운 아이디어는 기존 스키마와 연결 고리를 맺어야만 기억 속에 단단히 남을 수 있고, 그렇지 않으면 미래에 활용할 수 없게 된다.

왜 올바른 종류의 사전지식이 중요한가

사전지식이 존재하는지 여부 못지 않게, 그 사전지식이 정확하고 적절한지도 학습에 중요하다. 실제로 연구 결과에 따르면, 부정확하거나 불완전한 사전지식을 가진 경우 아예 지식이 없는 경우보다 학습에 더 큰 방해를 받을 수 있음이 드러났다. 이 점은 "선무당이 사람잡는다A little knowledge can be a dangerous thing"라는 오래된 속담에 과학적 신뢰성을 부여한다. 직소 퍼즐 비유로 풀어보면, 새로운 지식을 기존의 큰 퍼즐 그림에 맞춰 끼우려 하는데 잘 들어맞지 않는 이유는, 그 조각들이 사실 다른 그림에서 온 조각이기 때문인 셈이다.

사전지식과 새로운 지식 사이의 잘못된 연결은 특히 어린아이들에게서 흔히 발견된다(결코 아이들만의 문제는 아니긴 하지만.). 예를 들어, 짐의 4살 딸 노라는 그림책 속 헬리콥터를 가리키며 비행기라고 불렀다. 이처럼 비슷하지만 동일하지 않은 개념을 혼동하는 것은 그 또래 아이에게는 충분히 이해할 만한 일이지만, 동시에 인간이 새로운 정보를 기존 지식에 연결하려 애쓰는 과정이 얼마나 성공과 실패를 오가는지를 보여주기도 한다. 만약 이런 오류가 수정되지 않고 그대로 남는다면, 잘못된 사전지식은 마치 컴퓨터 시스템의 버그처럼 앞으로 새로운 정보를 받아들이고 저장하는 과정에 악영향을 끼칠 수 있다.

사실, 사전지식을 활성화하는 과정에는 누구나 빠지기 쉬운 몇 가지 예측 가능한 함정이 있으며, 이를 피하는 것이 중요하다. 대표적인 예를 살펴보자면 다음과 같다.

+ 전혀 관련 없는 사전지식

이 상황은, 여러분이 사람들로 하여금 장기 기억에서 끄집어 내게끔 한 정보가, 정작 그들이 이해해야 할 새로운 정보와 전혀 관계없는 경우이다. 예를 들어, 새로 승진한 관리자들을 대상으로 조직의 예산 관리 기본 교육을 한다고 해보자. 강의에서 변동비와 고정비 모두를 계획해야 한다고 강조한다고 치자. 고정비란 일반적으로 월별이나 분기별로 변하지 않는 예산 항목(예: 직원 급여)인 반면, 변동비는 시간이 지남에 따라 변할 수 있는 비용(예: 재료비)이라는 것을 교육생들이 이해하기를 여러분은 바랄 것이다. 그런데 슬라이드에서 "고정fixed"과 "변동variable"이라는 단어를 본 한 교육생은, "아, '저 단어fixed' 내가 잘 알지. 최근에 우리집도 여러 군데 수리했거든fixed. 석고보드 교체하는 것이 싸지 않던데."라고 생각하기 시작했다. 이 경우, 여러분은 사전지식을 활성화하는 데 성공했지만, 그 지식은 정작 다루고자 하는 주제와 무관하다. 따라서 여러분이 새로 쌓으려는 지식과는 동떨어진 사고로 이어지게 된다.

+ 부분적으로 관련된 사전지식

이것을 가리켜 흔히 "알량한 지식이 오히려 위험하다knowing just enough to be dangerous"라고 하는데, 여기에 가장 안타까운 특징이 하나 따라붙는다. 바로 '이해라는 착각the illusion of understanding'이다. 앞서 활용한 변동비 대 고정비 예시에서, 한 교육생이 이렇게 말한다고 생각해 보자.

"아, 비용이요? 저도 이전 회사에서 비용지불서 양식을 작성해 본 적이 있습니다. 그렇게 출장비를 환급받곤 했죠." 여기에서 교육생이 떠올린 "비용"은 이 맥락에서 의도된 의미에 조금 더 가깝긴 하지만, 여전히 개념 적용이 미흡하고 정확하지 않다. 결국 모든 비용이 똑같은 성격을 띠지 않으며, 바로 그래서 변동비와 고정비를 구분하는 것이기 때문이다. 이처럼 부분적으로만 맞닿아 있는 지식을 그대로 방치하면, 새로운 지식이 잘못된 전제 위에 쌓이게 되고, 결과적으로 혼란을 불러오게 된다.

+ 사전지식에 해당하나, 학습자가 스스로 깨닫지 못하는 지식

이런 경우를 "눈앞에 있으면서도 보이지 않는hiding in plain sight" 지식이라고 부르는데, 활성화되면 유용하지만 그렇지 않으면 잠들어 있는 것이다. 다시 고정비와 변동비 예시로 돌아가, 교육생 한 명이 십대 때 아이스크림 가게에서 일했다고 해보자. 게다가 그 교육생은 당시 사장이 건물 임대료는 늘 일정하지만 아이스크림과 다른 재료비는 계절에 따라 매달 달라진다는 이야기를 하는 걸 자주 들었을 수 있다. 이런 사례는 관련된 사전지식 측면에서, 빈 골대에 공을 차 넣을 수 있는 상황과 같다. 그러나 그 교육생이 그 경험을 현재 배우려는 개념과 연결하지 못한다면(즉, 그것이 변동비와 고정비를 설명하는 완벽한 예시라는 사실을 깨닫지 못한다면), 그 연결은 끝내 실현되지 않고 새로 배운 정보는 쉽게 잊힐 가능성이 높다.

보다시피 기존 지식은 단순히 참조 틀 역할에 그치는 것이 아니라, 우리가 새로운 정보로 뻗어나가 연결할 수 있는 출발점이 되어준다. 물론 우리가 의도적으로 그 연결을 이어나갈 때 한해서다. 이러한 경향을 고려할 때, 진짜 어려운 일은 학습자들이 기존 지식 중 관련 있는 부분을 끌어내도록 유도하는 것이다. 그래야만 새로운 아이디어와 가장 의미 있는 연결을 만들 수 있기 때문이다.

실전 사전지식 활성화

암벽 등반가

핵심 아이디어: 우리는 새로운 정보를 이해할 때 기존 지식을 참조한다. 따라서 새로운 것을 배울 때마다 사전지식이 어떻게 활성화되는지 고려해야 한다.

멘탈 모델 Mental Models

암벽 등반의 비유를 생각해 보자. 암벽을 오를 때, 등반가들은 발판과 손잡이에 의지한다. 앞으로 나아가기 위해, 먼저 발 디딜 지점을 찾아 몸을 지탱한 뒤, 다리의 힘으로 몸을 위로 밀어 올리며 새로운 손잡이를 확보해야 한다. 이때 사전지식을 발판(기존 아이디어에 대한 확립되고 안전한 이해)에 비유할 수 있다. 새로운 지식은 손잡이(아직 손에 넣지 못했지만 몸을 뻗어 붙잡으려 애쓰는 개념)인 셈이다.

암벽 등반과 마찬가지로, 사전지식이라는 발판과 새로운 이해라는 손잡이 사이의 연결은 언제나 탄탄한 것은 아니다. 우리가 의도적으로 그 연결을 단단히 다지지 않는다면 새로운 학습은 손쉽게 흘러 떨어져버릴 가능성이 크다.

다시 강조하자면, 사전지식과 새로운 이해 사이에 튼튼한 연결을 보장하는 핵심은 바로 그 사전지식을 얼마나 효과적이고 정확하게 활성화하느냐에 달려 있다. 그렇다면, 실제 상황에서는 이것이 어떤 모습일까? 사전지식을 어떻게 활성화해야 더 효과적인 학습을 이끌어낼 수 있을까?

이를 설명하기 위해, 일상에서의 한 예를 들어보자. 어린 조카가 학교 공부로 힘들어하고 있다고 생각해 보자. 당신이 방문하자 형이 수학 숙제가 갈등의 원인이 되고 있다며, 조카의 공부를 도와줄 수 있겠느냐고 부탁한다. 조카는 아직 나눗셈의 기본 원리를 이해하지 못하지만 부모님께 도움받으려 하지 않는다.

이럴 때, 당신은 "암벽 등반가" 원리를 적용해 조카의 사전지식이라는 발판을 활성화시킴으로써, 조카가 나눗셈을 더 잘 이해하도록 도울 수 있다.

+ 손잡이: 학습자를 어디로 이끌고 싶은가?

전달하려는 아이디어의 심층 구조를 결정하라. 먼저, 단순하지만 꽤 까다로운 질문부터 답해야 한다. "학습자가 이번 경험을 통해 정확히 어떤 정보를 가져가기를 원하는가?" 이것이 바로 학습자가 기존 지식을 디딤돌 삼아 도달해야 할 목적지이다.

여기서 말하는 "심층 구조"란 아이디어의 본질적인 내부 구조를 의미한다. 전체를 알아내기 힘든 표면적 특징은 해당되지 않는다. 마치 헬리콥터와 비행기가 모두 날아다닌다고 해서 같은 것이라고 착각하는 경우처럼 말이다.

따라서 이 단계에서 정확성은 매우 중요하다. 만약 설명이 불분명하다면 잘못된 내용을 겨냥하거나 학습에 도움이 되지 않는 사전지식을 활성화할 위험이 있기 때문이다.

조카의 경우, 전달하고자 하는 아이디어를 다음과 같이 명확히 표현할 수 있다.

손잡이: 학습자가 어디까지 도달하기를 원하는가?
→ 나는 조카가 나눗셈이란 양을 똑같이 분배하는 과정임을 이해하기를 바란다.

+ 발판: 학습자는 어디서 출발하는가?

학습자가 활용할 수 있는 관련 사전지식을 확인하라. 새로운 지식에 제대로 접근할 수 있는지는 우리가 이미 알고 있는 것이 무엇이냐에 달려 있기 때문에, 학습자가 가지고 있을 만한 사전지식을 찾아내는 것은 중요한 다음 단계이다.

어떤 기존 지식이 새로운 개념을 이해하는 데 도움이 되는지는, (여러분이나 여러분이 가르치는 학습자들에게) 당장 분명히 드러나지 않을 수 있다. 따라서 학습자가 현재 서 있는 자리에서 출발해, 눈앞에 드러나지 않은 채 숨어 있는 관련된 사전지식을 인식하도록 노력해야 한다.

조카의 예에서, 이는 다음과 같을 수 있다.

발판: 학습자는 어디서 출발하는가?
→ 조카와 나는 카드 게임을 좋아하며, 조카는 항상 딜러를 맡고 싶어 한다.

+ 등반: 두 지식 사이의 격차를 어떻게 메울 것인가?

새로운 아이디어를 기존 지식을 통해 도입하고, 그 연결을 분명히 드러내라. 학습자가 이미 알고 있는 것을 틀로 삼아, 알아야 할 것을 구조화하는 것이다. 이 단계에 들어가기 전에, 지금 다루고 있는 것이 어설프게 연결된 비유에 불과하지 않은지 반드시 재확인하는 것이 중요하다. (예: 자전거 타기와 자동차 운전은 표면적으로 비슷해 보이지만, 전자를 안다고 해서 후자를 아는 것은 아니다.)

그 대신 표면상으로는 달라 보이더라도 동일한 근본 구조를 공유하는 개념들을 찾아내 짝지어야 한다. 연결이 무엇인지 명확히 이해했다면, 다음 단계의 핵심은 학습자가 이미 알고 있는 것과 새롭게 이해해야 할 것 사이의 관계를 모호함 없이 분명하게 전달하는 것이 된다.

여기서 사전지식과 새로운 이해 사이의 연결을 아주 분명하게 드러내야 한다. 예를 들면 이렇다.

> 등반: 두 지식 사이의 격차를 어떻게 메울 것인가?
>
> → 조카에게 카드 12장을 주고, 네 명의 가상 플레이어에게 똑같이 나누어 주게 한다.
>
> 그리고 이렇게 말할 수 있다. "카드 한 세트를 나누어주면서 각 플레이어가 똑같은 수의 카드를 갖도록 했을 때, 사실은 나눗셈을 하고 있는 거야. 왜냐하면 나눗셈은 어떤 전체를 똑같은 몫으로 분배하는 과정이기 때문이야. 이제 방금 네가 한 일을 수식으로 써보자: 12 ÷ 4 = 3"
>
> "지금 카드로 한 일을 생각해 보면, 이 식에 나오는 각각의 숫자와 기호는 무엇을 나타내는 걸까? 또, 전체 카드 수를 16장으로 바꾸면 이 식은 어떻게 달라질까? 왜 그럴까?"

결론

누군가에게 새로운 아이디어를 소개할 때 우리가 할 수 있는 가장 단순한 질문은 아마도 "저 사람이 내가 말하려는 걸 제대로 이해하고 있을까?"일 것이다. 외계 생명이든 평범한 인간이든, 진정한 학습이 일어나고 있는지를 확인하려면 한 가지 더 중요한 질문을 던져야 한다. "저 사람이 이미 알고 있는 것 가운데 무엇이 내가 전하려는 걸 이해하는 데 도움이 될까?" 이런 맥락에서, 사전지식은 학습과 발달에 있어 핵심적이지만 종종 간과되는 구성 요소이다.

주의할 점은, 단순히 겉모습만 비슷한 것을 연결한다고 해서 효과적인 학습이 일어나는 것은 아니라는 것이다. 막연한 비유와 게으른 직유는 오히려 방해만 된다. 이를테면, 서랍장을 조립하는 일이 직소 퍼즐을 완성하는 것과 똑같다고 말하는 건, 잘못된 연결을 낳고 결국 무관한 지식에 대한 불완전한 이해로 이어진다.

그 대신, 우리가 해야 할 일은 전달하고자 하는 개념의 심층 구조를 분명히 하고, 학습자가 이미 갖고 있는 배경지식을 확인한 다음, 그 둘을 진짜로 맞닿을 수 있게 연결하는 것이다. 그렇게 함으로써 새로운 이해가 단단히 뿌리내리고, 기존 지식 위에 오래도록 유지될 지식이 쌓이게 된다.

핵심 요점

* 모든 새로운 정보는 기존의 스키마에 동화되어야 한다. 그래야 우리가 그 정보를 조직화하고 회상할 수 있다.
* 이때 그 정보를 동화시키는 방식(즉, 사전지식과 새로운 개념이 얼마나 관련성 있게 연결되는지)은, 그 정보가 장기 기억에 저장되어 추후에 사용될 가능성, 그리고 정확하고 완전한 형태로 부호화되는지 여부에 모두 영향을 끼친다.
* 그 연결 과정을 명확히 드러내 줄 때, 학습자는 "내가 이미 알고 있는 것"이 "지금 배우는 것"과 어떻게 맞물리는지 더 잘 이해할 수 있다.

배경지식 활성화

배경지식은 개개인이 다른데, 그 차이를 극복하는 것은 매우 어렵다. 학교와 직장에서 디지털 도구를 활용해 구성원들의 배경지식을 공유하는, 사회적 학습 맥락에서의 배경지식 활성화 방법을 생각해 보자.

1. 학교에서

- **활용 도구: 멘티미터**mentimeter**, 아하슬라이드**ahaslides**, 패들렛**padlet**, 와우아이디어스**wowideas와 같은 익명 게시 기능이 있는 디지털 도구
- **운영 방법**
  1. 교수자는 학습 주제를 화면에 제시한 후, 개인 디지털 기기(휴대폰 등)로 접속하도록 안내한다.
  2. 학습자들은 익명으로 자신의 배경지식, 관련 경험, 연상되는 개념 등을 자유롭게 입력한다.
- **기대 효과**
  - 교사 관점: 실시간으로 모두의 응답을 한 눈에 볼 수 있어, 학습자들의 배경지식 분포나 오개념을 즉시 파악할 수 있다.
  - 학습자 관점: 동료들의 배경지식을 보며, 자신이 미처 인식하지 못한 배경지식을 활성화하거나, 자신의 이해가 부족한 부분을 알아차릴 수 있다.
  - 집단 관점: 전체 학급이 '현재 우리가 알고 있는 것'의 지도를 공유함으로써 새로운 학습이 출발할 공통 기반이 마련된다.
- **주의할 점**
  - 접근성 보장: 디지털 도구는 복잡하지 않고, 즉시 참여 가능한 형태여야 한다. 기술적 진입 장벽이 높으면 응답률이 떨어진다.
  - 결과의 활용: 수집된 데이터를 단순히 '보여주는' 수준에서 그치지 말고, 이

후의 수업 내용이나 활동 설계에 실제 반영해야 활성화 효과가 발생한다.

- 인지 부하 관리: 배경지식 활성화에 지나치게 많은 시간을 쓰거나 정보를 과도하게 투입하면 오히려 학습자의 인지 부하가 커질 수 있다.

2. 직장에서

▸ **활용 도구**: 이전과 같으며, 추가로 사내 익명 게시판이 있다면 활용 가능하다.

▸ **운영 방법**

1. 새로운 프로젝트를 시작하기 전, 팀원들에게 질문을 제시하고, 일정 기간 내 응답을 받는다.
   - 유사한 프로젝트 경험이 있다면, 어떤 방식으로 진행했나요?
   - 성공 요인 또는 실패 요인은 무엇이었나요?
2. 응답 결과는 실시간 공유되거나, 회의 시작 시 시각화하여 함께 검토한다. 팀원들은 이를 통해 우리 팀이 가진 집단적 배경지식의 지도를 확인할 수 있다.

▸ **기대 효과**

- 즉시성: 구성원들의 경험, 관점, 편향, 우려점을 빠르게 수집할 수 있다.
- 공유 인식 형성: 각자의 배경지식을 토대로, '우리는 어디에서 출발하는가?'를 집단적으로 인식할 수 있다.
- 조직 학습 촉진: 팀 내 전문성의 차이와 지식 분포를 시각적으로 확인하여, 이후 교육, 멘토링, 역할 분담 등에 반영할 수 있다.

▸ **주의할 점**

- 익명성의 균형: 솔직한 응답을 유도하기 위해 익명성을 보장하되, 공격적이거나 불성실한 응답을 방지하기 위한 최소한의 가이드라인을 제공한다.
- 결과의 활용성: 수집된 데이터를 단순한 조사 결과로 끝내지 않고, 후속 회의나 의사결정 과정에 실제 반영해야 한다.
- 심리적 안전감 확보: 구성원들이 "틀릴까 봐" 망설이지 않도록 비판 대신 탐구 중심의 분위기를 조성해야 한다.
- 시간 관리: 회의 시간 중 전체 응답을 세세히 검토하기보다, 패턴·주제 중심으로 요약하여 토의에 연결하는 것이 효율적이다.

무엇이든 이야기로

서사의 힘을 활용하라

"숲속의 어느 추운 밤, 나는 점점 피곤해지기 시작했습니다. 비틀거리며 빈터로 들어섰는데, 언덕 위의 불빛이 보이더니 굴뚝에서 연기가 피어오르는 작은 오두막의 희미한 윤곽이 드러났어요. 더 가까이 다가가자 이상한 광경이 보였습니다. 옹이진 나무 손잡이가 달린 자작나무 빗자루 뭉치가 오두막 벽에 기대 쌓여 있는 게 아닙니까. 문을 두드리자, 문이 무겁게 열리며 새까맣고 뾰족한 모자를 쓴 키 큰 여인이 나타났습니다. 그 순간 깨달았죠. 내가 지금 마주보고 있는 것은 바로……"

여기서 다음에 나올 단어가 무엇인지 여러분은 어떻게 알 수 있는가? 그 단어를 떠올리게 한 것은 여러분의 어떤 경험인가? 이야기의 관습, 기대, 그리고 배경지식이 그 단어를 지목했으며, 이야기의 전개 방식은 자연스럽고 필연적으로 여러분을 그 단어로 이끌었다.

내러티브, 즉 이야기의 힘은 강력하다. 세상에 대한 우리의 경험을 형성하고 반영하기 때문이다. 특히 전통적인 이야기의 관습적 장치(위의 예시 같은 상투적 표현이든, 인식 가능한 서사 구조든)는 유난히 기억에 잘 남는 성질이 있다. 이야기는 무엇 때문에 다른 형식보다 더 가깝게 다가오고, 이해하기 쉽고, 기억에 오래 남는 걸까? 우리는 그 힘을 어떻게 활용해 더 효과적으로 소통할 수 있을까?

내러티브는 왜 중요한가

잘 만들어진 이야기는 인간이 정보를 공유하는 효과적인 방식으로, 같은 내용을 단순히 비서사적 형식으로 제시했을 때보다 기억하기 쉽다.

인지과학자들은 이런 현상을 "**서사성**narrativity"이라는 용어로 설명한다. 이는 정보가 얼마나 이야기답게 구성되어 있는지를 가리킨다. 화학을 주제로 한 다음 두 발췌문을 읽은 다음 스스로에게 물어보자. "이 글의 핵심 세부내용을 기억하고 싶다면, 둘 중 어느 것이 더 기억에 남을 가능성이 높을까? 왜 그럴까?"

1번: 피치블렌드 암석에 들어 있는 방사성 원소들은 가장 높은 온도에서도 대부분의 산acid을 견딜 만큼 강력하다. 그러나 철, 탄소, 우라늄과 같은 비방사성 원소들은 서로 다른 종류의 산과 반응하여 기체로 용해되어 사라지거나, 덩어리진 고체로 변한다. 반면에, 방사성 원소들은 변하지 않고 남는다.

2번: 진정한 화학자들처럼, 마리와 피에르는 피치블렌드를 다양한 온도에서 태우고 여러 종류의 산을 첨가하여 무슨 일이 일어나는지 실험했다. 만약 그들이 암석을 너무 빨리 태우거나 산을 지나치게 많이 첨가하면, 피치블렌드가 모두 사라지거나 파괴되어 실험을 다시 처음부터 시작해야 했다. 마리는 실험을 통해, 많은 다른 원소들이 태워져 사라진 후에도 방사능은 그대로 남아 있다는 사실을 알게 되었다. 또한 방사능은 대부분의 산과 반응하지 않는다는 것도 알게 되었다. 마리와 피에르가 피치블렌드에 다른 산을 첨가했을 때조차, 방사능은 변하지 않았다. 반대로 철이나 탄소 같은 비방사성 원소들은 산과 반응하여 기체로 변해 녹아 없어지거나 덩어리진 고체가 되어 피치블렌드에서 제거할 수 있었다.

산문prose의 구조와 그것이 기억에 미치는 영향을 연구한 1975년 실험에서, 보니 메이어Bonnie Meyer와 연구진은 참가자들이 두 텍스트를 읽은 직후와 일주일 뒤 내용을 얼마나 기억하는지를 각각 측정했다. 그 결과 2번(서사성이 높음)이 1번(서사성이 낮음)에 비해 독자들에게 훨씬 더 쉽게 기억된다는 사실을 발견했다.

서사성이 높은 정보를 더 잘 이해하고 기억하는 이유를 설명하는 몇 가지 이론이 있다. 그중 다수는 주의attention, 심층 처리depth of processing, 그리고 사전지식prior knowledge과 관련이 있으며, 이는 이미 앞 장에서 다룬 바 있다. 그런데 흥미롭게도, 서사성이 높은 이야기에는 또 다른 차원이 추가되는데, 연구자들은 이를 "**인과적 응집성**causal coherence"이라고 부른다. 인과적 응집성 이론에 따르면, 우리가 어떤 글이나 이야기를 접할 때, 단순히 그 안에 명시적으로 제시된 사건이나 아이디어만 기억하지 않는다고 한다. 아이디어들과 사건들 사이의 관계 또한 함께 기억한다는 것이다.

더 흥미로운 점은 기억에 남게 만드는 인과적 응집성에도 적절한 수준이 존재한다는 것이다. 이를 다시 간단한 예문을 통해 살펴보자. 다음 문장을 읽고, 어떤 문장이 듣는 사람의 기억에 가장 잘 남을지 생각해 보자.

1번: 나는 방금 구운 뜨거운 피자 한 조각을 베어 물다가 입천장을 데이고 말았습니다.

2번: 나는 피자를 주문했는데, 결국 입천장을 데이고 말았습니다.

3번: 나는 하루 종일 밖에 나갔다가, 결국 입천장을 데이고 말았습니다.

아마 모두들 동의하겠지만, 3번은 사건들 사이의 명확한 연결(외출하는 일과 입천장을 데이는 것이 어떻게 관련이 있을까?)이 없으므로 떠올리고 기억해내기가 가장 어렵다. 또한 1번에도 문제를 제기할 수 있는데, 사건 사이의 연결이 불필요하게 길고 세부적인 묘사로 인해 오히려 흐려지기 때문이다. 실제로 연구자들은 2번이 가장 잘 기억되는 문장임을 입증했는데, 그 이유는 바로 인과관계가 적당히 연결되어 있어서다. 즉 1번처럼 너무 노골적이지도 않고, 3번처럼 너무 모호하지도 않다. 실제로 2번이 가장 효과적인 이유는 듣는 이가 원인(피자 주문)과 결과(입천장 데임) 사이의 연결을 스스로 추론하도록 만들기 때문이다. 그렇다면 이것은 어떻게 작동하는 걸까? 왜 추론을 해야만 하는 상황이 어떤 정보를 더 잘 기억하게 만드는 걸까?

5장에서 정교화 질문을 다룰 때 살펴본 것처럼, 어떤 것을 기억하려면 먼저 그것에 주의를 기울여야 하고, 더 깊이 생각할수록 장기 기억에 부호화되어 저장될 가능성이 커진다. 인과적 응집성의 경우, 의미를 추론하는 과정이 우리가 정보를 더 면밀하고 의식적으로 들여다보게 한다. 마치 문장이 피자와 데인 입천장 사이에 빈 퍼즐 조각 자리를 남겨둔 것 같아서, 우리는 그 인과 관계를 채우기 위해 스스로 노력해야만 한다. 그 사람이 피자를 베어 물었을 것이라는 추론은 무척 단순해 보일 수도 있지만, 그 연결을 떠올리는 일은 문장의 해당 부분에 세심한 주의를 기울여야만 가능하다. 그리고 바로 그 주의의 수준이 정보를 더 오래 기억에 남게 하는 요인이다.

인과적 응집성의 적정 지점을 이해하는 또 다른 방법은 농담이 왜 웃긴가를 떠올려 보는 것이다. 농담이 너무 뻔하면 듣는 사람은 헛웃음을 짓게 되고, 반대로 너무 난해하면 "웃음을 설명해야 한다면 그건 이미 재미없는 농담이다."라는 옛말처럼 된다. 실제로 좋은 농담이 되려면 밀밥[set-up]과 마지막 한 방[punchline] 사이에 긴장이 적절히 형성되어야 하고, 효과적인 인과적 응집성과 마찬가지로 듣는 이가 중간의 의미를 스스로 채워 내는 과정이 필요하다.

좋은 농담이 그렇듯, 좋은 이야기 역시 중요한 내용을 인지 가능한 방식으로 제시해 우리가 꼭 주목할 부분에 집중하게 하면서도, 기억할 만한 순간마다 약간의 여지를 남겨 듣는 이가 능동적으로 의미를 메워 넣게 한다.

전형적 서사 구조와 기억

이 장의 도입부에서 다룬 무서운 이야기 관습은 서사 구조와 그 유용성에 대한 또 다른 증거 기반 이론을 보여준다. 내러티브와 기억 사이의 관계를 연구한 결과, 사람들이 텍스트나 서사 구조에 대해 더 많이 알고 있을수록, 그 이야기와 텍스트에 담긴 정보를 더 잘 이해하고 기억해낼 수 있음이 드러났다.

다시 말해, 우리는 서사 구조에 대한 이해와 기대를 활용해 이야기를 이해하고 회상하는 데 도움을 받는다. 이 현상은 다음 두 가지 방식으로 나타날 수 있다. 1) 전형적인 서사 구조를 활용하는 것, 2) 잘 알려진 이야기를 참조하는 것.

전형적인 서사 구조 활용하기

전형적인 서사 구조와 우리가 이야기를 말하고 듣는 방식을 구성하는 플롯 몇 가지를 다루는 논문은 이미 많다. 이야기가 예측 가능한 구조 몇 가지로 귀결된다는 이 생각은, 어떤 구조가 다른 구조보다 더 기억하기 쉬운지 탐구하는 연구자들이 활용해 왔다.

실제로 연대기적 구조를 가진 텍스트나 내러티브가, 시간 순서가 전혀 작용하지 않는 이야기보다 더 기억하기 쉽다는 것을 증명하는 연구 결과가 있다. 문제-해결 서사 구조(어떤 복잡한 상황이 제시되고 이후에 해결되는 구조)가 시간 순서보다도 해당 텍스트나 이야기를 이해하고 기억하는 데 더 효과적임을 보여준 것이다.

이에 대한 좋은 예가 바로 고전적인 미스터리한 살인사건 구조이다. 여기서 우리는 "설정"(모든 것이 정상처럼 보이는 배경), "복잡한 문제"(살인), 그리고 점진적인 해결 과정(탐정의 등장과 사건 해결)을 본다. 실제로 조금만 더 살펴보면, 문제-해결 구조가 어디에나 존재한다는 것을 쉽게 알 수 있다. 문제의 등장과 그 해결이 전혀 포함되지 않은 이야기를 떠올리기 힘들 정도이다.

따라서 살인 미스터리는 매우 인지하기 쉬운 문제-해결 구조를 갖는다. 인과적 응집성의 경우와 마찬가지로, 연구자들은 문제-해결 구조가 기억을 돕는 이유가 청중이 다시 한번 "작업에 참여하게" 되기 때문이라고 추측했다. 살인 미스터리에서 독자들은 탐정이 사건을 풀기 전에 자신의 배경지식을 적용해 미스터리를 풀어보려고 시도해야 하는 것이다.

또한 연구에 따르면, 전형적 서사 구조는 청자나 시청자의 **인지적 부담** cognitive load을 줄이는 데 사용될 수 있다. 주의력이 유한한 자원이며 모든 것에 집중할 수는 없기에, 이러한 원형적 내러티브는 강력한 힘을 가진다. 우리가 어디에 집중해야 하는지를 알려주기 때문이다. 예를 들어, 우리는 살인 미스터리의 초반 설정에 세심하게 주의를 기울여야 한다는 것을 알고 있다. 왜냐하면 그 세부사항들이 살인 사건을 해결하는 데 중요한 역할을 하기 때문이다. 다시 말해, 누군가 서사 구조를 인식한다면, 이야기 속의 덜 중요할 수 있는 다른 요소들보다 더 집중해야 할 곳이 어디인지를 알게 된다.

여기서 핵심은 무엇일까? 서사성을 여러분에게 유리하게 활용하라. 당신이 말하는 것을 사람들이 주의 깊게 듣고 기억하게 하고 싶다면, 이야기 형식으로 제시하고, 사용하려는 서사 구조를 의도적으로 선택해야 한다.

잘 알려진 이야기 참조하기

전형적인 서사 구조를 활용하는 것 외에도, 연구자들은 기존 이야기와 널리 알려진 내러티브를 "불러오는call backs" 이야기일수록 사람들이 더 주의 깊게 듣는 편임을 보여주었다. 2004년 저 첸Zhe Chen, 레이 모Lei Mo, 그리고 라이언 호노미클Ryan Honomichl 세 사람이 진행한 기발한 연구에서는, 두 그룹의 학생들에게 다음과 같은 문제를 풀도록 했다.

한 보물 사냥꾼이 해변 근처 언덕에 있는 동굴을 탐험하려고 합니다. 그 사냥꾼은 동굴 안에 길이 여러 갈래로 나 있을 것이라 생각해서 길을 잃을까 봐 두려워했습니다. 당연히 동굴의 지도는 없었고, 사냥꾼이 가지고 있던 것이라고는 손전등과 가방 같은 평범한 물건들뿐이었습니다. 그렇다면 사냥꾼은 어떻게 해야 나중에 길을 잃지 않고 동굴에서 나올 수 있을까요?

이 문제를 미국 대학생들에게 제시했을 때, 75%가 정답을 맞혔다. 보물 사냥꾼은 해변에서 자갈을 주워 동굴로 들어가는 길을 표시해 두고, 나중에 그 길을 되돌아가야 한다. 반면, 같은 문제를 중국 학생들에게 제시했을 때는 단지 25%만이 정답을 맞혔다.

그 이유는 무엇일까? 연구자들은 이 문제를 〈헨젤과 그레텔Hansel and Gretel〉 동화를 착안해 만들었는데, 이 동화는 미국에서는 널리 알려져 있지만 중국에서는 전혀 알려지지 않았다. 문제를 중국에서 잘 알려진 이야기와 연결되도록 바꾸자, 정답률의 추세가 반대로 나타났다. 결국 연구자들은 익숙한 내러티브가, 응답자들에게 문제 해결의 길잡이 역할을 한다는 사실을 보여준 것이다. 이는 응답자가 문제 속에서 중요하게 작용하는 여러 요소에 주목하도록 이끌어주기 때문이다. 이제 다음 멘탈 모델로 넘어가 보자.

실전 서사성 적용

골디락스(Goldilocks) 원리

핵심 아이디어: 사람들은 이야기에 주의를 더 잘 기울이며 더 많이 기억하므로, 우리는 서사성이 높은 구조를 활용하여 정보를 제시해야 한다.

멘탈 모델 Mental Models

스토리텔링storytelling에 대해 알고 있는 것을 토대로, 정보를 "딱 알맞게" 전달하라.

여러분이 회사에서 지역 대학생들을 대상으로 현장 실무 경험을 제공하는 인턴십 프로그램을 담당하게 되었다고 상상해 보자. 그런데 곧 이상한 점을 발견한다. 회사가 위치한 지역사회는 인종적, 사회경제적으로 매우 다양한데도 불구하고, 지금까지의 인턴십 참가자들은 그러한 다양성을 거의 반영하지 못했다는 것이다.

조사해 보니, 지역 사회의 다양성을 반영한 인턴십 참여자를 유치하고 선발하는 것이 사실상 이 프로그램의 명시적 목표 중 하나였다. 전임자를 찾아가자, 매번 모집이 끝날 때마다 지원자 현황 데이터를 정리해 리더십 팀에 보고하곤 했지만, 그 문제를 해결하거나 심지어 언급조차 하지 않았다고 한다. "마치 내가 사무실을 나서기도 전에 그 사람들은 내 말을 다 잊어버리는 것 같았어요." 전임자는 말한다.

이제 여러분의 목표는 모집 과정의 문제점을 정리해 발표하는 것이다. 단, 듣는 사람들이 쉽게 잊지 않아서 변화로 이어질 만큼 강하게 각인되도록 해야 한다. 그렇다면, 이때 서사성을 어떻게 활용할 수 있을까?

+ 1단계: 서사 구조를 의도적으로 선택하고 활용하라

주장을 강화하고 청중의 기억에 남게 하려면, 청중이 이미 잘 알고 있는 특정 이야기를 인용하거나(앞서 연구자들이 헨젤과 그레텔 동화를 활용했던 것처럼), 널리 알려진 서사 구조를 바탕으로 메시지를 구성해 청중들이 여러분의 메시지 전달 방식을 짐작하게 하는 것이 좋다. 이렇게 하면 발표의 서사성이 높아지고, 청중의 기억에 오래 남도록 주의를 끌어내는 데 훨씬 유리하다. 다음은 여러분이 전달하고자 하는 정보를 더 기억에 남게할 수 있는 대표적인 서사 구조 목록이다.

서사 구조	정의
정의/설명형 Definition/description	어떤 사물이나 개념의 특징과 성질을 탐구하며 보여준다.
연대기형 Chronological	사건을 발생한 순서대로 제시한다.
원인-결과형 Cause and effect	현상에 대한 원인과 결과의 관계를 강조하며, 그에 대한 설명이나 이유를 제시한다.
비교-대조형 Compare and contrast	두 가지 이상의 아이디어를 나란히 놓고, 유사점과 차이점을 드러낸다.
문제-해결형 Problem-response	하나의 복잡한 문제 상황을 제시하고 그것을 풀어가는 해결의 과정을 보여준다.

인턴십 프로그램 사례를 놓고 볼 때, 접근할 수 있는 방법은 여러 가지가 있다. 이번 예시에서는, 문제-해결 서사 구조가 어떻게 활용될 수 있는지 살펴보자. 예를 들어 다음 두 가지 사례의 차이를 떠올려 보라.

예시 1. 숫자로만 전달하여 낮은 서사성으로 접근하는 방식

"안녕하세요. 오늘은 인턴십 프로그램의 홍보 및 모집 데이터에 대한 분기별 검토 시간을 갖겠습니다. 슬라이드에서 보시듯이, 우리는 이번 마케팅 캠페인을 통해 지역 내 3,000명 이상의 대학생들에게 접근할 수 있었습니다. 그 결과 243건의 알림 신청을 받았고, 올해 정원 25명인 인턴십에 92개의 지원서가 제출되었습니다. 최종 선발된 인턴 사원의 구성은 백인 70%, 히스패닉 또는 라틴계 14%, 흑인 또는 아프리카계 미국인 12%, 그리고 하와이 원주민 또는 기타 태평양 섬 주민 4%였습니다. 이러한 데이터는 우리 지역사회의 실제 인구 통계를 반영하지 못하는데, 이 문제를 다음과 같이 나누어 설명하겠습니다……"

예시 2. 높은 서사성을 활용해 핵심 데이터를 맥락화하고, 도전 과제의 본질을 드러내는 방식

"오늘 저는 마이클Michael이라는 한 청년에 대해 이야기하고 싶습니다. 여기 보시는 사진은 그의 대학 졸업식 모습입니다. 마이클은 1세대 대학생* 이고, 그 과정에서 상당한 빚을 떠안으면서 생활비 마련을 위해 여러 아르바이트를 병행해야 했습니다. 최우등으로 졸업했음에도 불구하고, 실무 경험이 부족하다는 이유로 취업은 거의 불가능하며, 이제 학자금 대출 상환까지 시작된 상황입니다. 저는 우리 인턴십 프로그램이 바로 마이클과 같은 청년들을 위해 존재한다고 생각합니다. 우리 회사는 마이클과 같은 재능 있는 유색인종 대학 졸업생들을 훨씬 더 적극적으로 지원할 수 있다고 말씀드립니다.

우리 회사는 다양성이 높은 지역사회 안에 위치해 있지만, 인턴 모집 체계는 그 다양성을 제대로 반영하지 못하고 있습니다. 실제로 지난 3년 동안 우리 인턴십 프로그램에 참여한 유색인 대학 졸업생 비율은 평균 약 30%였지만, 우리 지역의 비율은 70%에 가깝습니다. 더 큰 문제는, 우리 인턴십 프로그램이 회사의 미래 인력 풀을 형성하는 데 결정적인 역할을 한다는 점이지요. 우리 인턴의 약 80%가 이후 정규직으로 채용됩니다. 지금과 같은 상황이 이어진다면 우리 회사는 점점 우리가 속한 지역사회를 대표하지 못하게 되고, 동시에 새로운 세대의 뛰어난 인재들을 놓치게 될 것입니다. 이 패턴을 바꾸기 위한 조치를 취하지 않는 한 말입니다. 하지만 다행히도 이 문제를 인정하고, 해결하며, 나아가 반전시킬 수 있는 구체적이고 전략적인 조치를 취할 수 있습니다……"

* 부모님 혹은 직계 가족이 대학 교육을 받지 않은, 집안에서 처음으로 대학에 진학한 사람을 말한다. -역주

+ 2단계: 여러분의 이야기에서 '골디락스 존' 순간을 결정하라

인과적 응집성에 대한 연구 덕분에, 우리는 청중의 기억에 남도록 정보에 주의를 기울이게 하려면, 원인과 결과 사이에 생산적인 긴장감을 설정해야 함을 알고 있다. 바로 여기서 골디락스 원리가 등장한다. 핵심은, 너무 뻔하게 반복적인 것도 아니고, 그렇다고 너무 난해해서 알기 어려운 것도 아닌 적절한 지점을 찾아야 한다는 것이다. 동시에 청중이 중심 아이디어에 스스로 "약간의 수고"를 들여 연결하도록 하는 것이 중요하다.

우리 인턴십 프로그램 사례에서, 그러한 골디락스 순간 중 하나는 다음과 같이 표현될 수 있다.

- 너무 모호함: "결론적으로, 오늘 제가 남기고 싶은 말은 이것입니다. 오늘 우리가 내리는 결정은 이 회사의 미래에 영향을 미칠 것입니다."
- 너무 노골적임: "결론적으로, 오늘 제가 남기고 싶은 말은 이것입니다. 우리가 올바른 채용 방식을 결정하고 적합한 인재를 뽑는다면, 시간이 지남에 따라 회사는 더 제도적으로 다양성을 갖추게 될 것이고, 이는 우리가 속한 지역사회의 다양성을 더 잘 반영한다는 것을 의미하며, 결과적으로 다양한 신진 인재를 끌어들이겠다는 우리의 핵심 목표 중 하나를 달성했다는 뜻이 될 것입니다."
- 딱 알맞음: "결론적으로, 오늘 제가 남기고 싶은 말은 이것입니다. 우리가 지금 내리는 채용 결정은 앞으로 회사와 우리가 속한 공동체의 다양성을 형성할 것입니다."

결론

스토리텔링의 실용적 중요성에 대한 연구 결과를 넘어, 이 방식의 의사소통에는 인간에게 본능적으로 깊이 새겨진 무언가가 있음을 부인하기 어렵다. 초기 대선 출마 당시 버락 오바마Barack Obama에게도 영감을 준 공적 내러티브 연구자 마샬 간츠Marshall Ganz의 말을 들어보면 더 분명해진다.

> "이야기는 들려야 합니다. 단순히 단어, 이미지, 문구들의 해체된 나열이 아닙니다. 그것은 메시지, 짧은 인용구, 혹은 브랜드도 아닙니다. 비록 이런 수사학적 조각들이 이야기를 가리킬 수는 있지만 말입니다. 스토리텔링은 근본적으로 관계입니다. (...) 내러티브는 우리의 가치가 지닌 정서적 내용을 전달하게 해줍니다. 내러티브는 가치를 '말로 설명하는 것'이 아닙니다. 내러티브는 그러한 가치를 구현하고 전달합니다. 바로 그 가치의 공유된 경험을 통해 우리는 타인과 연결되고, 서로 행동하도록 동기를 부여하며, 위험을 감수할 용기와 새로운 가능성을 탐색하고 우리가 맞서야 할 도전에 직면할 용기를 얻게 됩니다."

마음을 움직이고 기억을 형성하는 방식에 부합하도록 내러티브의 힘을 휘두를 수 있다면, 이 가장 인간적인 활동은 진정으로 강력한 도구가 될 수 있다.

핵심 요점

* 연구자들은 텍스트가 구성되는 방식에 따라 "서사성"의 정도가 높을 수도, 낮을 수도 있음을 보여준다. 서사성이 높을수록, 그 안의 정보는 더 잘 기억된다.
* 서사성의 중요한 요소는 인과적 응집성으로, 이는 서로 다른 정보 조각들이 추론을 통해 얼마나 연결될 수 있는지(즉, 한 부분이 다른 부분과 어떻게 이어지는지를 알아차리는 것)를 설명한다.
* 연구 결과에 따르면, 인과적 응집성에는 일종의 적정 지점sweet spot이 존재하는데, 원인과 결과의 연결이 지나치게 모호하지도 너무 노골적이지도 않아야 한다. 이 적절한 지점에서 독자/청자는 인과관계를 추론하기 위해 더 많은 주의를 기울이고 심층 처리를 해야 하기 때문에, 그 순간이 더 기억에 잘 남게 된다.
* 전형적인 서사 구조(예: 문화적으로 잘 알려진 이야기)를 활용하면 사람들이 텍스트에 더 쉽게 몰입하고, 이해하며, 기억하게 하는 데 도움이 된다.

성장 관리

효율적인 연습으로 전문성을 쌓아라

K 한 지역의 커뮤니티 극장*에서 새로운 작품을 준비하고 있다. 오디션을 통해 배역이 정해지고, 스태프도 결정되었으며, 개막일까지 5주가 남았다. 그 팀은 어떻게 준비할까?

대부분 사람들은 그 답을 알고 있다. 바로 리허설이다. 만약 첫 대사 연습과 동선 맞추는 날이 곧 개막일이라고 들었다면, 사람들은 아마 연습 없는 공연은 망하는 지름길이라며 고개를 절레절레 흔들었을 것이다. "연습이 완벽을 만든다."와 같은 진부한 표현이 존재한다는 사실 자체가, 연습의 중요성에 대해 널리 공감대가 형성되었음을 보여준다. 작가 말콤 글래드웰Malcolm Gladwell은 저서 『아웃라이어Outliers』에서 전문성을 얻기 위해서는 1만 시간의 연습이 필요하다는 "1만 시간의 법칙"이란 개념으로 이를 더욱 대중화했다.

하지만 모든 연습이 다 같은 것은 아니다. 연구자들은 수백 시간을 연습해도 실제로 거의 나아지지 않는 경우가 있음을 보여주곤 했다. 그렇다면 어떻게 이 함정을 피할 수 있을까?

실제로 중요한 것은 '어떻게' 연습하느냐이다. 성과를 향상시키려면 특정한 방식의 연습을 해야 하고 피해야 할 방식도 있다. 그렇기 때문에 1만 시간의 법칙을 말 그대로 받아들여서는 안된다. 전문성 연구의 선두주자 중 한 명인 K. 안데르스 에릭손K. Anders Ericsson과 그의 동료들은 세 가지 유형의 연습을 정의했다. 그들의 연구는, 전문성을 쌓는 데 효과적인 것은 그중 두 가지이며, 흔히들 하는 또 다른 한 가지 연습 방식은 실제로는 별 도움이 되지 않는다고 한다.

* 특정 지역사회 주민들이 직접 참여해 제작 및 공연하는 비영리 연극을 말한다. 규모는 개인이 주도하는 소규모 단체가 빌린 공간에서 공연하는 형태부터 자체 시설을 갖춘 대규모 상설 극단에 이르기까지 다양하다. -역주

연습의 유형

계획 없는 연습

계획 없는 연습은 흔히 볼 수 있지만, 실제 향상으로 이어지지 않는다. 이 방식은 개선하려는 기술과 관련된 활동을 그냥 반복하기만 할 뿐, 구체적인 목표, 체계적으로 짜인 단계적 연습, 그리고 피드백이 결여되어 있다. 예를 들어, 커뮤니티 극장에서 배우들이 연극의 처음부터 끝까지 대사를 줄곧 반복해서 읽는 것은 효과적인 연습이 아니다. 단순한 반복일 뿐이다. 집에서 친구들과 소프트볼을 치거나 화요일 밤에 저녁을 준비하는 일은 즐겁긴 해도, 세계적인 운동선수나 요리사가 되게 해주지는 않는다.

우리는 직장에서도 종종 이런 '무작정 연습'이란 잘못된 신념을 무심코 받아들인다. 특히 많은 시간을 투입하는 경우, 일을 하는 것 자체가 곧 실력을 쌓는 일이라고 착각하기 쉽다. 그러나 연구 결과에 따르면, 이는 사실이 아니다.

2008년 연구에서, 스티그 브로르손Stig Brorson과 아스비욘 흐로브야르트손Asbjørn Hróbjartsson은 경험이 곧 전문성일 수 있는지 실험하고자 했다. 그들은 여러 집단의 의사들에게 검사 결과를 보여주고, 해당 결과가 뼈 골절을 의미하는지 여부를 판단하게 했다. 연구팀은 뼈, 관절, 인대, 신경, 힘줄 등을 집중적으로 다루는 추가 수련을 거친 정형외과 전문의들이 골절 여부 판정에서 비전문의 대비 더 높은 일치율을 보일 것이라 예상했다. 즉, 전문성과 경험이 동등하다면, 정형외과 의사들은 추가 수련 덕분에 해당 데이터를 더 정확히 판독해 골절 여부를 일관되게 진단할 수 있어야 한다고 본 것이었다.

하지만 결과는 달랐다. 정형외과 전문의들이 비전문의들보다도 오히려 더 골절 여부에 쉽게 합의하지 못했다. 다시 말해, 골절 진단 경험이 더 많이 쌓였다고 해서 곧 전문성이 강화되는 것은 아니다. 흥미롭게도, 연구자들은 목적 있는 연습의 원리(이에 대해서는 나중에 더 자세히 다룸)와 일치하는 구조화된 훈련이 전문의와 비전문의 집단 모두에서 일치도를 높인다는 사실을 발견했다.

그럼 우리에게 이것은 어떤 의미일까? 핵심은 훈련의 질이 중요하다는 것이다. 다가올 중요한 회의를 준비하거나 제품 문제를 찾아내고 고치는 것이 업무의 일부일 수는 있다. 그러나 구조화된 연습과 피드백이 없다면, 이런 경험이 실제 역량 향상으로 이어질 가능성은 낮다. 다르게 말하면, 직장에서 더 많은 시간을 보낸다고 해서 저절로 실력이 늘진 않을 것이다. 그 시간을 매우 특정한 방식으로 보내지 않는 한 말이다.

의도적 연습

에릭슨Ericsson과 동료 연구자들에 따르면, 전문성을 쌓는 데 가장 효과적인 연습 방법은 의도적 연습이다. 연습이 "의도적 연습"으로 분류되려면 반드시 전문가 코치의 지도가 필요하다. 코치는 다음과 같은 역할을 한다.

- 연습 순서를 설계해, 학습자가 기초 요소를 충분히 익히면 점점 더 복잡한 연습 과제로 나아가도록 한다.
- 각 연습 과제의 구체적인 목표를 제시한다.

- 특정 연습 과제를 수행하는 가장 효과적인 방법에 대해 명확한 지침을 제공한다.
- 연습을 면밀히 관찰하고 개별화된 피드백을 제공한다.
- 학습자가 어려움을 겪는 영역을 개선할 수 있도록 보완 연습 과제를 제시한다.
- 학습자가 각 과제를 여러 차례 반복적으로 수행할 수 있는 기회를 보장한다.
- 학습자가 더 복잡한 연습 과제로 넘어갈 준비가 되었는지 판단한다.

이를 위해서는, 코치가 해당 영역에서 엄청난 전문성을 갖추고 있어야 한다.

한편으로 여러분이 목록을 읽는 동안 눈치챘을 수도 있지만, 의도적 연습은 꼭 재미있지만은 않다. 높은 수준의 집중력이 필요하고, 잦은 교정 피드백을 기꺼이 받아들일 수 있는 마음가짐도 요구된다. 또한 매우 체계적으로 설계된 훈련에 적극적으로 참여하려는 의지도 필요하다. 그렇다고 해서 결코 만족감을 줄 수 없단 말은 아니다. 이 연습의 목표는 전문성을 효율적으로 쌓는 것이며, 다양한 분야의 연구 결과 역시 의도적 연습이 이를 달성하는 가장 효과적인 방법임을 뒷받침한다.

그렇다면 실제로는 어떤 모습일까? 다시 지역 커뮤니티 극장 사례로 돌아가 보자. 감독은 리허설 첫날 배우와 스태프를 모아 놓고 "처음부터 갑시다"라며 작품 전체를 계속 반복 연습하게 하진 않을 것이다. 대신, 특정 장면 하나, 심지어 대사 한 줄에만 집중할 가능성이 높다. 해당 장면을 충분히 익히고 나서야 감독은 점점 더 복잡한 장면이나 여러 장면을 이어 붙이는 연습으로 넘어갈 것이다. 유능한 감독은 배우와 스태프 개개인이 이번 리허설에서 무엇에 집중해야 하는지를 구체적으로 알려줄 것이다. 또한 연습과 연습 사이에 "노트" 즉 피드백을 제공하고, 배우와 스태프가 리허설 사이 집에서 개인적으로 연습할 때 무엇에 초점을 맞춰야 하는지도 알려줄 것이다.

물론, 모두가 전문 코치를 만날 수 있는 것은 아니다. 현실적으로 우리가 새로운 기술을 쌓으려는 분야에서 전문성을 가진 사람을 주변에서 찾기란 쉽지 않을 수 있다. 다행히도, 에릭손과 동료 연구자들은 또 다른 연습 방식을 제시했는데, 비록 전문가의 코칭이 동반된 의도적 연습만큼 효과적이지는 않지만 여전히 성과 향상에 영향을 미친다는 것을 보여줬다.

목적 있는 연습

목적 있는 연습은 기술을 향상시키는 또 하나의 효과적인 방법이다. 어떤 연습이 "목적 있는 연습"으로 인정받으려면 다음 기준을 충족해야 한다.

- 과제가 명확히 정의되어 있고, 분명한 목표가 있어야 한다.
- 학습자는 과제와 목표 모두를 이해해야 한다.
- 학습자는 같은 연습을 여러 번 반복할 수 있어야 한다. 이를 통해 개선의 기회가 생기고 자동화(노력하지 않아도 자연스럽게 숙련된 수행이 가능해지는 상태)도 이뤄질 수 있다.
- 학습자는 시도할 때마다 즉각적인 피드백을 받아야 하며, 이를 통해 적절히 조정하고 실력을 향상시킬 수 있다.

의도적 연습과는 달리, 목적 있는 연습은 학습자가 직접 주도한다는 점이 특징이다. 학습자는 특정 기술을 기르기 위해 설계된 연습 활동을 한다. 하지만 실시간 피드백과 지도를 제공하는 코치가 있는 것은 아니다. 대신, 학습자는 자신의 수행을 전문가의 것이나 구체적 기준과 비교해 스스로 분석한다. 예를 들어, 체스 선수들은 역사적인 경기에서의 오프닝 수를 연구하고, 다음 수로 가장 적절하다고 생각되는 수를 스스로 선택한 후, 실제 체스 마스터들이 둔 수나 컴퓨터가 제시한 최적의 수와 비교해 보며 실력을 쌓을 수 있다.

커뮤니티 극장의 사례로 돌아가, 배우 중 한 명이 목적 있는 연습을 한다고 가정해 보자. 그 배우는 리허설이 없는 날 집으로 돌아가 브로드웨이의 같은 공연 영상을 볼 수 있다. 그는 특정 장면에서 전문 배우가 무대를 가로지르며 감정을 전달하는 방식을 분석하기 위해, 영상을 멈춰 가며 기록할 수 있다. 그리고 나서 자신이 여러 차례 직접 그 동작을 시도하며 기록한 움직임에 점점 가까워지려고 연습한다면, 이것이 바로 목적 있는 연습의 한 예가 된다. 마찬가지로, 그 배우가 영상에서 자신의 캐릭터를 연기하는 전문 배우의 언어와 전달 방식을 세심하게 비교하며, 개선할 부분을 기록하고 다시 대사를 연습해 본다면, 이것 역시 목적 있는 연습의 한 사례가 된다.

이처럼 목적 있는 연습은 효과적일 수 있지만, 그 효과가 발휘되려면 학습자가 몇 가지 전제 조건을 충족해야 한다. 학습자는 자신의 수행을 정확히 평가하고, 가장 중요한 개선 영역을 식별하며, 어떻게 하면 나아질 수 있을지 그 방법을 알아야 한다. 문제는 바로 이 지점이다. 연구 결과, 이러한 능력은 초보자들이 특히 큰 어려움을 겪는 부분이다. 그럼에도 불구하고, 또 그렇기 때문에 의도적 연습이야말로 더 강력한 학습 도구가 된다.

이제 여러분은 에릭손이 말한 세 가지 연습 유형을 알게 되었다. 이번에는 의도적 연습과 목적 있는 연습의 구성 요소와 이들을 효과적이게 하는 핵심 요인을 더 깊이 살펴보자.

어떤 연습이 왜 더 효과적인가

연습 순서 정하기

앞으로 다른 장에서 더 자세히 다루겠지만, 의도적 연습과 목적 있는 연습이 효과를 발휘하려면, 연습 과정을 단순한 것에서 복잡한 것으로 이어지는 작은 단위의 과제로 세분화해야 한다. 그 이유는 우리의 작업 기억 용량에 한계가 있기 때문이다. 새로운 것을 배우려 할 때는 주의해야 할 것이 너무 많아 흔히 인지적 과부하가 오거나 중요하지 않은 부분에 주의를 쏟게 된다. 따라서 순서화된 연습은 특히 초보자에게 중요하다.

단순한 것에서 복잡한 것으로 순서를 정하면, 먼저 기본적인 요소들을 자동화할 수 있다. 충분히 연습하면, 이 기본 요소들은 장기 기억에 "덩어리chunk" 형태로 저장되어 필요할 때 손쉽게 꺼내 쓸 수 있게 된다. 그 결과 작업 기억의 부담을 덜게 되고, 그만큼 연습 중에 더 복잡한 기술에 집중할 수 있는 여유가 생긴다. 바로 이런 이유로 감독은 배우들에게 전체 장면을 연습시키기 전에 한두 줄의 대사부터 연습하게 하고, 그 다음에 장면의 시퀀스로 확장해 나가도록 하는 것이다. 그러나 체계적인 순서

정하기만이 목적 있는 연습과 의도적인 연습을 효과적이게 하는 유일한 요인은 아니다.

정확하게 성과 평가하기

성과가 낮은 사람일수록 자신이 얼마나 잘했는지를 과대평가하는 경향이 있다. 이러한 "미숙하면서도 자각하지 못하는" 성향은, 이 안타까운 현상에 대한 중요한 연구를 발표한 두 연구자의 이름을 따서 "**더닝-크루거 효과**Dunning-Kruger effect"라고 불린다. 연구자들은 유머, 문법, 면접 기술을 포함한 다양한 영역에서 더닝-크루거 효과가 사실임을 밝혀냈다. 또한 학부생부터 의사에 이르기까지 여러 집단에서도 일관되게 나타남을 확인했다(어쩌면 의사가 자신 있게 진단할 때 여러분들은 잠시 의심을 품을지도 모르겠다).

데이비드 더닝David Dunning과 저스틴 크루거Justin Kruger는 이러한 현상이 초보자의 전문성 부족과 어느 정도 관련 있다고 보았다. 초보자는 부족한 스키마 때문에 훌륭한 성과와 형편없는 수행을 구분하기 어렵다. 웨이슨 선택 과제Wason selection task라는 논리 추론 과제를 이용한 연구에서, 더닝과 크루거는 가장 낮은 점수를 받은 참가자들이 실제로는 하위 12%에 해당했음에도 불구하고 스스로는 중간 정도인 상위 45%에 들었다고 생각한다는 것을 알게 되었다. 일주일 후 연구자들은 참가자들을 불러 웨이슨 과제를 푸는 방법에 대한 훈련 세션을 제공했다. 그 후 참가자들에게 다시 이전 수행을 평가하게 했더니, 훈련을 통해 기술이 향상된 뒤에는 참가자들의 평가가 훨씬 냉정해졌고, 무엇보다 실제와 더 가깝게 맞아떨어졌다. 이는 곧 전문성이 쌓일수록, 자신이 얼마나 잘했는지를 더 현실적으로 판단할 수 있게 된다는 것을 보여준다. 또한 우리가 특정 과제에서 스스로 어떻게 했는지에 대한 자기 인식을 온전히 믿어서는 안 되는 이유가 무엇이며, 전문가 코치의 피드백이 왜 그렇게 강력한 도구인지도 잘 설명한다.

수정 피드백과 대안 제시 피드백 | corrective feedback & directive feedback

전문가 코치는 학습자가 수행을 개선하려면 무엇을 고치고 무엇을 유지해야 하는지 알게끔 돕는다. 효과적인 피드백에 관한 연구에서는 수정 피드백과 대안을 제시하는 피드백이 초보자에게 특히 유용함이 드러났다. 수정 피드백은 초보자가 어디를 개선할 수 있는지 알게 한다. 대안을 제시하는 피드백은 그 대신 무엇을 해야 하는지 알려준다. 예를 들어, 감독은 조명팀에게 이렇게 말할 수 있다. "이번엔 스포트라이트를 이쪽으로 약 30cm 옮겨주세요. 그러면 관객의 시선이 무대 왼쪽으로 향하게 될 거예요."

때로 우리는 이런 종류의 피드백 제공을 주저하기도 한다. 괜히 불친절하거나 지나치게 간섭하는 사람으로 비칠까 걱정하기 때문이다. 그러나 이런 구체적인 언급이야말로, 우리가 도우려는 사람들에게 가장 필요한 피드백이 된다. 구체적이고, 사람이 아닌 과제에 초점을 맞추며, 따뜻한 어조로 전달하는 피드백이 연구에서 권장하는 최선의 방법이다.

확인 피드백 | verification feedback

코치는 학습자가 잘하고 있는 부분을 명확히 짚어주는 것도 중요하다 (예: "좋아요! 다음 테이크는 지난번처럼 그가 퇴장할 때 조명을 같은 속도로 서서히 어둡게 해주세요"). 이처럼 딱 꼬집어 목표 수행과 일치하는 행동을 구체적으로 지적해 주는 것은 학습자가 효과적인 행동을 인식하고 지속할 가능성을 높인다. 초보자들은 가지고 있는 스키마가 제한적이기 때문에 자신이 잘한 부분을 알아차리지 못하는 경우가 많다. 또는 오류 수정에만 집중하다가 오히려 잘하고 있던 점을 잃어버릴 수도 있다.

여기서 주목할 점은, 지금까지의 논의가 대부분 잘된 점 짚어주기와 수정 피드백의 역할에 초점을 맞추었으며 학습자가 스스로 자신의 훈련을 성찰하게 하는 방법은 언급하지 않았다는 사실이다. 초보자들은 자기 평가가 부정확한 경우가 많기 때문에, 개방형 성찰만 하고 전문가가 주는 대안 제시^directive^, 수정 제안^corrective^, 확인^verification^ 피드백을 받지 못하면, 실제 성과 향상으로 이어지지 않는다.

우리가 이 점을 강조하는 이유는, 직접적인 피드백 대신 성찰의 기회만 열어주는 방식이 너무나도 흔하기 때문이다. 적어도 단기적으로는 이 방식이 서로에게 "더 친절하게" 느껴질 수 있다. 솔직히 말하면, 효과적인 피드백을 준비하는 것보다 흔한 개방형 질문 하기가 더 수월하긴 하다. 물론 "어떻게 되었다고 생각하나요?" 또는 "어떤 느낌이었나요?"와 같은 질문도 필요하다. 이런 질문은 학습자가 자신의 경험을 정리할 틈을 주고, 그들이 자기 인식을 정확하게 하고 있는지 코치가 파악할 수 있는 기회를 준다. 하지만 이런 성찰 질문만으로는, 학습자의 빠른 성장을 기대하기 어렵다는 것이 연구에서 보여지는 분명한 사실이다.

세 가지 피드백의 특징과 활용

앞에서 살펴본 세 피드백의 특징을 알아보기 쉽게 표로 다시 한번 정리해 보면 이렇다.

구분	수정 피드백 (Corrective Feedback)	대안 제시 피드백 (Directive Feedback)	확인 피드백 (Verification Feedback)
핵심 목적	잘못된 점을 인식하고 교정하게끔 함	오류가 있는 수행 대신 무엇을 해야 하는지 제시함	잘한 부분을 명확히 인식하고 강화하게끔 함
주요 기능	오류를 지적하여 학습자의 수정 방향 제시	구체적인 대안을 통해 정확한 수행 모델 제공	성공적 수행을 인식·유지·재현하게 함
예시	"이번 장면에서 조명이 배우의 얼굴을 가렸어요."	"이번엔 스포트라이트를 왼쪽으로 30cm 이동해 보세요."	"좋아요! 지난번처럼 배우가 퇴장할 때 조명을 천천히 어둡게 해주세요."
적용 시점	오류 발생 직후(즉각적 피드백일수록 효과적)	오류 인식 후 구체적 행동 수정이 필요할 때	올바른 수행 직후, 긍정적 강화로 작용할 때
적용 대상	초보자, 중급자 모두 유용하지만 특히 초보자에게 중요	초보자에게 가장 효과적(명확한 지시 필요)	초보자·전문가 모두에게 필요(자신감·정확성 강화)
인지적 효과	• 학습자가 자신의 오류를 의식화하고 스키마 수정 • 수행의 정확도 향상	• 올바른 행동 패턴을 신속히 내재화 • 즉각적 개선 유도	• 효과적인 행동을 장기기억에 고정시키는 역할 • 동기 유지
정서적 효과	때로는 위축감을 줄 수 있으므로 어조나 태도에 유의해야 함	지시형 피드백이므로 간섭으로 느껴질 위험 있음	긍정적 강화로 자기효능감(self-efficacy) 상승

코치의 역할	오류를 정확히 짚되, 사람이 아니라 과제에 초점	수행의 목적을 설명하며 명확한 실행 전략 제시	잘된 점을 구체적으로 명명하여 강화 학습 촉진
주의점	단순한 "틀렸어요"는 비생산적이며, 왜 틀렸는지 설명 필요	일방적 명령이 되면 학습자의 자율성 저하	막연한 칭찬이 아닌, 구체적 행동에 연결해야 함
결과	학습자가 잘못을 인식하고 수정 전략을 개발	학습자가 정확한 수행 모델을 내면화	학습자가 자신의 강점을 인식하고 유지

그렇다면 어떤 학습자에게 어떤 피드백이 효과적일까? 역시 간단히 표로 정리하면 다음과 같다.

학습자의 상태	피드백 필요성	이유
초보자 (지식·스키마 부족)	대안 제시 + 수정 피드백	자신이 잘못한 부분을 인식하지 못하고, 교정 기준이 부족하기 때문
중간 수준 학습자	수정 피드백 + 확인 피드백	잘못을 구분할 수 있으나, 여전히 수행의 일관성 부족
숙련자 (전문가 수준)	확인 피드백 중심 + 성찰적 피드백 병행	자기 평가 능력이 높고, 세밀한 조정과 강화가 필요

멘탈 모델을 다듬을 기회

전문가 코치로부터의 피드백이 중요한 또 다른 이유는, 피드백이 학습자가 원하는 결과에 대한 멘탈 모델을 정교하게 다듬도록 돕기 때문이다. 코치가 학습자의 현재 수행과 목표 수행 사이의 유사점이나 차이를 짚어줄 때마다, 학습자는 자신이 추구해야 할 목표에 대한 이해, 즉 자신의 멘탈 모델을 개선해 나간다.

이때 피드백은 단순히 '맞다/틀렸다'만 알려주는 것이 아니라, 왜 어떤 수행이 효과적이거나 비효과적인지를 함께 짚어주는 정교화 피드백elaborative feedback일 때 가장 효과적이다. 정교화 피드백을 받은 학습자는 '왜'에 주목하기 때문이다. 예를 들어, 앞선 사례에서 감독이 이렇게 말했다고 하자. "지난번처럼 그가 퇴장할 때 조명을 같은 속도로 어둡게 해주세요. 그래야 장면을 효율적으로 마무리할 수 있습니다." 이 피드백은 단순히 다음 테이크에서 똑같이 하도록 지시하는 데서 끝나지 않는다. 더 나아가 "효율적으로 장면을 끝내는 방법"이란 이유를 덧붙임으로써, 조명팀은 조명이 공연의 타임라인에 어떤 영향을 미치는지에 대한 스키마를 구축하게 된다. 단순히 이번 공연에서만이 아니라, 앞으로 다른 공연에서도 활용할 수 있는 전문성을 쌓고 있는 것이다.

정교해진 멘탈 모델에는 뜻밖의 보너스가 있다. 학습자가 원하는 결과에 대한 정확한 멘탈 모델을 갖추게 되면, 자기 평가 능력도 향상된다. 다시 말해, 독립적으로 이루어지는 목적 있는 연습purposeful practice도 한층 효과적으로 해낼 수 있다.

이제 여러분은 왜 목적 있는 연습과 의도적 연습이 기술을 쌓는 효과적인 방법인지 감을 잡았을 것이다. 본격적으로 다음 멘탈 모델로 들어

가기 전에, 연습과 관련한 흔한 오해 몇 가지를 먼저 짚고 넘어가고자 한다.

연습이 잘못될 때

직장에서 연습이 잘못되는 방식은 여러 가지다. 이미 앞에서 계획 없는 연습에 대해 이야기했듯, 단순히 업무를 계속하는 것만으로 실력이 저절로 늘지 않는다. 안타깝게도, 업무 현장에는 비효과적 연습 방식으로 기술을 쌓으려는 헛된 시도가 종종 발견된다. 그중에서도 특히 흔히 나타나는 두 가지 유형을 짚어보자.

말로만 하는 연습

이번 장에서 연극 공연을 예로 든 이유는, 연극 환경에서는 연습이 곧 리허설이라는 인식이 비교적 분명하기 때문이다. 하지만 대부분의 직장에서는 기술을 쌓는 과정이 리허설로 이루어지지 않는다. 실제로 개선해보려는 연습을 직접 하는 대신, 개선 방법에 대해 이야기하는 데 그치고 마는 함정에 빠지곤 한다.

예를 들어, 어떤 직장에서 매니저들의 피드백 대화 능력을 향상시키려 한다고 해보자. 의도적 연습의 원리를 따른 연습으로, 관리자가 피드백 대화를 역할극으로 해보는 방법이 있다. 연습 후엔 무엇이 잘되었고 무엇을 고쳐야 할지 구체적인 피드백을 제공한 뒤, 다시 시도하게 한다.

하지만 현실에서 많은 회사는 이렇게 한다. "모든 매니저 여러분, 효과적인 피드백 대화에 관한 이 글을 읽기 바랍니다. 다음 주 회의에서 우리가 배운 점, 그리고 어떻게 우리 업무에 적용할지 함께 이야기해 봅시다."

이런 방식이 효과가 없는 이유는 다음과 같다. 매니저들의 장기 기억에 부호화되어 남는 것은 글을 읽고, 직장 내의 여러 북클럽을 탐색하고, 멋진 통찰력을 동료과 공유하는 절차이지, 실제 필요한 절차인 효과적인 피드백 대화를 이끄는 것이 아니다. 피드백에 대해 말할 수 있는 매니저는 많다. 그러나 피드백을 효과적으로 전달할 수 있는지는 완전히 다른 문제다. 핵심은 이렇다. 무언가에 대해 말하는 것과 실제로 연습하는 것은 같지 않다. 무대에서 공연하듯 연습하라. 새로운 기술을 기르고 싶다면, 실제로 필요한 그 기술을 직접 연습하는 시간을 반드시 가져라.

1단계에서 멈추는 연습

어떤 직장에서는 실제 업무와 꽤 가까운 연습 기회를 제공하기도 한다. 그러나 많은 경우엔 이러한 연습이 현실의 복잡성에 미치지 못한다. 예를 들어, 한 회사에서 매니저들에게 성과 면담을 하는 역할극 연습 기회를 주되, 이때 사용할 가이드라인은 템플릿에 명시되어 있다고 하자. 매니저들이 템플릿과 똑같이 흘러가는 대화만 연습한다면, 현실에서는 난관에 부딪힐 수 있다. 그들이 관리하는 직원이 자신의 평가에 동의하지 않는다든가, 기대했던 승진이 무산되어 화를 낸다는가 하는 변수가 얼마든지 발생하기 때문이다.

물론 모든 시나리오를 연습할 수는 없지만, 충분히 예측 가능한 난관에 대응하는 훈련은 반드시 필요하다. 그렇지 않으면, 장기 기억 속에 저장되는 것은 절차의 가장 기초적인 부분뿐이고, 막상 현실에서 요구되는 복잡성과 긴장감을 감당하지 못하게 될 수 있다. 바로 이 지점을 개선하려면 다음 멘탈 모델이 필요하다.

실전 효과적인 연습 적용

정원 가꾸기

핵심 아이디어: 효과적인 연습을 통해 전문성을 구축하라. 리틀리그 축구팀 지도자이든 12명의 팀을 이끄는 관리자이든, 자신을 각 멤버의 성장을 돌보는 정원사라고 생각하라.

멘탈 모델 Mental Models

팀원들의 전문성을 키우고 싶은가? 어떤 모습일지 살펴보자.

직원 중 한 명이 내부 회의에서 프레젠테이션 실력을 개선할 필요가 있다. 이 직원은 맥락 설명에 너무 많은 시간을 쓰고, 질문을 받으면 쉽게 빗나가버려 핵심 정보를 끝까지 전달하지 못하는 경우가 많다. 게다가 다른 팀들로부터도 이 직원에 대한 피드백이 들어왔는데, 회의에서 그 직원이 발표할 때면 집중력이 떨어지고 대화나 의사결정 시간이 부족해지곤 해 답답함을 느낀다는 것이다.

자, 다른 사람들의 기술 향상을 도울 효과적 연습 세션을 설계하는 순환 과정을 하나씩 살펴보자.

+ 1단계: 성장을 이끌 지지대 세우기

덩굴식물이 지지대를 타고 올라가듯이, 직원들의 연습도 방향을 잡아주고 지지해 주어야 한다. 이를 위해 명확한 연습 과제와 목표를 설정하라. 그런 다음, 연습 세션 동안 무엇을 어떻게 해야 하는지, 그리고 그 이유를 분명하게 알려줘야 한다. 또한 학습자가 집중해야 할 포인트를 개괄적으로 짚어주자. 또한 직접 어떻게 하는지 시범을 보이거나 혼자 시도할 때 참고할 수 있는 과정을 제시하는 것도 필요하다.

"최근 우리가 이야기한 것처럼, 여러분의 중요한 개선 과제 중 하나는 리더십 팀 대상 프레젠테이션을 더 효과적으로 하는 것입니다. 우선 핵심 정보와 부차적인 세부사항을 구분하는 연습부터 시작해 보려고 합니다. 너무 많은 정보를 주면 청중이 오히려 중요한 점을 놓치거나 집중을 잃을 수 있죠. 제가 발표할 때, 어떤 정보를 넣고 어떤 것은 빼는지 결정하는 과정을 직접 보여드리겠습니다. 지난주 프로젝트 회의 노트를 사용해, 제가 어떤 선택을 하는지 설명하겠습니다. 이번 주 여러분의 과제는, 이 과정을 활용해 다가올 프로젝트 팀 회의 이후에 리더십 팀에 보고한다고 가정하고 발표 노트를 준비해오는 겁니다. 다음 1대1 미팅 때 어떤 내용을 꼭 포함할지, 무엇을 빼야 할지 정리한 자료를 보여주세요."

여기서 중요한 점은, 일상 업무에서 우연히 생기는 순간이 연습 기회가 되는 것이 아니라는 것이다. 다음 발표를 마냥 기다리면서 그것을 학습 기회로 삼는 게 아니다. 미리 연습 기회를 마련함으로써, 다음의 실제 발표에서 성공할 기반을 닦아주는 것이다.

또한 한 번에 모든 걸 다 연습시키려 해서도 안 된다. 연습할 것을 작은 단위로 나누어chunking, 한 번에 한 가지에 집중하게 한다. 이번 주에는 전달해야 할 것과 하지 않아도 될 것을 구분하기에 집중하고, 다음 주에는 발표의 속도 조절에 집중하는 등의 방식이다.

이 연습 활동이 마무리되면, 이제 2단계로 넘어갈 준비가 된다.

+ 2단계: 잘되는 부분에 물 주기

"물을 줘야 자란다What you water grows"는 말이 있다. 학습자가 이미 잘 하고 있는 부분을 지키자. 식물에 물을 주면 가뭄으로부터 보호하고, 뿌리를 튼튼히 하며, 성장에 필요한 자원을 공급해 주듯이, 학습자들에게 피드백을 주어 잘 해내고 있는 부분을 보호해야 한다. 목표와 일치하는 성과 요소를 짚어주면 동기부여가 생긴다. 이런 부분을 놓치는 경우는 개선해야 할 부분에 너무 몰두할 때 발생할 수 있으니, 주의하자. 잘되는 점을 구체적으로 말해 주어야, 없어지지 않는다.

앞서 든 예시에서, 직원이 리더십 팀과의 소통에서 꼭 전달해야 할 정보와 굳이 포함하지 않아도 될 정보를 구분한 목록을 가져왔을 때, 잘하고 있는 부분을 지켜내는 피드백의 예는 다음과 같다. "여기서 두 번째 포인트는 우리가 이야기한 것과 정확히 일치하네요. 리더십 팀은 예산 삭감안을 추진하면 프로젝트 완료가 지연된다는 점을 반드시 알아야 합니다."

여기에 왜 그게 효과적인지도 함께 말해 주는 것이 중요하다. 예를 들어, 이렇게 말할 수 있다. "각 예산 시나리오 옆에 나란히 배치해 두신 타임라인은, 리더십 팀이 다양한 예산 삭감의 절충점을 쉽게 비교할 수 있게 해줄 거예요." 이러한 정교화 피드백elaborative feedback은 달성하고자 하는 목표 수행에 대한 멘탈 모델을 더 정교하게 하도록 돕는다. 그렇게 되면 여러분과의 연습뿐 아니라, 혼자서도 효과적으로 연습할 수 있는 기반이 마련될 것이다.

물론, 처음 시도에서 모든 것을 완벽하게 해내기는 어렵다. 초보자가 새로운 기술을 배우는 과정에서는 잘 안 되는 부분을 짚어주고 어떻게 개선할지 방향을 제시해 주는 것도 반드시 필요하다. 이제 연습 사이클의 다음 단계, 가지치기prune로 이어진다.

+ 3단계: 제대로 안 되는 부분 가지치기

정원을 가꾸다 보면 직관과 어긋나 보이는 일을 할 때가 있다. 왜냐하면 건강한 성장을 돕는 방법 중 하나가 가지치기이기 때문이다. 가지치기란 잘못된 방향으로 자라거나 건강하지 않은 가지를 잘라내는 것이다. 이렇게 제거하면 식물이 자원을 새로 건강하게 성장하는 데 쓸 수 있게 된다. 이는 우리가 초보 학습자를 지도할 때 주는 수정 피드백이 하는 역할과 놀랍도록 닮았다.

초보자는 아직 올바른 스키마가 부족하기 때문에, 무엇을 잘라내고 무엇을 바꿔야 가장 효과적인지 스스로 파악하기 어렵고, 또 문제를 어떻게 해결하는 것이 가장 좋은지도 알지 못한다. 따라서 그들이 길을 잘못 들었을 때 제때 바로잡도록 도와야 한다. 함께 일하는 사람의 경험이 부족할수록, 이 역할을 여러분은 더 많이 해야 함을 기억하자.

실제로 어떤 방식일까? 앞서 잘된 부분을 강화하는 피드백을 준 다음, 이렇게 말할 수 있다. "첫 번째 포인트에서 프로젝트 완료를 위한 위험 요소별 대응 방안을 모두 나열했는데, 이건 여전히 정보가 너무 많습니다. 사람들이 흥미를 잃고 집중을 놓칠 수 있어요. 우선 이렇게 질문해 봅시다. '내 눈앞에 있는 이 청중이 원하는 정보는 무엇이며, 그 정보를 가지고 무엇을 할까?' 그 답을 기준 삼아 리스트를 다시 살펴보고 꼭 전달해야 할 핵심만 추려봅시다."

이런 피드백을 제공했다면, 다시 이 사이클을 시작할 준비가 된다. 첫 단계는 다음 연습 활동을 지시하는 것이다. 결정할 것은 아직 같은 기술을 더 연습해야 하는지, 아니면 다음 단계로 넘어갈 준비가 되었는지 하는 것이다. 지금 상황에서는 여전히 청중에게 맞춰 정보를 선별하는 데 어려움을 겪고 있으니, 동일한 연습 활동을 한 번 더 반복하는 것이 필요해 보인다. 이는 지극히 정상적인 과정이다. 이 기술을 충분히 익히고 나면, 그 다음에는 발표력을 높이는 데 도움이 되는 다른 기술로 넘어갈 수 있다.

마지막으로 짚고 넘어가자. 이번 예시에서 제시된 연습 활동은 실제 프로젝트 회의 자료를 활용해, 어떤 정보가 본질적으로 중요한지 선별하는 훈련이었다. 우리가 제안한 것은, 그저 그 직원에게 흥미로운 발표법에 관한 웨비나를 듣게 하고, 다음 1대1 미팅에서 그 웨비나가 어땠는지 묻는 게 아니다. 물론 웨비나나 기타 전문성 개발 활동 자체가 나쁘다는 것은 아니다. 다만 정보를 단순히 받아들이는 것과 실제 직무 상황에 필요한 과제를 직접 연습하는 것은 전혀 다르다. 누군가가 전문성을 키우도록 돕고 싶다면, 학습 과정에 반드시 실제 연습을 포함해야만 한다.

결론

효과적인 연습은 쉽지 않다. 학습자뿐 아니라 이를 이끄는 코치 모두에게 많은 노력이 필요하다. 다음 몇 가지 핵심 포인트를 기억해 두자.

핵심 요점

* 기억하자, 시간 ≠ 향상이다. 그 시간을 매우 특별하게 보내지 않는 한 말이다. 단순히 하고 싶은 영역의 활동을 반복하기만 하는 계획 없는 연습은 성과 향상으로 연결되지 않는다. 전문성을 기르고 싶다면, 순서가 신중하게 설계되고, 명확한 목표가 있으며, 숙달을 위한 여러 번의 시도 기회를 제공하며, 피드백 기회가 포함된 목적 있는 연습 또는 의도적 연습을 해야 한다.
* 초보자일수록 더 많은 도움이 필요하다. 전문성을 쌓아가는 초기 단계에 있는 사람들은 자신의 수행을 정확히 평가하지 못하는 경우가 많다. 성과가 낮은 사람의 "서투른데 스스로는 모르는" 경향을 더닝-크루거 효과라고 부르는데, 이는 유머, 문법, 면접 기술을 포함한 다양한 영역에서 확인된 바 있다.
* 새로운 기술을 배울 때 특히 효과적인 피드백 유형이 있다. 수정 피드백은 초보자가 어떤 부분을 고쳐야 하는지 알려준다. 대안 제시 피드백은 무엇을 그만두고 그 대신 무엇을 해야 하는지 알려준다. 확인 피드백은 학습자가 잘하고 있는 점을 구체적으로 짚어주며 계속 이어갈 수 있도록 돕는다. 정교화 피드백은 특정 행동이 목표 달성에 효과적이거나 그렇지 않은 이유까지 설명한다.

피드백 리터러시

피드백 리터러시란 학습자나 교사가 피드백을 이해하고, 해석하며, 이를 학습 향상에 활용할 수 있는 이해, 역량, 태도를 의미한다. 즉, 피드백 정보를 단순히 수동적으로 받는 것이 아니라, 이를 능동적으로 해석하고 반영하여 자기 발전에 활용할 수 있는 능력이다(Carless & Boud, 2018). 다음과 같은 네 가지 상호 관련된 요소로 이루어진다.

- **피드백의 가치 인식**: 피드백을 비판이 아닌 성장의 기회로 받아들이는 태도
- **판단 능력**: 자신의 수행에 대한 기준과 기대를 이해하고 타인의 평가를 비교 분석하는 능력
- **정서 관리**: 피드백을 받을 때의 감정적 반응을 조절하는 역량
- **행동으로 옮기기**: 받은 피드백을 실제 학습 전략이나 작업 개선으로 연결하는 실행력

학습자의 피드백 리터러시를 기르기 위해서, 다음과 같은 전략을 활용할 수 있다.

- 학습자가 스스로 작업의 강점, 약점을 평가하고, 피드백의 목적과 기준을 이해하도록 한다. 포트폴리오 작성이나 학습 저널 쓰기 활동을 활용한다.
- 동료의 작업을 평가하게 함으로써, 평가 기준을 적용하고 객관적 판단 능력을 학습하게 한다. 피드백 생산자이자 수용자로서의 균형 잡힌 역할 인식을 기를 수 있다.
- 피드백 전달이 아닌 피드백 대화를 통해 양방향 상호작용이 일어나도록 설계함으로써 피드백의 의미를 강조한다.
- 감정적 지원: 피드백이 야기할 수 있는 감정(좌절, 방어)에 대해 미리 논의하고, 이를 수용하고 관리하는 법을 가르친다. 피드백에 대한 개방성과 성장 마인드셋을 높인다.

- 기술 활용: 디지털 플랫폼을 활용해 학습자가 피드백을 요청하고 정리하며 적용하는 과정을 추적할 수 있도록 하면, 피드백 역량을 스스로 점검하는 기회가 된다.

3부
참고문헌/출처

5장. '왜'를 묻는 힘

Bransford, J. D., Franks, J. J., Morris, C.D., & Stein, B.S. (1979). Some general constraints on learning and memory research. In L. S. Cermak & F. I. M. Craik (eds.) ***Levels of Processing in Human Memory***. Hillsdale, NJ: Lawrence Erlbaum Associates Inc., pp. 331-354.

Craik, F. I. M., & Lockhart, R. S. (1972). Levels of processing: A framework for memory research. ***Journal of Verbal Learning and Verbal Behavior***, ***11***(6), 671-684.

Craik, F. I. M., & Tulving, E. (1975). Depth of processing and the retention of words in episodic memory. ***Journal of Experimental Psychology: General***, ***104***(3), 268-294.

Dunlosky, J., Rawson, K. A., Marsh, E. J., Nathan, M. J., & Willingham, D. T. (2013). Improving students' learning with effective learning techniques: Promising directions from cognitive and educational psychology. ***Psychological Science in the Public Interest***, ***14***(1), 4-58.

Pressley, M., McDaniel, M. A., Turnure, J. E., Wood, E., & Ahmad, M. (1987). Generation and precision of elaboration: Effects on intentional and incidental learning. ***Journal of Experimental Psychology: Learning, Memory, and Cognition***, ***13***(2), 291-300.

Pressley, M., Symons, S., McDaniel, M. A., Snyder, B. L., & Turnure, J. E. (1988). Elaborative interrogation facilitates acquisition of confusing facts. ***Journal of Educational Psychology***, ***80***(3), 268-278.

Shondrick, S. J., Dinh, J. E., & Lord, R. G. (2010). Developments in implicit leadership theory and cognitive science: Applications to improving measurement and understanding alternatives to hierarchical leadership. ***The Leadership Quarterly*, *21***(6), 959–978.

Willingham, D. T., & Riener, C. (2019). ***Cognition: The Thinking Animal***. Cambridge: Cambridge University Press.

Woloshyn, V. E., Pressley, M., & Schneider, W. (1992). Elaborative-interrogation and prior-knowledge effects on learning of facts. ***Journal of Educational Psychology*, *84***(1), 115-124.

6장. 더 높이 오르기

Bransford, J. D., & Johnson, M. K. (1972). Contextual prerequisites for understanding: Some investigations of comprehension and recall. ***Journal of Verbal Learning and Verbal Behavior*, *11***(6), 717-726.

Craik, F. I. M., & Lockhart, R. S. (1972). Levels of processing: A framework for memory research. ***Journal of Verbal Learning and Verbal Behavior*, *11***(6), 671-684.

Ferris, T. (2017). ***How the Voyager Golden Record Was Made***. The New Yorker. Available at: www.newyorker.com/tech/annals-of-technology/voyagergolden-record-40th-anniversary-timothy-ferris (Accessed: 29 November 2024).

Lipson, M. Y. (1982). Learning information from text: The role of prior knowledge and reading ability. ***Journal of Reading Behavior*, *14***(3), 243-261.

Sagan, C., et al. (1978). ***Murmurs of Earth***. London: Ballantine Books.

Shing, Y. L., & Brod, G. (2016). Effects of prior knowledge on memory: Implications for education. ***Mind*, *Brain*, *and Education*, *10***(3), 153-161.

Willingham D. T., & Riener, C. (2019). ***Cognition: The Thinking Animal*** (4th ed.). Cambridge: Cambridge University Press.

7장. 무엇이든 이야기로

Arya, D. J., & Maul, A. (2012). The role of the scientific discovery narrative in middle school science education: An experimental study. ***Journal of Educational Psychology*, *104***(4), 1022-1032.

Chen, Z., Mo, L., & Honomichl, R. (2004). Having the memory of an elephant: Long-term retrieval and the use of analogues in problem solving. ***Journal of Experimental Psychology: General*, *133***(3), 415-433.

Duffy, S. A., Shinjo, M., & Myers, J. L. (1990). The effect of encoding task on memory for sentence pairs varying in causal relatedness. ***Journal of Memory and Language*, *29***(1), 27-42.

Ganz, M. (2011). Public narrative, collective action, and power. In S. Odugbemi & T. Lee (eds.) ***Accountability Through Public Opinion: From Inertia to Public Action***. Washington, DC: The World Bank, pp. 273-289.

Hohwy, J. (2013). ***The Predictive Mind***. Oxford: Oxford University Press.

Keenan, J. M., Baillet, S. D., & Brown, P. (1984). The effect of causal cohesion on comprehension and memory. ***Journal of Verbal Learning and Verbal Behavior*, *23***(2), 115-126.

Meyer, B. J. F. (1975). ***The Organization of Prose and its Effects on Memory***. Amsterdam: North-Holland.

Meyer, B. J. F., & Freedle, R. O. (1984) Effects of discourse type on recall. ***American Educational Research Journal*, *21***(1), 121-143.

Pyle, N., et al. (2017). Effects of expository text structure interventions on comprehension: A meta-analysis. ***Reading Research Quarterly*, *52***(4), 469-501.

8장. 성장 관리

Brorson, S., & Hrobjartsson, A. (2008). Training improves agreement among doctors using the Neer system for proximal humeral fractures in a systematic review.

Journal of Clinical Epidemiology, *61*(1), 7-16.

Cohen, J., Wong, V., Krishnamachari, A., & Berlin, R. (2020). Teacher coaching in a simulated environment. ***Educational Evaluation and Policy Analysis***, *42*(2), 208-231.

Dania, A., Kaltsonoudi, K., Ktistakis, I., Trampa, K., Boti, N., & Pesce, C. (2023). Chess training for improving executive functions and invasion game tactical behavior of college student athletes: A preliminary investigation. ***Physical Education and Sport Pedagogy***, *28*(4), 380-396.

Debatin, T., Hopp, M. D., Vialle, W., & Ziegler, A. (2023). The meta-analyses of deliberate practice underestimate the effect size because they neglect the core characteristic of individualization—An analysis and empirical evidence. ***Current Psychology***, *42*(13), 10815-10825.

Dunning, D. (2011). The Dunning-Kruger effect: On being ignorant of one's own ignorance. In J. M. Olson, & M. P. Zanna. ***Advances in Experimental Social Psychology***, Vol. 44. San Diego, CA: Academic Press, pp. 247-296.

Ericsson, K. A. (2016). Summing up hours of any type of practice versus identifying optimal practice activities: Commentary on Macnamara, Moreau, & Hambrick (2016). ***Perspectives on Psychological Science***, *11*(3), 351-354.

Ericsson, K. A. (2021). Given that the detailed original criteria for deliberate practice have not changed, could the understanding of this complex concept have improved over time? A response to Macnamara and Hambrick (2020). ***Psychological Research***, *85*(3), 1114-1120.

Ericsson, K. A., & Harwell, K. W. (2019). Deliberate practice and proposed limits on the effects of practice on the acquisition of expert performance: Why the original definition matters and recommendations for future research. ***Frontiers in Psychology***, *10*, 2396.

Ericsson, K. A., Krampe, R. T., & Tesch-Romer, C. (1993). The role of deliberate practice in the acquisition of expert performance. ***Psychological Review*, *100*(3),** 363.

Harwell, K., & Southwick, D. (2021). Beyond 10,000 hours: Addressing misconceptions of the expert performance approach. ***Journal of Expertise*, *4*(2),** 220-233.

Hodges, B., Regehr, G., & Martin, D. (2001). Difficulties in recognizing one's own incompetence: Novice physicians who are unskilled and unaware of it. ***Academic Medicine*, *76*(10),** S87-S89.

Krampe, R. T., & Ericsson, K. A. (1996). Maintaining excellence: Deliberate practice and elite performance in young and older pianists. ***Journal of Experimental Psychology: General*, *125*(4),** 331-359.

Kruger, J., & Dunning, D. (1999). Unskilled and unaware of it: How difficulties in recognizing one's own incompetence lead to inflated self-assessments. ***Journal of Personality and Social Psychology*, *77*(6),** 1121-1134.

Moxley, J. H., Ericsson, K. A., & Tuffiash, M. (2019). Gender differences in SCRABBLE performance and associated engagement in purposeful practice activities. ***Psychological Research*, *83*,** 1147-1167.

National Research Council. (2000). ***How People Learn: Brain, Mind, Experience, and School: Expanded Edition*.** Washington, DC: The National Academies Press.

Shute, V. J. (2008). Focus on formative feedback. ***Review of Educational Research*, *78*(1),** 153-189.

04

생각의 무게

작업 기억과 인지 부하

4부에서는 인지 부하 이론cognitive load theory을 더 깊이 탐구한다. 학습 과정을 전략적으로 활용하는 동시에, 사고가 제대로 작동하지 않는 상황을 피하는 방법을 살펴본다.

과부하 피하기

작업 기억의 한계를 관리하라

이런 경험, 누구나 한 번쯤은 해볼 것이다. 출근하려고 막 문을 나서려는데, 제시간에 도착하려면 어느 신호등에도 걸리지 않아야 한다는 걸 깨닫는다. 머릿속으로 이 시간대에 가장 막히지 않는 길을 계산하기 시작한다. 와중에 손으로는 출근 가방을 뒤적여 지갑이 잘 들어 있는지 확인한다. 도시락을 깜빡한 걸 떠올리고 부엌으로 돌아가 한손에 집어 든다. 다시 현관으로 향하며, 다른 팔에 커피 텀블러와 휴대폰을 끼워 넣는다. 문을 열자마자 강아지가 뛰쳐나가려고 해서, 한 다리로 막으려고 애쓴다. "집에 오는 길에 우체국에 들러서 택배 부치기로 한 거 잊지 마!" 파트너가 이미 가득 찬 당신의 팔에 박스 두 개를 억지로 얹어 주며 소리친다. 드디어 집 밖으로 나가 문을 잠그려는 순간, 불가피한 일이 일어나고 만다.

먼저, 커피 텀블러가 바닥에 떨어진다. 순식간에 나머지도 줄줄이 따라 굴러떨어진다.

이렇게나 극적이지는 않을지 모르지만 저글링 묘기마냥 점점 더 많은 공이 추가되다 결국 모조리 와르르 떨어지는 당신의 아침 출근길 풍경은, **작업 기억**working memory에서 사고가 무너져 내릴 때 일어나는 일과 놀랍도록 닮았다. 이번 장에서는 작업 기억이 무엇이며 인지 과정에서 어떤 역할을 하는지 그리고 **인지 과부하**cognitive overload를 피하는 방법은 무엇인지 살펴보자.

작업 기억은 제한적이다

1장에서 기억하듯, 작업 기억은 사고 과정에서 중요한 역할을 한다. 작업 기억은 환경에서 들어온 정보와 장기 기억에 저장된 정보를 결합하는 장소다. 그렇게 결합된 결과가 다시 장기 기억에 저장된다. 인지과학 용어가 많은 설명이었으니, 예시로 풀어보자.

운전 중이라고 상상해 보자. 주변 환경은 청각적, 시각적, 그리고 기타 다양한 감각 자극으로 가득 차 있다. 그중에 예를 들어 갑자기 크고 날카로운 소리가 반복되는 것을 감지했다면, 그 소리는 작업 기억으로 옮겨진다. 자극을 빠르게 처리하는 동시에, 장기 기억에서 그 소리가 사이렌이라는 사실을 불러온다. 이렇게 생각하게 된다. "아, 차를 갓길로 비켜 세워야겠네."

작업 기억은 의미를 만들어내는 장소다. 즉 환경에서 들어온 새로운 정보(크고 날카로운 소리)가 장기 기억에 저장된 정보("아마 사이렌일 것이다")와 결합돼 처리되는 곳이다. 그리고 이것으로 다음 행동("차를 갓길로 비켜 세워야겠다!")을 결정할 수 있다.

이 모든 과정은 인지 과부하를 겪지 않는다는 전제하에 가능하다. 안타깝게도 작업 기억의 용량은 제한적이다. 한 번에 너무 많은 정보를 받아들이면 정보가 자리를 두고 경쟁하게 되고, 그 과정에서 일부는 사라진다. 이것을 "**간섭**interference"이라고 한다.

다시 운전 중인 상황을 떠올려 보자. 이번에는 뒷좌석에서 아이가 계속 말을 걸고 있다. 아이의 말에 깊이 몰입하면, 사이렌을 알아차리는 데 시간이 걸릴 수 있다. 작업 기억은 이미 아이가 학교에서 겪은 일에 관한 이야기로 가득 차 있기 때문이다. 반면에 당신이 일단 사이렌을 인식한 후 여러 차선을 가로질러 갓길에 차를 세우려 애쓰기 시작하면, 아이가 계속 떠들고 있더라도 아마 한 마디도 귀에 들어오지 않을 것이다. 머리에 한꺼번에 담기엔 정보가 너무 많으니 당연한 일이다.

연구자들은 또 다른 이유도 지적한다. 작업 기억 속 정보는 빠르게 처리되지 않으면 그냥 '소멸decay'해 버린다는 것이다. 앞 장에서 배웠듯, **의도적 처리**effortful processing로써 소멸을 방지할 수 있다. 또 다른 일반적인 방법은 리허설, 즉 정보를 반복해서 되뇌는 것이다. 예를 들어, 운전하고 있을 때 파트너에게 전화가 와서 퇴근길에 저녁거리 몇 가지를 사오라고 부탁했다고 하자. 평소라면 그 짧은 장보기 목록을 메모할 수 있을 때까지 머릿속에서 계속 되뇌일 것이다. 하지만 그 순간 사이렌이 울리고 차를 갓길에 세우기 위해 차선을 바꾸는 데 집중해야 했다면, 머릿속에서 장보기 목록을 되뇌일 겨를이 없어 결국 가게에 도착했을 때는 뭘 사야 할지 전혀 기억나지 않을 것이다. 장보기 정보는 작업 기억에서 처리되지 못한 채 사라지고 말았다.

이 모든 것은 주의attention와 작업 기억이 한정된 자원이기 때문이다. 사람마다 차이가 있고 과제의 종류에 따라 달라지긴 하지만, 연구 결과 대부분의 사람은 작업 기억에서 최대 7개(±2)의 정보 덩어리chunk만을 유지할 수 있음이 밝혀졌다. 또 정보가 대략 30초 이내에 처리되지 않으면 손실된다는 사실도 확인했다.

이는 직접 경험해볼 수 있다. 아무것도 적지 않은 채, 요일을 알파벳 순으로 말해 보자. 쉽지는 않겠지만, 결국 해낼 수 있다. 다시, 이번에도 적지 않고 1년 12달을 알파벳 순으로 나열해 보자. 이 과제는 아마 더 어려울 것이다.

왜 그럴까? 첫 번째 과제에서는 7개의 정보(요일)를 작업 기억에 담아야 한다. 비록 장기 기억에서 요일 전체를 하나의 정보 덩어리로 불러올 수 있다 하더라도, 알파벳 순으로 배열하려는 순간 작업 기억에 추가 정보가 들어간다. 예컨대 목요일Thursday이 화요일Tuseday보다 알파벳 순으로 앞선다는 사실을 알기 위해서는 각 단어의 앞 두 글자(th, tu)를 작업 기억에 붙잡아두어야 한다. 동시에 알파벳 순으로 배열하는 규칙 자체도 작업 기억에 유지해야 하고, 요일의 순서를 이에 따라 뒤섞는 과정 역시 작업 기억 공간을 차지한다. 12달의 경우도 동일한 요구사항이지만, 7개가 아닌 12개의 정보로 시작한다. 인지 과부하가 생기기 딱 알맞은 조건이다.

세상은 이미 어려운 과제들로 가득하고(우리 모두 알파벳 배열보다 훨씬 복잡한 일을 매일 하고 있을 것이다), 우리의 주의를 빼앗는 방해 요소들 또한 끊임없이 경쟁하고 있다. 그런데도 우리는 무심코 주의를 갉아먹는 행동들을 덧붙여 스스로를 더 곤란하게 만들고 있다.

연구자들은 멀티태스킹은 잘못된 생각이라는 사실을 증명했다. 우리가 평소 느끼기에는 동시에 두 가지 일을 할 수 있는 것 같지만, 연구 결과 사람들이 말하는 "멀티태스킹"은 실제로는 과제 간의 빠른 주의 전환일 뿐임이 드러났다. 주의 전환은 대가를 수반한다. 주의와 작업 기억은 제한된 자원이기 때문이다. 하나에 주의를 더 많이 기울일수록, 다른 것에는 덜 기울이게 된다. 그러므로 집중해야 할 시간에 채팅창을 열어두거나 회의 중에 이메일을 확인하는 습관을 다시 생각해볼 필요가 있다. 그렇게 하면 주의가 업무와 메시지 사이를 오가며 끊임없이 흔들릴 뿐만 아니라, 양쪽 정보가 작업 기억에 동시에 쌓이기 시작한다. 한계치를 넘어서면 모든 정보가 공간을 차지하기 위해 서로 경쟁하고 결국 일부는 손실된다. 가장 중요한 정보가 장기 기억에 도달할지 아니면 완전히 사라질지를, 오직 운에 맡겨야 하는 셈이다. 그러니 아이가 TV를 켜두고 숙제를 할 때 가장 잘된다고 말한다면, 곱지 않은 눈길을 보내도 된다.

인지 과부하에는 또 다른 문제가 있다. 기분이 썩 좋지 않다는 점이다. 시각적 도움 없이 12달을 알파벳 순으로 배열하려고 애쓸 때 어떤 기분이었는지 다시 떠올려 보라. 아마 힘들고 심지어 짜증스럽게 느꼈을 것이다. 실제로, 연구자들은 인지 과부하를 반복적으로 경험하면 동기가 약화될 수 있음을 발견했다. 따라서 우리는 자신이 이런 상황을 자주 겪지 않도록 하고, 다른 사람들에게도 의도치 않게 이런 경험을 강요하지 않도록 주의해야 한다. 그러기 위해 다음으로, 인지 과부하를 피하는 몇 가지 방법을 살펴볼 것이다.

인지 부하의 유형

연구자들은 인지 부하를 세 가지 유형, 외재적, 내재적, 본질적(본유적)으로 구분해 설명한 바 있다. 우선 이 방식으로 시작해 보자.

외재적 부하 | Extraneous Load

외재적 부하란 과제 수행에 필수가 아닌 요인들로 인해 불필요하게 발생하는 인지 부하를 가리킨다. 이런 부하는 정보를 제시하는 방식에서 비롯되곤 한다. 예를 들어, 제품 사용 동영상을 보는데 영상 속 그림들이 커졌다 작아지고, 깜빡이거나 튀어 오른다면, 학습자는 영상이 전달하려는 핵심 정보를 처리하기보다 그 움직임을 따라가는 데 작업 기억을 다 소모하게 된다. 그럼 흥미를 끌었다는 이야기는 아닐까? 물론 애니메이션이 확실히 주의를 끌긴 했다. 하지만 과제의 실제 목표와 무관한 방식으로 인지 부하만 늘렸을 뿐이다.

환경 속 방해 요소들도 불필요한 인지 부하를 키운다. 사무실에서 열심히 타이핑하다가 옆자리 대화에서 자기 이름이 불쑥 들려오면, 작업 기억은 곧바로 "왜 내 이야기를 하지?"와 같은 질문으로 가득 찰 것이다. 또한 존재하지 않는 것에 집중하는 일도 작업 기억을 갉아먹는다. 예를 들어, 회의실에 앉아서 "이 회의는 도대체 무엇에 관한 것일까?"를 추측하느라 애쓴다면, 그만큼 다른 사람들이 말하는 내용을 처리할 여유 공간이 줄어드는 셈이다.

내재적 부하 | Intrinsic Load

내재적 부하는 과제 자체가 지니고 있는 인지적 부담을 가리킨다. 여기에는 과제를 완수하기 위해 학습자가 알아야 하고 수행해야 하는 요소의 개수(인지과학자들이 "과제 요소"라고 부르는 것)와 그 요소들 간의 '상호연관성'이 포함된다. 앞서 다룬 예시로 돌아가자면, 1월부터 12월까지 단순히 나열하는 것은 낮은 수준의 요소 상호작용을 요한다. 어떤 달을 회상하는 능력이 다른 달을 회상할 수 있는지 여부에 달려 있지 않기 때문이다(예를 들어, 2월을 떠올리는 능력은 11월을 떠올릴 수 있느냐와는 크게 관계가 없다). 반면 12개월을 알파벳 순으로 배열하는 과제는 더 높은 수준의 요소 상호작용성이 필요하다. 왜냐하면 11월이 순서상 어디에 오는지를 알기 위해서는 각 월의 이름을 떠올리고, 철자를 기억하며, 그 순서를 배열할 수 있어야 하기 때문이다.

본질적 부하 | Germane Load

본질적(본유적) 부하는 과제를 통해 새로운 지식을 습득하는 데 필요한 인지 부하를 가리킨다. 즉, 작업 기억에서 장기 기억으로 정보를 옮기기 위해 필요한 작업 기억 용량이다. 앞 장에서 다루었듯, 정보를 깊이 처리할 때(예를 들어, 스스로에게 "어떻게" 또는 "왜"라는 질문을 던질 때), 나중에 그 정보를 더 잘 기억할 가능성이 높아진다.

작업 기억 한계 관리

그렇다면, 이렇게 인지 부하의 유형이 나뉜다는 사실은 왜 중요한가? 작업 기억의 한계를 극복하는 방법은 여럿 있으며, 그중 일부는 이어지는 장에서 다룰 것이다. 9장에서 강조하는 것은 한 가지다. 인지 부하의 유형을 이해하면, 작업 기억이라는 소중한 '부동산'을 어떻게 활용할지 더 현명하게 선택할 수 있고, 인지 과부하 또한 피할 수 있다. 연구자들이 권장하는 방법은 다음과 같다.

외재적 부하를 최소화하라

여러분이 전하는 내용을 학습자가 기억하기를 원한다면, 방해 요소를 최소화해야 한다. 독점금지법 따위는 잊자. 학습자가 배워야 하는 정보가 작업 기억 공간을 완전히 독점하도록 만들어야 한다. 관련 없는 모든 것을 잘라내서 경쟁 자체를 아예 없애야 한다.

교수설계 연구자들은 이런 요소를 "**유혹적 세부사항**seductive details"이라고 부르는데, 이 부분은 15장에서 더 자세히 다룰 예정이다. 지금으로선, 유혹적 세부사항이 잠재적으로 흥미로울 수 있지만 교육 목표 달성에는 불필요하다는 정도로 말해둔다. 저자 짐과 리베카는 둘 다 대학 교수들이 학생들과 관계 형성을 하려는 좋은 의도로 강의 슬라이드 곳곳에 밈과 GIF를 집어넣는 경우를 종종 목격했는데, 이는 '유혹적 세부사항 사용' 이라는 함정에 빠진 것이다. 학생들을 웃게 만들 때도 있지만, 정작 학습 내용을 더 잘 이해하도록 돕는 경우는 경우는 거의 없다. 몇 가지 예외를 제외하고, 수십 년에 걸친 연구는 사람들이 유혹적 세부사항이 포함되지 않은 수업 경험에서 더 잘 배운다는 사실을 보여준다.

나이키 경영진은 "덜어 내야 증폭된다edit to amplify"란 문구를 유행시켰다. 이 격언이 바로 여기에 적용된다. 학습 과제에서 산만한 요소들을 제거하면, 작업 기억 공간이 열리면서 가장 중요한 정보를 심층 처리할 수 있다.

범위를 줄여라

때로는 과제 자체의 내재적 부하가 학습자의 작업 기억에 너무 벅찰 때가 있다. 특히 새로운 것을 시도할 때 더욱 그렇다. 학교 현장에서 자주 사용되는 표현이 있다. "한 번에 다단계 지시 금지No multistep directions" 이는 9단계에 걸친 하교 절차 같은 다단계 과정을 줄줄 읽어준 다음, 어린이들이 그것을 한 번에 실행할 것이라 기대해서는 안 된다는 뜻이다. 그것은 누구의 작업 기억으로도 감당하기 어렵다.

그 대신 한 번에 한 가지 지시만 주어 범위를 축소한다면, 실행할 요소를 9개에서 1개로 줄이는 셈이 되어 과제를 효과적으로 제시할 수 있다. "먼저, 과학 파일을 배낭에 넣으세요. 잘했어요."와 "다음으로, 조장 뒤에 줄을 서세요."와 같은 일련의 단일 단계 지시들이, 책상에서 버스까지 가려면 해야 할 모든 일을 끊임없이 늘어놓는 길고 지루한 안내보다 훨씬 나은 내재적 부하를 주기 때문이다. 이런 원칙은 초등학교에서만 해당되는 것이 아니다. 회의와 회의 사이를 바쁘게 오가는 와중에 업무 보고하러 온 직원에게 장황하고 복잡한 할 일 목록을 던지기 전에 꼭 한 번쯤 다시 생각해 보자.

9장의 멘탈 모델로 들어가기 전에, 한 가지 더 짚고 넘어갈 점이 있다. 지금까지의 인지 부하 감소를 위한 이 모든 이야기가, 앞 장에서 강조한 의도적 사고 및 심층 처리의 중요성과 어떻게 양립하는지 궁금할 수 있다. 연구자들은 후자를 "**적절한 어려움**desirable difficulties"이라고 한다. 이는 정보가 실제로 작업 기억에서 장기 기억으로 옮겨가도록 보장하는, 값지게 쓰이는 인지 부하이다. 따라서 내재적 부하는 감당 가능한 수준으로 유지하고, 외재적 부하(또는 바람직하지 않은 어려움)는 제거함으로써, 학습자가 바람직하고 의도적인 사고를 하기 위한 충분한 작업 기억 공간을 확보해줄 수 있다.

실전 과부하 피하기

박물관 큐레이터

핵심 아이디어: 작업 기억은 한정적 자원이다. 과제 크기를 알맞게 조정하고 방해 요소를 제거해야 중요한 정보를 다룰 공간이 생긴다.

멘탈 모델 Mental Models

인지 과부하를 피하려면 실제로 무엇이 필요할까? 여기 인지 과부하 피하기 마스터를 소개한다.

우리가 이 멘탈 모델을 박물관 큐레이터라고 부르는 이유는, 훌륭한 박물관 전시를 기획하는 과정이 인지 부하를 관리하는 과정과 매우 닮아 있기 때문이다.

+ 1단계: 전시 범위 살펴보기

전시를 구성하기 전에, 큐레이터는 다룰 수 있는 전체 자료의 범위와 관람객이 최종적으로 어떤 것을 얻어가길 원하는지를 먼저 이해해야 한다. 예를 들어, 과학 박물관의 큐레이터가 전시를 본 관람객들이 행성을 정의하는 기준, 태양계 행성들의 주요 특징 몇 가지, 그리고 각 행성의 고유한 특징을 이해하기를 원한다고 해보자. 이 외에 별과 위성이 행성으로 분류되지 않는 이유나 명왕성의 분류 역사까지 포함하고 싶을 수도 있다. 그러나 자칫 하나의 전시에 너무 많은 정보를 집어넣게 될 위험이 있다.

따라서 "범위를 살펴볼 때", 스스로 이런 질문을 던져보면 도움이 된다.

- 학습자가 반드시 다루어야 할 것은 무엇인가?
- 이 과제의 크기와 복잡성은 어느 정도인가?

범위가 클수록, 다음 단계를 더 주의 깊게 거쳐야 한다.

+ 2단계: 제거하고 선별하기

박물관 큐레이터는 늘 이런 어려운 결정을 내려야 한다. 행성 주제의 전시를 준비하고 있는 큐레이터는 최근 있었던 국제 우주 정거장 탐사에서 가져온 여러 종류의 로켓 엔진을 확보했다고 해도, 우주 여행을 주제로 한 차후 전시에서 사용하기 위해 그 자료를 보관하기로 결정할 것이다. 이렇게 불필요한 것을 덜어냄으로써, 각 행성과 관련된 유물과 멀티미디어 자료가 제대로 빛나게 된다.

"제거하고 선별하기" 단계에서는 스스로에게 이렇게 상기하라.

- 작업 기억은 제한된 자원이다. 과감히 덜어내라. 기억하라, 추가하는 모든 정보는 여러분이 정말로 생각하고 싶은 것과 경쟁하게 된다. 관련이 없는가? 버려라. 최우선순위가 아닌가? 둘 가치가 없다.
- 덜어내야 커진다. 무엇을 보여줄지 신중하게 큐레이션할수록, 학습자들은 작업 기억 공간을 확보해 가장 중요한 정보에 집중하고 실제로 처리하며 장기 기억에 저장할 가능성이 높아진다.

+ 3단계: 간격 두기

박물관들은 늘 이런 방식을 쓴다. 전시장에 들어섰을 때 모든 것이 하나의 선반에 빽빽하게 몰려 있는 경우는 거의 없다. 이것은 단순히 미니멀리스트 미학 때문이 아니다. 오히려, 관련된 유물과 정보를 서로 묶고 여러 방에 걸쳐 신중하게 간격을 두고 배치하여, 관람객이 압도당하는 느낌이 들지 않게 한다. 이렇게 간격을 두면, 관람객은 각 전시품에 집중하고 개별적으로 감상할 수 있을 뿐 아니라, 전시 전체가 어떻게 연결되는지도 생각해 볼 수 있다. 각 전시품이 자기만의 빛을 발할 공간이 주어지는 것이다.

"간격 두기"를 실천할 때는, 작은 단계를 떠올리자.

- 한 번에 맡기는 일의 크기를 줄여라. 과부하를 피하도록, 사람들이 한 번에 감당할 수 있는 양만 맡겨라.
- 쉬운 방법이 필요한가? 그저 학습자가 1단계를 끝내기 전에는 2단계를 꺼내지 않으면 된다.

큐레이터처럼 생각하기

자, 박물관이 아닌 바깥 현실에서 이 원칙은 어떤 모습일까?

여러분이 회사의 새로운 행사 기획 정책을 각 부서에 소개하는 세션을 맡았다고 해보자. 목표는, 참가자들이 장차 공급업체 선택 기준, 예상 일정과 커뮤니케이션 방식, 예산 책정, 그리고 경비 보고서 제출 등을 포함한 새로운 지침에 맞춰 행사를 기획하게끔 하는 것이다.

+ 1단계: 범위 파악하기

여러분은 이번 세션에 새로운 정보가 아주 많다는 것을 잘 안다. 여러 팀이 따라야 할 신규 프로세스를 소개하는 한편, 그중 일부 단계에 필요한 새로운 소프트웨어도 알려야 한다. 다뤄야 할 내용이 방대하기 때문에, 다음 단계에서 특히 주의를 기울여야 한다.

+ 2단계: 제거하고 선별하기

불필요하게 인지적 부담을 주는 요소를 줄이는 방법은 여러 가지가 있다.

- **디자인**: 슬라이드를 꼼꼼히 점검하라. 텍스트가 너무 많은지? 산만한 애니메이션이 있는지? 이 모두는 참가자들의 작업 기억을 괴롭힌다. 과감하게 단순화하라.
- **내용**: 핵심만 남겨라. 지금은 소프트웨어의 재미있는 추가 기능을 미리 보여줄 때도, 운영팀이 여러 예산 프로그램을 검토하다가 결국 이 시스템을 선택하게 된 배경을 길게 이야기할 때도 아니다. 참가자들이 반드시 알아야 하는 것에만 집중해, 작업 기억 공간에 불필요하게 채우지 않도록 한다.
- **환경**: 참석자들에게 노트북을 닫아 달라고 요청하라. 채팅이나 이메일 때문에 집중이 흐트러지지 않게 하기 위해서다. 새로운 플랫폼에서의 연습이 필요한 순간이 오면 그때 노트북을 켜 달라고 안내하면 된다. 기억하라, 참석자들이 받는 알림음 하나하나가 곧 작업 기억에 대한 부담을 주는 것이다.

+ 3단계: 간격 두기

세션에서 참가자들에게 모든 내용을 한꺼번에 제시한다면, 멍한 표정과 답답하다는 웅성거림을 마주할 각오를 해야 한다. 참가자들은 인지 과부하를 경험할 가능성이 높다. 대신, 그들이 한 번에 담아야 하는 정보의 양을 줄여라. 각 정보를 충분히 처리할 시간을 주어야 새로운 것을 소개할 때 이전 정보가 소멸되거나 간섭으로 인해 사라지지 않는다. 다음은 잘못된 예와 올바른 예이다.

잘못된 예: 경비를 새 시스템에 기록하는 8단계를 보여드리겠습니다. 나중에 필요하면 동영상으로 다시 보실 수 있습니다.
올바른 예: 이제 새 시스템에서 경비를 기록하는 방법을 차근차근 알아보겠습니다. 1단계부터 시작합시다. 제가 보여드린 다음, 같이 연습할 겁니다. 좋아요, 이제 2단계로 넘어갑시다.

중간에 잠깐 멈추고 참가자들에게 질문할 시간을 주는 것도 도움이 된다. 그럼 새로운 주제로 넘어갈 때 아직 남은 질문이 작업 기억의 자리를 차지하지 않게 할 수 있다. 반대로, 새로운 주제로 넘어가기 전에 멈춰 참가자들에게 질문을 할 수도 있는데, 5장에서 배운 인지 자원이 많이 필요한 사고를 적용하는 셈이다. 이렇게 하면 참가자들이 정보를 장기 기억으로 옮길 시간을 확보하게 되고, 간섭이나 소멸로 인해 정보가 사라지는 것을 막을 수 있다.

추가 고려사항

앞서 한 가지 예시만 다뤘지만, 인지 부하 이론의 중요성은 단순히 새로운 조직 프로세스를 도입하는 상황에 국한되지 않는다. 저자들 역시 절대 완벽하진 않아서, 청중들이 인지 과부하를 겪는 환경을 만들어낸 적이 있다. 다음 몇 가지 팁은 그런 상황을 피하는 데 도움이 될 것이다.

콘텐츠 제작

- 슬라이드, 뉴스레터, 전단지, 소셜 미디어 게시물, 영상, 이메일을 준비할 땐 핵심만 강조하고 나머지는 과감히 덜어내라. 콘텐츠를 작게 나눈 덩어리로 제시해 소화하기 쉽게 하라.

회의

- 미리 안건을 공유하라. 참석자들이 회의가 어디로 향할지 추측하느라 작업 기억을 낭비하지 않게 한다. 또한 이 방법은 각 안건이 감당 가능한 크기로 유지되게 한다.
- 초대 대상은 최소화하라. 불필요한 외재적 정보가 쏟아져 들어올 위험을 줄인다.
- 사전 읽기 자료를 점검하라. 당신이 공유한 전체 문서가 정말 필요한가, 아니면 발췌문이나 몇 줄 요약이면 충분한가? 대부분은 후자가 낫다.

내부 의사결정

- 크고 복잡한 의사결정은 작은 하위 결정으로 쪼개어 차례로 할 수 있게 함으로써, 내재적 부하를 줄여라.
- 결정 범위를 끊임없이 명확히 하라. (예: "우리는 이번 토론을 X와 Y로 제한하기로 결정했습니다. Z를 제기해 주신 것은 감사합니다만 이번 대화에서는 벗어난 주제라 제외하겠습니다. 나중에 더 다루어 보죠.").

프로젝트 온보딩

- 프로젝트에 새로 합류한 사람이 있는가? 지난 4개월간의 회의 노트 링크를 보내는 것은 아마 도움이 되지 않을 것이다. 새로운 팀원의 시간을 낭비하게

할 뿐만 아니라(정말 그 자료를 읽긴 할까?), 정보 과부하로 느껴질 수 있다. 회의록에는 불필요한 정보도 가득 있을지 모른다.

감정 관리

- 사람들이 자기 감정이나 타인의 감정을 관리하느라 애쓰는 동안, 그 자체가 작업 기억 공간을 차지하게 된다. 그만큼 실제 대화에 쓸 여유가 줄어든다. 감정을 위한 공간을 마련하고, 사람들이 한계에 다다랐음을 인식하라. 필요하다면 다른 시간에 다시 만나는 것이 나을 수 있다.

결론

그렇다, 작업 기억은 한계가 있다. 하지만 그렇다고 해서 반드시 우리의 가능성을 가로막는 것은 아니다. 불필요한 외재적 세부사항을 덜어내고 학습을 소화하기 좋은 작은 단위로 나누면, 학습자가 중요한 정보를 처리할 충분한 공간을 확보할 수 있다.

핵심 요점

* 작업 기억은 제한적이다. 너무 많은 정보가 쌓이면 인지 과부하가 발생하고 사고 과정이 제대로 작동하지 않는다.
* 과제의 인지 부하는 여러 요인에 의해 영향을 받는다.
    - **내재적 부하**: 과제 자체의 복잡성을 가리킨다. 큰 과제를 작은 단위로 분할하여 처리 가능한 수준으로 유지하라.
    - **외재적 부하**: 과제와 무관한 처리 과정에서 비롯된다 (예: 프레젠테이션 슬라이드에서 불필요하게 깜빡이는 애니메이션 보기). 불필요한 요소를 최소화해 학습자가 중요한 것에 집중할 공간을 확보하라.
    - **본질적 부하**: 지식 습득을 위해 반드시 필요한 인지적 처리 과정이다. 피해야 할 대상이 아닌 필수적인 부하이다. 이번 장에서 다룬 전략을 활용해 본질적 부하에 집중할 수 있는 여유를 만들어 주어야 한다.

채널 넘나들기

시각+언어 정보를 균형 있게 처리하라

저자 리베카는 액체 분량에 대한 감각이 둔한 편이다.

이미 양이 많은 수프를 끓이고 있는데도, 손님이 올 예정이고 주말엔 할머니댁에도 남은 음식을 가져다드릴 요량으로 리베카와 남편 매트는 양을 두 배로 늘리기로 했다. 두 사람은 역할을 나누었다. 리베카는 수프 조리를, 매트는 손님 맞이 준비를 맡았다.

리베카는 향신 채소를 썰어 냄비에 넣었다. 다른 채소들도 잘게 썰어 넣었다. "깍둑 썬 토마토 통조림 두어 개를 보태면 좋겠어"라고 생각하며 부었다. 단백질을 더하길 원하며, 콩 통조림 몇 개도 잡아 부어 넣었다. 다음은 육수였다. 점점 차오르는 수프 냄비에 육수 몇 병을 하나씩 부었다. 마침 텃밭에서 딴 채소가 일주일 안에 다 먹기 어려울 만큼 많았던 터라, 그것도 잘게 썰어 넣었다.

넘칠 듯한 냄비에 부어 넣은 채소를 막 젓기 시작하려던 찰나, 매트가 들어와서 "리베카, 안 돼!"라고 소리쳤다. 수프가 냄비 옆으로 흘러넘치기 시작했다. 매트는 재빨리 다른 냄비를 가져와 절반을 옮겨 부었다.

이후 육수와 채소로 뒤범벅된 쿡탑을 치우면서 리베카는 깨달았다. 두 개의 냄비를 쓰자. 같은 양의 수프도 두 개의 냄비에 나누어 담으면, 둘 다 문제없이 보글보글 끓일 수 있다. 수프가 흘러넘칠 필요 없이 말이다.

여러분이 이 책을 여기까지 읽어왔다면, 우리가 굳이 적절한 냄비 고르는 법을 열심히 알려주려고 이 이야기를 나눈 것이 아님을 아실 테다. 사실 우리 생각으로 들어오는 정보는 이 수프 이야기와 매우 유사하게 작동한다. 우리는 정보를 처리하는 여러 경로, 즉 **채널**channels을 가지고 있다. 그런데 한 채널에만 정보를 몰아넣으면 인지 과부하가 생긴다. 반면 같은 정보를 여러 채널에 나눠 담으면 무리없이 처리할 수 있다. 흘러넘치는 수프가 없듯.

이중 채널 가설

인지과학자들은 우리가 정보를 처리하는 데 두 가지 채널을 사용한다고 보는데* 다음과 같다.

- **시각 채널**: 이미지, 도표, 그리고 쓰여진 말이 여기에 해당된다.
- **언어 채널**: 대화, 내레이션이 여기에 해당된다.

앞서 살펴본 것처럼, 작업 기억은 한계가 있다(혹시 잊었다면, 9장을 다시 확인하라). 이 두 가지 채널을 어떻게 활용하는지 알면, 작업 기억의 한계를 어느 정도 넘어설 수 있다. 반대로, 이중 채널 가설을 이해하지 못한다면 인지 과부하를 일으키기 십상이다. 이제 구체적 예시로 설명해 보자.

과부하를 피하라

여러분이 집에 있는 변기를 수리해야 해서, 스스로 할 수 있는지 확인차 변기의 구조를 이해하려고 한다고 상상해 보자. 온라인에서 기사 하나를 클릭한다. 우리가 변기 물을 내릴 때 어떤 일이 일어나는지를 단계별로 설명하는 단락 몇 개가 있다. 각 단락에는 애니메이션이 포함되어

* 이중 채널 가설은 파이비오Paivio의 이중 부호화 이론과 바들리Baddeley의 작업 기억 이론의 일부다. 두 학파의 학자들이 각각의 하위 체계를 똑같이 정의하지는 않지만, 그 차이는 이 책의 독자들보다는 심리학 대학원생들에게 더 흥미로울 주제다. 10장에서는 두 이론이 공통적으로 보여주는 점과, 두 연구 흐름을 통해 밝혀진 주요한 발견들에 초점을 맞추어 살펴보려 한다.

있다.

연구자들은 이것이 인지 과부하를 일으키는 전형적인 방식이라고 한다. 단어(텍스트 단락)와 이미지(여러 개의 애니메이션)를 동시에 제공하면서 시각 채널을 과도하게 사용하고 있기 때문이다. 그럼 어떻게 해야 할까?

여러 연구에 따르면 정보를 언어 채널로 분산하는 것이 좋다고 한다. 이상적인 방법은, 애니메이션만 보고 그것이 유일한 시각적 입력이 되도록 하는 것이다. 긴 글을 읽는 대신, 누군가가 같은 내용을 내레이션하는 것을 들으면서 애니메이션을 본다면(일종의 설명 동영상을 생각해 보라), 인지 과부하가 발생할 가능성이 훨씬 줄어든다.

두 경우 모두 전달되는 정보의 양은 동일하다. 그러나 그것을 시각과 언어라는 두 채널에 나누면 어느 한쪽도 넘치지 않게 되어, 사고가 무너질 정도의 과부하를 피할 수 있다.

앞 장에서 우리는 작업 기억의 부담을 줄이기 위해 불필요한 내용을 덜어내는 방법을 다루었다. 그런 방식이 여기서는 통하지 않는다. 학습자들은 변기의 각 부분을 실제로 봐야 하고, 각각이 어떤 기능을 하고 어떤 순서로 작동하는지를 배워야 한다. 잘라낼 수 있는 외재적 정보가 없다. 그래서 정보를 처리하는 두 가지 경로(시각 및 언어)를 적극적으로 활용하는 것이 중요하다. 동일한 양의 정보를 두 채널에 나누어 담아, 작업 기억의 한계를 넘지 않게 할 수 있다.

부하를 줄이는 또 다른 방법은 학습자들에게 무엇에 주목해야 하는지 신호를 주는 것이다. 이러한 신호는 시각적 단서(화살표, 굵은 글씨, 색상 구분, 동그라미 표시, 그리고 다른 주석들)거나 언어적 단서("해야 할 세 가지가 있습니다. 첫째……")일 수 있다. 이렇게 하면 학습자가 무엇이 중요한지 찾느라 인지 자원을 쓰는 대신, 핵심 개념을 이해하는 데 집중할 수 있어 인지 부하를 줄일 수 있다.

기억을 강화하라

추가적인 장점도 있다. 정보를 처리하는 두 채널의 용도는 단순히 과부하를 피하는 것에 그치지 않고, 정보를 더 오래, 더 잘 유지하게끔 한다. **이중 부호화 이론**dual coding theory에 따르면 이미지와 단어가 결합될 때 기억에 더 잘 남는데, 이는 같은 정보를 기억할 수 있는 경로가 두 가지 생기기 때문이다.

예를 들어 이사 온 지 얼마 되지 않은 사람이 새 동네에 익숙해지려고 한다고 하자. 두 번째로 마트에 가는 길, 그 사람은 이렇게 중얼거릴 수 있다. "기억하자, 이스트 파크웨이East Parkway에서 우회전, 포플러 애비뉴Poplar Avenue에서 좌회전, 주차장으로 좌회전." 또 특정 시각 단서를 떠올리며 어디서 돌아야 하는지 기억해 볼지도 모른다. 아니면 머릿속에 경로를 그림처럼 그려보고 그것을 따라갈 수도 있다. 이처럼 언어(길 안내) 채널과 시각(경로 그리기) 채널을 함께 활용하면 마트에 가는 길을 기억할 수 있는 방법이 여러 가지가 된다.

또한 연구자들이 지적하길, 대체로 이미지가 지닌 세부사항을 같은 수준으로 제공하기 위해서는 '엄청난' 양의 언어적 정보(인지 과부하를 일으킬 만큼)가 필요하다고 한다. 이 때문에 이미지는 정보를 기억하는 데 더 효율적인 수단이 되는 경우가 많다.

물론 오해할 필요는 없다. 연구자들은 학습자가 단일 채널(예: 텍스트만 있는 기사)로 제시된 정보를 기억해낼 수 있다는 것을 발견했다. 또한 한 번에 하나의 채널씩 따로 제시되었을 때(예: 기사를 읽고, 그다음 동반된 이미지를 보기)에도 학습자가 내용을 회상할 수 있다는 점도 확인했다. 하지만 여러 실험에서, 인지과학자들은 동일한 정보를 두 채널을 통해 동시에 접한 학습자들(예: 애니메이션 위의 내레이션)이 다음과 같은 결과를 보였음을 밝혀냈다.

- 단순 기억력은 단일 채널로만 정보를 받은 통제 그룹과 큰 차이 없음.
- 문제 해결과 전이 과제(예: "작동 원리" 영상을 보고 그 정보를 활용해 변기를 수리하는 방법 알아내기)에서는 통제 그룹보다 훨씬 높은 점수를 받음.

핵심은 이것이다. 회상과 전이 능력을 높이고 싶다면, 언어 채널과 시각 채널을 모두 활용하라.

증거 기반 실행 가이드: 해야 할 일과 피해야 할 일

다음은 관련된 처리를 위한 공간을 확보하도록 돕는 효과가 실험을 통해 입증된 네 가지 전략의 목록이다. 이들 전략은 이중 채널 처리 과정dual-channel processing에 대한 이해를 활용해 불필요한 인지 부하를 줄인다. 목록에는 또한 언어 채널과 시각 채널을 동시에 활용해 기억 유지와 전이를 강화하는 전략도 포함된다.

[Don't] 발표 중 슬라이드를 읽지 마라

- **이유**: 슬라이드에 적힌 텍스트를 발표자가 그대로 읽는 발표를 들은 적이 있는가? 이 방식은 청중에게 불필요한 인지 처리를 강요하는 것인데, 청중이 발표자가 말하는 내용을 자신이 읽고 있는 내용과 억지로 맞춰보려고 애써야 하기 때문이다.
- **대안**: 이미지를 보여주거나 핵심 메시지만 제시하라. 나머지는 말로 설명하면 된다.

[Don't] 한 채널의 정보를 머릿속에 붙잡은 채 다른 채널의 정보를 이해하라고 요구하지 말라

- **이유 1**: 변기가 어떻게 작동하는지에 관한 애니메이션을 보여주고, 그 과정에 대한 설명은 글로 읽게 한다고 해보자. 학습자는 애니메이션의 여러 장면을 작업 기억에 붙잡아두면서 동시에 그 장면과 텍스트 설명을 일일이 연결해야 한다.
- **이유 2**: 그 반대도 문제다. 먼저 글로 정보를 읽게 하고, 그다음 애니메이션을 보여주면 학습자는 애니메이션을 보는 동안 읽었던 내용을 다시 떠올리며 맞춰야 한다.
- **대안 1**: 불필요한 인지 처리를 줄여라. 이는 정보를 동시에 제시함으로써 가능하다(예: 애니메이션 위의 내레이션). 이렇게 하면 학습자는 필요한 순간에 필요한 정보를 정확히 받을 수 있다.
- **대안 2**: 긴 글을 보면 이렇게 생각해 보자. "이것을 표, 흐름도, 또는 도표로

바꿀 수 없을까?" 명확한 제목이 있는 표로 텍스트를 바꾸는 것만으로도 시각 자료와 텍스트 사용의 장점을 활용해 기억 효과가 더 커질 수 있다. 텍스트 양을 최소화하면 언어 채널을 과부하시키지 않고 해낼 수 있다.

[Do] 중요 사항을 신호로 알려주어라

- **방법 1**: 시각 채널을 최대한 활용하라. 화살표, 굵은 글씨, 의도적 색상 코딩, 그리고 다른 주석들을 사용해 학습자의 시선을 어디에 두어야 할지, 무엇이 중요한지, 정보가 어떻게 연결되는지를 명확히 보여줄 수 있다. 언어 채널의 예시로는 "첫째," "1단계" 또는 "가장 중요한 것은…"과 같은 단서들이 포함된다.
- **방법 2**: 도표가 있다면 관련 라벨은 바로 옆에 두어라. 이런 중요한 정보를 페이지 구석에 있는 다른 문단에 숨겨놓지 말라.
- **이유**: 이렇게 하면 학습자들은 어디를 보아야 하는지, 무엇이 관련되어 있는지, 무엇이 중요한지 파악하느라 귀중한 작업 기억 공간을 낭비하지 않게 된다.

[Do] 학습자가 두 채널(언어와 시각)을 모두 활용하도록 유도하라

때때로 오디오와 텍스트 중 하나만 사용할 수 있는 제약이 있어서 두 채널을 동시에 활용하기 어려울 것이다(이 책도 그렇다! 사실 잘 만든 애니메이션 위에 내레이션을 얹어 드리고 싶지만, 인쇄물에서는 불가능하다). 그렇다고 해서 학습자가 두 채널을 전혀 쓰지 못하는 것은 아니다.

- **방법 1**: 시각적으로 떠올리기 쉬운 구체적인 사례나 비유를 사용한다. 학습

자에게 어떤 장면을 상상하게 하거나 관련 이미지를 떠올리게 하라. 예를 들어, "나무의 뿌리를 떠올려 보세요."

- **이유:** 학습자가 머릿속에 떠올린 시각적 이미지가 훗날 그 정보를 기억하는 단서가 된다.
- **방법 2:** 참조적 연결을 이끌어라. 단어와 이미지를 함께 제시한다면, 두 요소가 어떻게 관련되는지 학습자에게 설명하게 요청해 본다. 이때 구체적으로 답하게 하는 것이 좋다. 예를 들어, "텍스트의 어떤 부분이 도표의 어느 섹션과 연결되나요?"
- **이유:** 이렇게 언어와 시각을 연결(단어를 이미지와 관련짓기)하는 것은 단순한 기억력 향상뿐 아니라 문제 해결력과 전이 능력까지 높이는 것으로 알려져 있다.

이중 채널 가설을 활용해 효과적으로 소통하는 방법은 무엇일까? 다음 멘탈 모델에서 살펴보자.

실전 두 가지 정보 처리 전략

기상캐스터

핵심 아이디어: 두 가지 정보 처리 채널, 언어 채널과 시각 채널을 모두 활용해 작업 기억의 한계를 극복하고 학습한 내용을 더 오래 유지하자.

멘탈 모델 Mental Models

작업 기억의 한계를 뛰어넘고 기억을 강화하려면, 자기 안의 기상캐스터를 불러내어 다음 두 가지를 실행해 보자.

- **일기도 위에 설명하기:** 이미지 위에 내레이션을 얹듯이, 언어와 시각 채널을 동시에 활용하라.
- **일기도에 표시하기:** 진행하면서 핵심 정보를 짚어라.

무슨 뜻인지 좀 더 자세히 살펴보자.

+1단계: 일기도 위에 설명하기

이 단계에서는 이미지 위에 설명을 얹음으로써 언어 채널과 시각 채널을 동시에 활용해야 한다. 지역 뉴스 채널에서 날씨 방송을 볼 때를 떠올려 보라. 방송국은 시청자들이 일기예보를 담은 긴 글을 읽는 동시에 움직이는 지도를 보게 하진 않는다. 대신 기상캐스터는 지도 위에 표시되는 날씨 패턴의 움직임을 실시간으로 해설한다. 정보를 전달할 때도 이와 같은 방식을 취하라.

날씨 방송을 직접 진행하지 않더라도, 다른 맥락에서도 '기상캐스터처럼 말하기'를 충분히 활용할 수 있다. 한 동료가 사용자 참여도가 매우 낮은 구형 제품에 대한 고객 피드백을 정리하는 업무를 맡았다고 하자. 팀에게 보고하기 앞서 그는 발표 초안을 여러분에게 보여주며 피드백을 요청한다. 여러분은 이때 이중 채널 처리 지식을 활용해, 다음과 같이 수정 사항을 제안할 수 있다.

동료가 보낸 자료

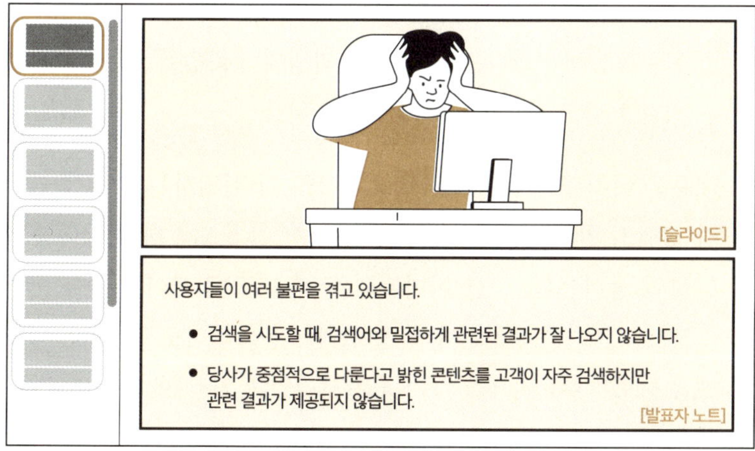

당신의 제안

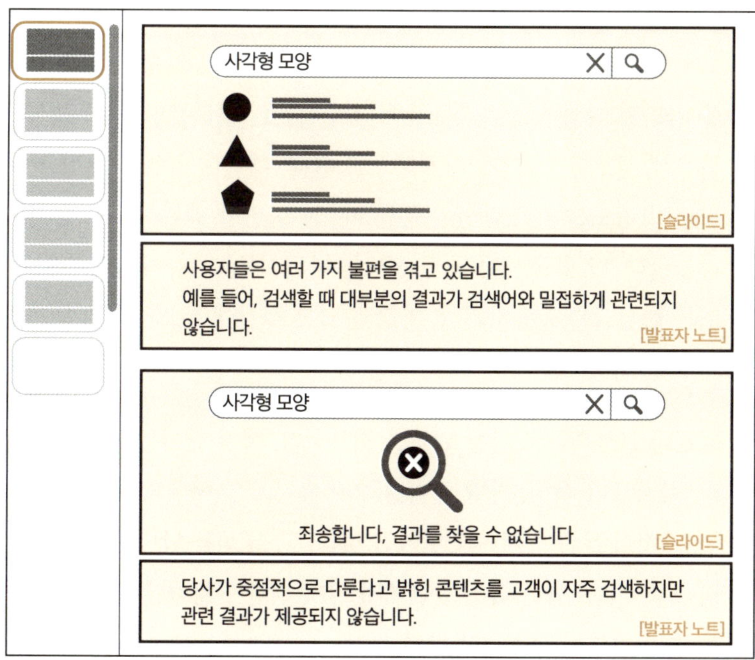

왜 이러한 수정이 필요할까? 동료가 슬라이드를 텍스트로 가득 채우지 않은 것은 잘했지만, 문제는 청중이 각 이슈가 어떤 모습인지 스스로 상상해야 한다는 것이다. 그 과정에서 화면에 보이는 이미지는 시각 채널의 공간을 두고 경쟁하게 된다.

내용을 여러 슬라이드로 나누고, 발표자가 설명하는 순간 그 설명과 정확히 일치하는 이미지를 제시하면 인지 과부하가 일어날 가능성이 줄어든다. 또한 이미지와 고객 피드백 사이의 참조 연결referential connections을 촉진한다. 특정 결과에 동그라미로 표시하는 것도 핵심 정보에 주목하게끔 하는 좋은 사례인데, 2단계에서 살펴보자.

+ 2단계: 일기도에 표시하기

이 단계는 진행하면서 핵심 정보를 짚어주는 것이다. 기상캐스터가 뉴스를 전할 때를 떠올려 보면, 그들은 손짓으로 지도의 특정 부분을 가리켜 시청자가 어디에 주목해야 하는지 알려준다. 또한 색상을 활용해 정보를 더 쉽게 이해하도록 한다. 예컨대 폭풍의 가장 강한 지점이 지도를 가로질러 이동할 때, 이를 진한 빨간색으로 표시해 강조한다. 만약 동시에 많은 정보를 다뤄야 한다면, 제목이나 라벨, 또는 화살표를 활용하거나, 가장 중요한 부분에 동그라미로 표시하기도 한다.

발표나 글쓰기에도 같은 원칙을 적용한다. 핵심 단어는 굵게 처리하라. 화살표나 색상, 라벨을 활용해 학습자가 무엇에 주목해야 하는지, 그것이 무슨 의미인지 알게끔 하라. 단, 수식을 남발하지는 말자. 지나치게 많으면 오히려 산만해져 인지 부하가 늘어난다. 정말 중요한 것만 선별해 강조해야 한다.

동료 직원에게 다음과 같이 조언할 수 있다.

동료가 보낸 자료

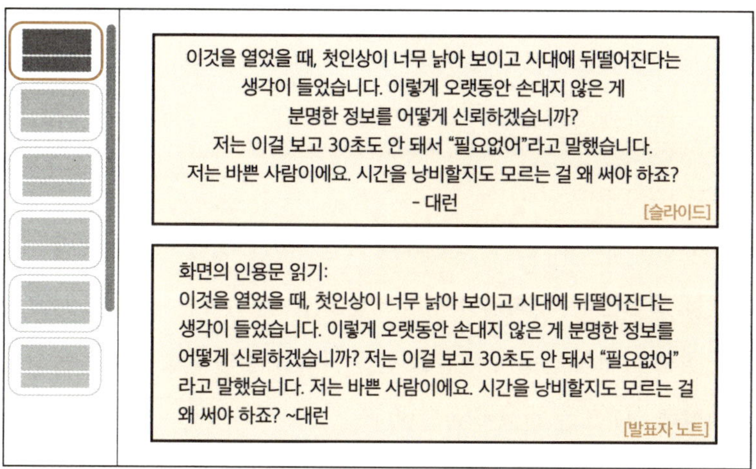

당신의 제안

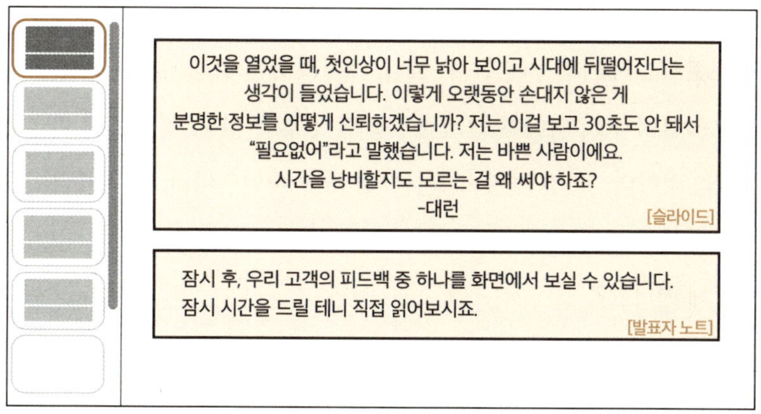

이러한 변화는 두 가지 면에서 도움이 된다. 첫째, 청중이 슬라이드에 적힌 내용을 발표자의 말과 맞춰보느라 불필요한 처리 과정을 거치지 않아도 된다. 둘째, "일기도에 표시하기" 관점에서, 글자를 굵게 처리하는 것은 무엇이 중요한지 신호를 준다. 그 결과 작업 기억은 "발표자가 무엇을 강조하려는 거지?"와 같은 추측보다 의미를 파악하는 핵심적 처리에 사용된다.

한 단계 더: 연결 구조를 그려라

앞에서 소개한 단계들은 인지 과부하를 피하고 학습 내용을 오래 기억하는 데 도움을 준다. 하지만 여기서 한 걸음 더 나아갈 수 있다. 시각 자료와 정보 사이의 참조적 연결을 만들 기회를 주면 학습한 내용을 새로운 상황에 적용하는 전이가 촉진된다.

우리는 이미 동시 내레이션과 애니메이션이 이러한 연결 짓기에 도움이 되는 방법이라고 언급한 바 있다. 학습자가 듣는 정보가 보는 장면과 실시간으로 일치하기 때문이다. 따라서 어떤 정보가 이미지의 어떤 부분과 연결되는지 자연스레 알 수 있다. 애니메이션 위의 내레이션을 활용하기 어렵더라도, 이러한 연결을 유도할 방법은 있다. 청중에게 이렇게 말하는 것이다. "이건 포커스 그룹에서 나온 발언입니다. 앞선 슬라이드에서 보셨던 문제들과 관련해서, 이 사람이 지적한 부분 가운데 어떤 점이 눈에 띄나요?"

물론, 이런 방식만이 발표를 개선할 유일한 방법은 아니다. 이러한 예시를 통해 우리가 전하려는 핵심은, 당신 안의 기상캐스터를 불러낸다면 훨씬 효과적인 커뮤니케이션이 가능해지리라는 사실이다.

결론

우리는 모두 인지 과부하를 피하고 싶어 한다. 그러나 종종 그 유일한 방법이 정보를 줄이는 것이라고 착각하곤 한다. 물론 불필요한 내용을 덜어내는 것이 중요한 기술이긴 하지만, 그 못지않게 중요한 것은 정보를 언어 채널과 시각 채널에 걸쳐 어떻게 분산할 수 있을지 고민하는 일이다.

핵심 요점

* 우리가 정보를 처리할 때 언어와 시각 두 채널을 활용한다는 사실을 이해하는 것은 중요하다. 그 이유는 다음과 같다.
  - 한 채널의 작업 기억 부담을 덜고, 다른 채널로 정보를 옮겨 실어줄 수 있기 때문이다.
  - 굵은 글씨, 동그라미 표시, 색상 구분 등을 활용해 학습자들이 시각 채널 중 어디에 주목할지 알려줌으로써, 무엇이 중요한지 파악하느라 귀중한 작업 기억 공간을 허비하지 않아도 된다.
* 보너스 효과가 있다.
  - 정보를 두 채널로 제시하면, 학습자가 기억할 수 있는 경로도 두 가지가 되어 기억 유지력이 향상된다.
  - 이미지와 정보를 연결하도록 유도하면, 단순 암기뿐 아니라 문제 해결력과 전이 능력까지 높아진다.

성공의 레시피

예제 풀이로 이해를 도와라

사용설명서의 역사는 오래되었다. 그 이유는 아마도, 수세기 동안 사람들이 어디서 시작해야 할지 전혀 모르겠는 과제를 수행해야 했기 때문일 것이다.

서기 3~4세기경, 이집트 파노폴리스에서 활동한 그리스계 연금술사 조시모Zosimos of Panopolis는 연금술 지식(금속을 금으로 바꾸려는 시도)이 공개되어야 한다고 믿었다. 조시모는 타락한 천사들에게서 전해 내려온 것으로 알려진 수많은 레시피와 실습 지침으로 가득한 매뉴얼을 만들었다.

중세에는 수술 방법 같은 주제를 담은 손바닥 크기의 매뉴얼이 인기를 끌었다. 이런 책은 "바데 메쿰vade mecum"이라고 불렸는데, 라틴어로 "나와 함께 가라"는 뜻이다. 물론 이런 매뉴얼들이 중요한 지식에 대한 접근을 넓힌 점은 훌륭하지만, 집도의가 수술 중에 주머니에서 '수술법 단계별 가이드북'을 꺼내 들여다보는 모습을 보면, 그다지 큰 신뢰가 생기진 않았을 것이다.

인쇄기가 등장한 이후, 매뉴얼은 폭발적으로 늘어났다. 1683년 조셉 목손Joseph Moxon은 『목손의 기술 연습Mechanick Exercises』이라는 책을 인쇄했는데, 이는 인쇄기 사용법을 다른 사람들에게 가르쳐주는 책이다. 이와 같은 매뉴얼 덕분에 누구나 전문 직업 기술을 배울 수 있게 되었다. 사상 처음으로 길드에 속하거나 도제를 거치지 않고도 무언가를 배울 수 있게 된 것이다.

인지과학자들은 사용설명서에서 흔히 볼 수 있는, 단계별로 그림과 풀이가 곁들여진 해법을 "**예제 풀이**Worked Examples"라고 부른다. 이런 방식이 오랫동안 쓰여온 데는 이유가 있다. 예제 풀이는 누군가가 한 번도 해본 적 없는 일을 하도록 돕는 가장 효과적인 방법이다. 물론, 그 이유는 (사람의) 인지 과정에 기반해 있다. 다행히도 우리는 타락한 천사들의 전언이 아니라, 수십 년에 걸친 연구 결과를 통해 그 이유를 이해할 수 있게 되었다.

예제 풀이란 무엇인가

가장 기본적으로, 예제 풀이는 제시된 문제의 해법을 보여준다. 익숙한 주제인 곱셈을 예로 삼아 함께 살펴보자. 곱셈은 흔히 초등학교 2~3학년에 처음 배우게 된다. 초등학생에게 처음으로 곱셈을 가르친다면, 아래와 같은 예제 풀이를 보여줄 수 있다.

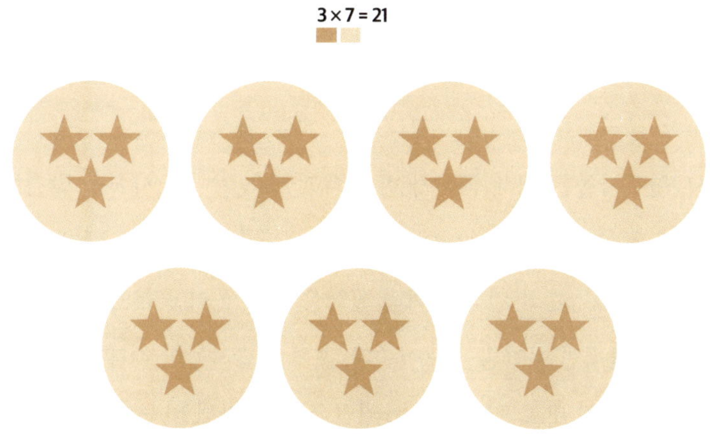

대부분 사람에게는 당연해 보일지 모르지만, 여기서 무슨 일이 일어나고 있는지 눈여겨볼 필요가 있다. 이 사례는 꽤 효과적인 예제 풀이인데,

단순히 답(21)만 보여주는 것이 아니라, 그 답에 이르는 과정(3의 동일한 7개 묶음)도 함께 보여주고 있기 때문이다. 물론 이것이 유일한 예제 풀이는 아니다. 이런 덧셈식으로도 보여줄 수 있으니까. 3 + 3 + 3 + 3 + 3 + 3 + 3 = 21.

이 예시처럼, 많은 예제 풀이는 도표와 다른 주석을 포함한다. 예컨대 최근에 가구를 조립할 때 썼던 설명서 속 그림을 떠올려 보라.

어떤 예제 풀이는 절차나 단계별 지침을 담기도 하지만, 반드시 그런 것은 아니다. 예를 들어, 2013년 슬라바 칼유가Slava Kalyuga와 동료 연구자들이 참가자들에게 글쓰기 과제를 제시하면서 모범 에세이를 함께 제공했는데, 여기에는 주석이나 단계별 지침이 전혀 없었다. 그럼에도 불구하고 참가자들의 글쓰기 실력은 효과적으로 향상되었다. 즉, 시각 자료가 있든 없든, 주석이 달려 있든 없든, 단계별 지침이 있든 없든, 핵심은 학습자들이 정확한 해법을 보고, 가능하다면 그 해법에 이르는 명확한 경로까지 확인할 수 있어야 한다는 점이다.

수학, 물리학, 컴퓨터 프로그래밍, 기계학, 글쓰기와 같은 다양한 분야에서, 연구자들은 예제 풀이가 학습 효과를 높인다는 사실을 발견했다. 존 스웰러John Sweller와 그레이엄 A. 쿠퍼Graham Cooper의 1985년 예제 풀이 연구를 시작으로, 수십 년간의 여러 실험은 예제 풀이 공부가 새로운 것을 배우는 효율적인 방법임을 보여준다. 초보 학습자들이 예제 풀이를 공부하면, 처음부터 바로 연습으로 들어간 집단에 비해 비슷한 문제를 더 짧은 시간 안에 스스로 풀 수 있었다. 또한 예제 풀이를 공부한 학습자들은 독립적인 학습 과정에서 오류도 더 적게 범했다.

그렇다면 인지적으로 말해 예제 풀이는 어떻게 도움이 되는 걸까? 2장에서 이미 배웠듯이, 우리는 추상적인 이론보다 구체적 사례를 더 쉽게 기억한다. 이것이 예제 풀이가 그토록 강력한 이유다. 예제 풀이는 단순히 절차상의 단계만 나열하는 것이 아니라, 실제 문제 해결 과정이 어떻게 전개되는지를 구체적인 예로 보여준다.

하지만 예제 풀이가 유용한 이유는 그뿐만이 아니다. 완전히 새로운 일을 시도할 때, 우리는 먼저 몇 가지를 파악해야 한다. 이것이 어떤 유형의 문제인지, 어떤 해결 방법이 가장 좋은지 등을 알아내야 하는 것이다. 예제 풀이는 이 과정을 훨씬 수월하게 한다.

앞서 다룬 곱셈 예제를 떠올려 보자. 만약 여러분이 3학년 학생이고 처음으로 3 × 7을 본다면, 먼저 이것이 곱셈 문제라는 것과 그것이 무엇을 의미하는지(동일한 묶음에서 전체 수를 찾는 것)를 이해해야 한다. 그 다음에는 그 문제를 해결할 수 있는 안정적인 전략을 찾아야 한다(3씩 7번 세기). 심지어 그 모든 전략을 알아낸 후에도, 여전히 실제 계산을 실수 없이 끝까지 수행해야 한다(오류 없이 3씩 세기). 이는 여덟 살짜리 아이에게는 상당히 벅찬 일인데, 한 번에 머릿속에 많은 것을 담아두어야 하기 때문이다. 초보 학습자들에게는 인지 과부하로 이어지곤 한다.

하지만 예제 풀이가 있다면, 학습자는 효과적일 법한 전략을 찾기 위해 일일이 모든 가능성을 헤맬("도표를 그려야 할까? 더해야 할까?") 필요가 없다. 풀이 과정을 이미 받았기에, 그 대신 학습자는 각 단계가 어떻게 해답에 이르게 하는지를 이해하는 데 작업 기억을 활용할 수 있다(예: "왜 원마다 별 세 개를 그렸을까?").

예제 풀이가 있을 때, 학습자의 초점은 문제 해결("이 문제를 어떻게 해결할까?")에서 **학습**learning("이것이 어떻게 작동할까? 이 전략이 앞으로 이런 문제를 푸는 데 어떻게 도움이 될까?")으로 전환된다. 인지과학의 언어로 표현하면, 학습자는 구체적 해법의 각 요소를 공부하고 이를 장기 기억에 저장하는 것이다. 이렇게 저장해 두어야, 이후 필요할 때 손쉽게 꺼내 쓸 수 있다.

분명 예제 풀이는 특정 주제에 대해 학습자가 알아야 할 모든 것을 알려주지는 않는다. 학습자가 예제 풀이의 도움 없이 문제를 풀 수 있게 되면, 다른 문제 유형들을 통합하기 시작해야 한다. 이렇게 해야 학습자가 문제의 유형을 스스로 파악하고, 가장 적절한 해결 방법을 결정하는 연습을 할 수 있다. 따라서 예제 풀이가 만능 해결책은 아니지만(그런 것이 있긴 한가?), 누군가의 공부 도구함에 새로운 전략을 추가하게 할 가장 효율적인 방법 중 하나임에는 틀림없다.

이해한다는 착각

앞서 살펴본 여러 장점에도 불구하고, 사람들은 예제 풀이를 썩 잘 활용하지 못한다. 새 물건 상자를 열고 설명서를 한번 힐끗 보며 "쉽네?" 생각했다가, 막상 쓰려고 하자 "잠깐, 뭐였지?" 되뇌게 된 경험이 얼마나 많았는가?

이 현상을 더 잘 이해하기 위해, 1997년에 연구자 알렉산더 렌클Alexander Renkl은 예제 풀이로부터 학습한 그룹(능률적 학습자)과 그렇지 않은 그룹(비능률적 학습자)을 비교했다. 그는 참가자들에게 예제 풀이를 보면서 무엇을 생각하고 있는지 설명하도록 요청하여 학습자의 사고 과정을 더 깊이 파악하려 했다.

이 과정에서 학습자들이 예제 풀이를 따라가며 자신의 사고 과정을 설명하는 것을 듣고, 연구자들은 두 가지 유형의 비능률적 학습자를 발견했다.

- **수동적 학습자**는 거의 아무런 설명을 하지 않았다. 쉽게 말해, 이 그룹은 예제 풀이를 보면서 별다른 사고 활동을 하지 않고 있었다.
- **피상적 학습자**는 좀 더 많이 표현하긴 했다. 하지만 능률적 학습자들과 비교했을 때, 각 예시에 들이는 시간이 훨씬 짧았다. 즉, 각 전략을 충분히 이해하지 않은 채 너무 빨리 지나가 버렸다.

이 실험 참가자 대부분이 이런 비능률적 학습자에 속했다는 점을 우리는 기억해야 한다. 후속 연구가 보여주듯, 많은 사람이 예제 풀이를 보곤 수동적이고 피상적인 설명자들처럼 스스로를 속인다. 정보를 장기 기억에 저장하도록 도와주는 심층 처리deep processing를 수행하는 대신, 자동차 매뉴얼의 단계별 설명을 대충 훑어보고 "알겠어"라고 착각하고 만다.

그리고 여러 연구에서 반복적으로 드러난 사실은, 우리가 진실로 이해하지 못한다는 것이다. 인지과학자들은 이를 "**이해한다는 착각**illusion of understanding"이라고 부른다. 이 착각에 빠진 학습자들은 예제 풀이를 보며 이해한다고 느끼지만, 실제로는 스스로 문제를 풀 수 없다.

이 현상은 누구나 공감할 만하다. 여러 연구가 공통적으로 지적하는 것은, 많은 사람(우리를 포함하여)이 예제 풀이를 통해 제대로 학습하려면 도움이 필요하다는 점이다. 다행히도, 연구자들은 학습을 돕는 특히 효과적인 방법을 몇 가지 찾아냈다.

예제 풀이 최대한 활용하기

능률적 학습자와 비능률적 학습자가 있는 렌클의 연구로 다시 돌아가 보자. 능률적 학습자는 대체 무엇을 했기에 그렇게 유능했을까? 능률적 학습자는 두 가지 유형의 추론을 활용했다. 의미 중심 추론meaning-focused reasoning과 예측적 추론anticipative reasoning이다.

> **의미 중심 추론**은, 말 그대로 과정의 각 단계에 의미를 부여하는 것이다. 곱셈 예제를 다시 생각해 보면 학습자가 "7은 동일한 묶음의 개수를 나타내고, 3은 각 묶음에 들어 있는 사물의 개수를 보여준다." 라고 말하는 식이다. 학습자는 각 숫자에 의미를 부여한다.
>
> **예상 추론**은 학습자가 풀이의 다음 단계를 예측하는 경우다. 보통 자신이 이해했는지 확인하기 위해 이 방법을 사용한다. 예를 들어, "좋아, 이제 다음 단계는 전체를 구하는 거야. 3을 7번 세어 보자. 3, 6, 9, 12, 15, 18, 21. 맞아, 답이 나왔네! 총합은 21이야."

자기 설명 | Self-Explanation

렌클과 동료들은 학습자들이 의미 중심 추론을 더 자주 하도록 유도하기 위해, "**자기 설명**Self-Explanation"이라고 부르는 전략을 사용했다. 이 전략은 학습자들에게 각 단계의 목적을 설명하게 하거나("왜 각 원에 별이 세 개 있을까?") 과정의 각 단계에 깔려 있는 원리를 찾게끔 유도하는 것이다.

왜 이것이 도움이 될까? 이러한 질문은 학습자가 예제 풀이를 다룰 때 일어나는 사고의 질을 여러 측면에서 향상시킨다. 학습자의 주의를 예제 풀이에서 가장 중요한 것, 즉 해결에 도달하는 단계들이 무엇이며, 왜 이 맥락에서 사용되는지에 집중하도록 이끈다. 이는 또한 학습자들이 심층 처리를 수행하도록 강제한다. 앞서 여러 장에서 알아본 것처럼, 심층 처리는 학습자들이 나중에 그 정보를 더 잘 기억하게끔 한다. 게다가, 학습자가 예제 풀이에서 보고 있는 것과 이미 알고 있는 지식을 통합하도록 돕는다.

이러한 질문을 추가하는 데 시간을 들일 만한 분명한 가치가 있다. 렌클과 동료들이 대수학부터 논증에 이르기까지 여러 차례 실험을 통해 확인한 바에 따르면, 학습자들이 예제 풀이를 보면서 자기 설명을 해야 할 때, 그렇지 않은 학습자들보다 더 많이 배웠다. 구체적으로, 기초 기억력, 영역 지식, 근거리 전이(표면적 특징은 다르지만 심층 구조는 같은 문제) 그리고 원거리 전이(표면적 특징도 다르고 심층 구조도 다른 문제)의 측정에서 더 나은 성취를 보였다. 다시 말해, "자기 설명" 학습자들은 더 많이 배울 뿐 아니라, 예제 풀이로부터 배운 것을 새로운 과제를 독립적으로 수행하는 데도 활용할 수 있게 된다.

점진적 제거 | Fading

연구자들은 또한 학습자들이 예제 풀이를 볼 때, 능률적 학습자들이 하듯 예상 추론적 사고를 하게끔 유도하는 방법을 찾고자 했다. 이를 위해 시작한 것이 바로 예제 풀이의 "**점진적 제거**fading"다. 예를 들면 이런 식이다.

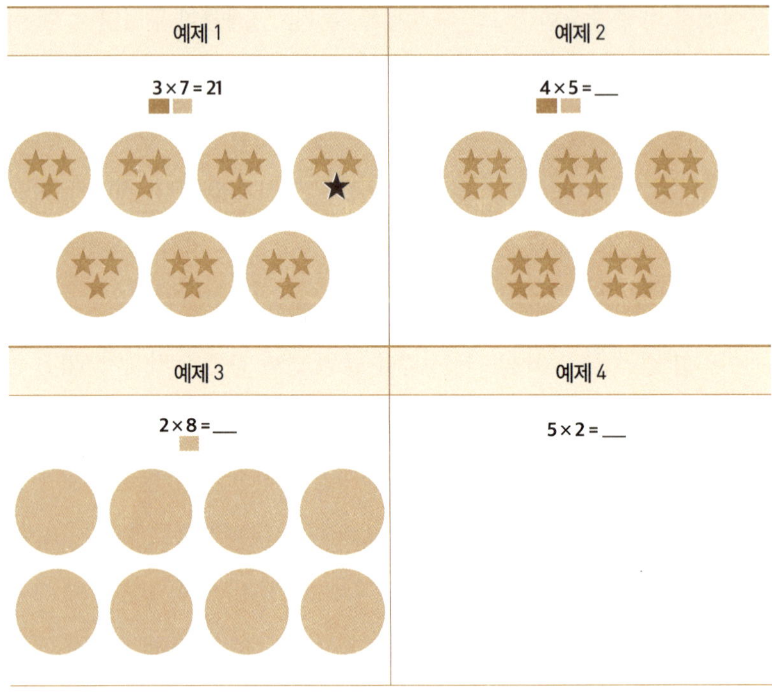

그림에서 보듯 점진적 제거가 적용된 예제 풀이에서는 해결 단계가 한 번에 하나씩 빠지며, 결국 학습자가 문제 전체를 스스로 풀게 된다. 그렇다면 점진적 제거가 유용한 이유는 뭘까?

첫째, 학습자의 능동적 처리를 촉진한다. 문제 일부를 스스로 완성해야 하므로 수동적으로 바라보는 것만으로는 부족하다. 학습자는 반드시 예상 추론을 할 수밖에 없어서, 다음에 무엇이 나와야 하는지를 확인하고 직접 채워 넣어야 한다.

둘째, 이 방법은 인지과학자들이 말하는 "인출 연습retrieval practice"의 한 형태로도 작용한다. 예제 풀이의 빠진 단계를 완성하려면, 장기 기억에서 다음 단계를 "인출"해야 하기 때문이다. 이 과정을 반복할 때마다, 기억 흔적이 강화된다.

셋째, 점진적 제거는 인지적 도제cognitive apprenticeship 모델을 따른다. 다 채워진 예제에서 시작해 채워야 할 책임이 점차 학습자에게 넘어가는 방식은, 학습자의 배경지식 성장에 맞춰 과제의 난이도를 조정하는 것이다. 덕분에 새로운 정보를 학습할 때 학습자들은 도움 받기와 주도적 학습 사이의 균형을 유지하게 된다.

점진적 제거가 있는 예제 풀이가 강력한 전략임을 보여주는 근거가 있다. 쿠엔틴 D. 앳킨슨Quentin D. Atkinson이 이끈 2003년 연구에서는, 점진적 제거가 있는 예제 풀이로 공부한 학습자들이 완전한 예제 풀이로 공부한 학습자들보다 비슷한 구조의 새로운 문제, 즉 근거리 전이 과제를 더 성공적으로 해결했다. 또 당연하게도 예제 풀이를 전혀 보지 못한 학습자들보다는 훨씬 뛰어난 성과를 냈다.

연구자들은 점진적 제거와 관련해 몇 가지 중요한 점을 더 알아냈다. 순서가 중요하다는 것이다. 앞에서 본 곱셈 예제처럼 역순으로 단계를 제거하는 것이 더 효과적이다. 차례로 보면, 마지막 단계인 해답을 생략하고, 그 다음엔 마지막에서 두 번째 단계인 각 원에 있는 사물의 개수를 생략하는 방식이다. 연구 결과에 따르면 반대로 처음 단계부터 빼 버리는 방식은 효과가 떨어진다.

점진적 제거를 자기 설명 방식과 결합하면("각 원에 몇 개의 별을 그려야 하는지 어떻게 알았는가?"), 효과는 더욱 커진다. 앳킨슨과 동료들이 근거리 전이와 원거리 전이 과제에서 아주 큰 효과를 발견한 것이 바로, 점진적 제거를 앞에서 설명한 자기 설명을 요하는 질문과 함께 제시한 경우였다.

예제 풀이 활용 추가 팁

앞 장에서 설명했듯, 피드백은 매우 중요하다. 학습자가 자기 설명이나 예상 추론을 하도록 유도할 수 있지만, 자기 답이 틀렸는데도 달리 피드백을 받지 못한다면 전혀 도움이 되지 않는다. 사실 그 이상으로 심각한 문제다. 잘못된 것을 계속 연습하는 꼴이다. 부정확한 정보가 장기 기억에 저장되기 때문이다.

반드시 자기 설명과 점진적 제거를 통해 능동적 처리를 유도하는 동시에 학습자에게 피드백을 제공할 방법을 찾아야 한다. 가령 다음 방법을 고려할 수 있다.

- 학습자의 응답 정확성에 대해 실시간 피드백을 제공하라.
- 학습자가 다음 단계를 선택하게 하거나, 내재된 기본 원리를 선택지에서 찾아내게 하라. (예: "이 숫자는 무엇을 의미하는가? 1) 동일한 묶음의 수, 2) 각 묶음 안의 수, 3) 총합"). 학습자가 선택하면 즉시 정답 여부를 알려주고, 틀렸다면 수정 기회를 준다.
- 학습자가 먼저 독립적으로 답을 작성하게 한 뒤, 모범 답안을 제공해 자신의 답과 비교하게 한다.

이 모든 방법은 학습자가 예제 풀이를 올바르게 이해하고 정보를 정확하게 내재화하고 있는지 확인하는 데 도움이 된다. 다시 말해, "이해한다는 착각"에 빠지지 않고 실제로 예제 풀이로부터 학습 효과를 얻도록 한다.

또 다른 주의점은 모든 예제 풀이가 똑같이 효과적인 것은 아니라는 것이다. 앞 장에서 보았듯이, 연구자들은 예제 풀이에 도표diagram가 함께 제시될 때에는 반드시 주석annotation을 도표 내에 적어두어야 함을 발견했는데, 그렇지 않으면 (의도와 달리) "**주의 분산 효과**split-attention effect"가 발생한다. 학습자가 텍스트와 시각 자료를 계속 번갈아 보게 되면서 불필요한 인지 부하가 생기기 때문이다.

마지막으로, 예제 풀이는 새로운 것을 배우는 사람들에게 특히 이상적이다. 연구자들은 이를 "**전문성 역전 효과**expertise reversal effect"라고 부른다. 이제 알다시피, 초보 학습자는 독립적으로 문제를 풀어보기 전에 예제 풀이를 공부할 기회가 있을 때 훨씬 더 효율적으로 배운다. 초보자일수록 그 효과가 크다. 반면에 전문가들은 자신의 전문 영역에서는 예제 풀이를 보는 것보다 문제 해결에 바로 뛰어드는 것이 더 효과적이다. 이미 곱셈을 할 줄 아는 사람에게 예제 풀이를 다시 공부하게 하는 것은 스키마에 별다른 도움을 주지 않는다. 오히려 그것을 공부하는 데 시간을 들이면 작업 기억에 불필요한 부담을 줄 수 있다.

실전 예제 풀이

요리 쇼

핵심 아이디어: 새로운 과제를 시도하게 할 때, 예제 풀이를 제공해 학습자의 부담을 줄이도록 지원하라.

멘탈 모델 Mental Models

어떤 주제에 처음 입문하는 사람이 무언가를 배우게 하려면, 즐겨 보는 요리 쇼의 형식을 참고해 보는 것이 좋다.

+ 팁 1: 레시피(예제 풀이)를 제공하라

레시피는 예제 풀이와 마찬가지로, 단계별 지침을 제공한다. 숙련된 제빵사들은 레시피 없이도 빵을 굽고, 고전적 레시피에 자신만의 변화를 주거나, 심지어 새로운 레시피를 만들어낼 수도 있다. 초보자에게 레시피는 핵심적이다. 빵을 구워 본 적이 있다면 알 것이다. 최고의 레시피는 단순히 할 일만 알려주는 것이 아니다. 반죽이 어떻게 보여야 하는지, 어떤 소리가 나고 어떤 냄새가 나야 하는지, 각 구성 요소가 어떤 맛과 질감을 가져야 하는지까지 알려준다.

이를 실생활에 적용하면 다음과 같다. 여러분이 관리하는 직원 중 한 명이 조직 개편으로 인해 새로운 업무를 맡게 되었다고 생각해 보자. 그 직원의 새 업무 중 하나는 매주 블로그 포스트를 작성하는 것이다. 그런데 그 직원은 한 번도 블로그를 써 본 적이 없기 때문에 불안하다고 일대일 면담에서 이야기한다.

이때 여러분은 다음과 같이 "레시피"를 줄 수 있다.

1. 먼저 여러분이 원하는 글쓰기 유형을 잘 보여주는 기존 블로그 포스트를 가져온다. (예: 참여도가 높았던 글, 조직에서 새롭게 시도하려는 형식을 보여주는 글, 혹은 그 직원이 앞으로 써야 할 좋은 글의 사례) 이것이 바로 그 직원에게 예제 풀이가 된다.
2. 그 글에 주석을 달아, 첫 번째 포스트를 쓸 때 사용할 "재료"를 표시해 준다. 예를 들어, 다음 "재료"에 밑줄을 긋고 라벨을 붙일 수 있다.

① 도입부Hook: 일화, 실제 사례, 데이터, 인용문

② 주제문Topic sentence: 핵심 아이디어를 명확하게 진술한 문장

③ 설명Explanation: 주제를 확장하는 몇 개의 문장과 적어도 하나의 구체적인 예시

④ 다음 행동 유도Call to Action: 독자가 직접 시도할 수 있는 전략과 이메일 구독을 유도하는 다운로드 가능한 자료 링크

+ 팁 2: 자기 설명을 유도하는 인터뷰를 하라

대부분의 요리 쇼에는 진행자가 참가자들 사이를 돌아다니며 무엇을 하고 있는지 설명하게 하는 장면이 자주 나온다. 여기서 인터뷰 질문들(예: “왜 그렇게 했나요?” “그래서 이걸 다 섞은 후에, 다음은 뭔가요?”)은 실제로 인지과학자들이 이해를 촉진한다고 밝혀낸 자기 설명 유도 질문과 놀라울 만큼 유사하다. 누군가를 예제 풀이로 도와주어야 할 때, 요리 쇼의 이런 전형적 방식을 사용해 보자.

앞선 예시에서, 직원에게 보냈던 주석 달린 블로그 포스트를 시간을 내서 함께 검토해 볼 수 있다. 회의에서는 이렇게 말해 보자. “쓰셔야 할 포스트에 포함해야 할 몇 가지 핵심 요소를 표시해둔 예시 포스트를 보내드렸죠. 각 요소의 목적이 무엇인지 설명해 보시겠어요? 같이 얘기하면서 궁금한 점도 풀어봅시다.” 이렇게 하면 그 직원이 자기 설명 과정을 거치게 되고, 각 단계를 내면화할 가능성이 훨씬 커진다.

+ 팁 3: 점진적 제거를 활용해 미완성 레시피에 도전하게 하라

미국의 어느 유명 요리 쇼에는 매회 “기술적 도전과제technical challenge” 라는 코너가 나온다. 이 시간에 참가자들은 부분적인 지시나 불완전

한 레시피를 받는다. 참가자들은 이미 아는 지식을 활용해 나머지를 채워야 한다. 심사위원들은 최종 결과물을 맛본 후 목표에 가장 가까운 참가자를 가려낸다.

사실 미완성 레시피는 점진적 제거의 좋은 사례다. 학습자가 완전한 예제 풀이를 충분히 공부한 뒤에는, 한 번에 한 단계씩 지원을 줄여 나가라. 순서를 꼭 지켜야 한다. 마지막 단계, 그 전 단계… 이런 방식으로 뒤에서부터 지워야 한다. 거꾸로 해서는 안 된다.

앞선 블로그 글쓰기 사례의 직원이라면 어떨까? 회의 이후, 일주일 동안 새 업무 적응 과정의 일환으로 연습 과제를 보내줄 수 있다. 예를 들어 기존 블로그 글 네 편을 가져와, 뒤에서부터 단계를 지운 버전을 제공하는 것이다. 첫 번째 글에서는 전략 부분과 다운로드 자료 부분을 제외한다. 직원에게 직접 채워 넣게 한 다음 원래 게시된 글과 비교하게 한다.

두 번째 단계에서는 도입부와 핵심 아이디어만 주고 나머지는 생략한다. 이렇게 단계를 반복적으로 줄여 나가면 결국 그 직원은 처음부터 끝까지 온전한 글을 스스로 작성할 수 있게 된다. 이 시점에서, 그 직원은 고품질의 블로그 글을 빠르고 독립적으로 만들어낼 수 있을 것이다.

마지막으로

앞 예시들에서, 예제 풀이를 활용해 다른 사람이 새로운 것을 배우도록 지원하는 방법을 설명했다. 그러나 사실 예제 풀이는 스스로 새로운 기술을 배울 때도 가장 효율적인 방법 중 하나다.

저자 리베카는 대학원 시절 연구 논문, 특히 서론과 선행연구 고찰 파트를 더 잘 쓰고 싶었다. 그래서 자신의 분야에서 중요한 논문들을 가져와서 예제 풀이처럼 활용했다. 각 문단의 목적을 표시해 두고 주석을 달았는데, 바로 자기 설명에 해당하는 일이었다. 당시에는 아쉽게도 점진적 제거를 적용할 생각은 하지 못했다. 그럼에도 불구하고, 여러 논문을 분석하다 보니 저자들이 논문을 시작하고 선행연구를 구성하는 방식에 공통되는 패턴이 있다는 것을 알아차리기 시작했다. 그 방식을 직접 글쓰기에 적용한 결과, 리베카의 글쓰기 실력은 눈에 띄게 향상되었다.

결론

성인이 된 우리에게는 빠르게 배워야 할 것들이 많다. 그러나 언제나 강의를 듣거나, 연수에 참석하거나, 또는 누군가에게 배울 기회를 가질 수 있는 것은 아니다. 이런 상황에서 단순히 "일단 해보자, 밑져야 본전이지."라고 하기보다는, 스스로 예제 풀이를 찾아 성공할 수 있는 환경을 마련하는 것이 좋다. 이렇게 하면 인지 과부하를 피할 수 있고, 최종 결과물도 더 좋아진다. 더 나아가, 예제 풀이를 효과적으로 공부하면, 새로운 기술을 도구 상자에 추가하여 오랫동안 활용할 수 있게 된다.

핵심 요점

* 과부하를 피하라. 예제 풀이는 인지 부하를 생산적으로 줄여준다. 이는 초보 학습자가 당면한 문제 자체를 이해하는 데 에너지를 쏟기 보다, 새로운 전략을 배우는 데 집중할 수 있도록 여유 공간을 만들어준다.
* 예제 풀이는 초보자에게 이상적인 전략이다. 이미 전문성을 가진 사람들은 예제 풀이를 따로 학습할 필요가 없다.
* 지원 효과를 극대화하라. 자기 설명을 유도하는 질문을 추가하고, 지원 수준을 한 단계씩 점진적으로 줄여 나가면 예제 풀이의 효과는 훨씬 강력해진다.

나처럼 해봐

모델링으로 전문성 구축의 속도를 높여라

"존경하는 신부님, 제가 가끔 경덕진Jingdezhen에 방문할 때마다, 이 아름다운 도자기를 어떻게 만드는지 배울 기회를 얻을 수 있었습니다. 이 도자기는 세계 곳곳으로 수출되며 큰 찬사를 받고 있습니다. 저는 이와 같은 작업과 관련된 모든 것을 상세히 설명하는 것이 유럽에서도 유용할 것이라 믿습니다."

프랑수아 자비에 당트르콜Francois Xavier d'Entrecolles 신부가 보낸 편지는 이렇게 시작한다. 그는 프랑스 궁정의 도자기 집착이 절정이던 시기에, 그 제조 비밀을 훔쳐내라는 구체적인 목적을 가지고 중국에 파견된 예수회 선교사였다. 세계에서 가장 유명한 도자기 산지인 중국 장시성江西省 경덕진景德鎭에서 그가 보낸 편지에는, 도자기에 필요한 재료들과 그것들이 도자기로 만들어지는 과정이 상세히 기록되어 있었다. 유약 바르기, 가마에서 굽기, 숙성시키는 방법까지 고급 기술도 담겨 있었다. 신부의 편지는 너무나 구체적이어서, 조사이아 웨지우드Josiah Wedgwood(그렇다, 그 유명한 웨지우드다.)가 나중에 이를 바탕으로 자신의 공장에 경덕진식 생산 라인을 재현할 수 있을 정도였다.

이 사례는 전문성이 얼마나 희귀한 자원인지, 그리고 사람들이 그것을 얻기 위해 얼마나 엄청난(그리고 불법적인) 노력을 기울이는지를 보여준다. 그리고 안타깝게도, 프랑수아 신부만이 그런 것은 아니다.

여러 정부는 이런 행위를 막기 위한 정책을 오랫동안 세워 왔다. 가장 오래된 지적 재산권에 대한 기록은 기원전 500년경으로 거슬러 올라가는데, 지중해 도시 시바리스Sybaris 요리사들이 경쟁자들이 자신들의 레시피를 훔쳐간다고 우려했을 때다. 결국, 도시 지도자들은 요리사들에게 1

년간 자신의 레시피를 독점적으로 소유할 권리를 부여했다.

시간을 훌쩍 뛰어넘어 1700년대에 이르러 산업 스파이 활동은 심각한 문제로 대두되었다. 당시 영국인들은 영업 비밀을 외부로 유출하는 행위를 사형으로 처벌하기까지 했다. 그러나 이런 법도 소용없었다. 새뮤얼 슬레이터Samuel Slater는 영국의 수차 방적 공장water-powered spinning mill 설계도를 암기해 미국에서 그대로 재현했고, 프란시스 로웰Francis Lowell 역시 기억만으로 물레방아를 재구성해 뉴잉글랜드로 들여옴으로써 막대한 경제적 이익을 거두었다.

오늘날에도 **지적 재산권**intellectual property rights은 여전히 소송으로 이어질 수 있을 만큼 민감한 사안이다. 이해관계가 큰 이유는 그만큼 지식이 가치 있기 때문이다. 그런데 만약 이게 문제가 되지 않는다고 상상해 보자. 조직과 개인이 지적 재산을 자유롭게 공유한다고 해도 문제가 해결될까? 아쉽게도 그렇지 않다.

2장에서 다루었던 내용을 떠올려 보자. 전문가들은 자신이 아는 것을 공유하는 데 오히려 매우 비효율적인 경우가 많다. 이것이 바로 "전문성의 저주curse of expertise"로, 전문가가 자신의 배경지식 수준을 보통의 다른 사람도 가지고 있을 것이라고 가정하는 만연한 인지적 편향을 가리킨다. 전문성이 깊을수록, 초보자에게 기본을 설명하는 일이 더 어려워지는 것이다.

핵심은 무엇일까? 전문성이 있다고 해서 그것을 잘 설명할 수 있다고 가정하지 말라. 오히려 배경지식이 적은 사람이 더 효과적으로 설명할 수 있는 경우도 있다.

만약 전문성을 공유하고 싶다면, 가장 효과적인 방법 중 하나는 모델링modeling과 사고 구술 기법think-alouds을 활용하는 것이다. 전문가라면 개념을 억지로 말로 설명하려 애쓰기보다, 이런 방법을 통해 직접 보여주는 것이 훨씬 효과적이다. 12장의 나머지 부분에서 효과적인 모델링이 어떻게 이루어지는지 그리고 그것이 학습을 어떻게 지원하는지 탐구할 것이다.

모델링이란 무엇인가

모델링modeling이란 어떤 일을 실시간으로 시연하는 것이다. 아마 여러분도 여러 번 해본 적 있을 것이다. 동생에게 빨래하는 방법을 보여줬던 기억이 있는가? 그것이 바로 모델링이다.

모델링은 누군가가 새로운 것을 배우게 하는 데 매우 효과적인 방법이다. 수십 년간의 실험들은, 모델링이 새로운 기술을 효율적으로 습득하고 교실, 산업 현장, 인적 관리, 의료 훈련, 사회적 기술, 스포츠 등 다양한 맥락에서 성과를 끌어올린다는 것을 보여주었다. 직접 대면하여 모델링 장면을 보든, 영상으로 보든 상관없이 효과는 일관되게 나타났다.

그게 전부가 아니다. 학습자들은 모델링으로부터 훨씬 많이 배운다. 그 증거로 2002년 수전 피더슨Susan Pedersen과 민 류Min Liu의 연구를 살펴보자. 연구자들은 동일한 정보를 학습자에게 제공하되, 한 집단에는 전문가가 실제로 과제를 수행하는 것을 보여주었고(모델링 방식) 다른 집단에는 단순 설명으로만 제시했다(비모델링 방식). 그 결과 학습자들은 모델링 방식에서 더 많이 학습하는 것으로 나타났다.

또 한 가지 중요한 점은, 사람들이 모델링을 통해 배운 내용은 더 오래 기억에 남는다는 것이다. 폴 J. 테일러Paul J. Taylor와 동료 연구자들이 직장 환경에서 진행된 117개의 연구를 메타 분석한 결과, 모델링에 노출된 사람들이 유의미하게 (즉각적인) 지식 증가와 (장기적인) 업무 성과 향상을 보였으며, 모델링이 이 긍정적인 효과와 관련이 있다는 사실이 드러났다.

연구자들이 처음에 모델링을 연구하기 시작했을 때, 일부 학자들은 이것이 학습이 아닌 단순 모방mimicry을 조장하는 것이 아닌가 우려했다. 어떤 발표자가 낯선 사람에게 자신을 소개하는 방법을 시범 보이며 "정말 아름다운 날이네요! 저는 프리실라Priscilla예요."라고 말하는 모습을 본 학습자가 있다고 생각해 보자. 그들은 이 학습자가 맑은 날이든 태풍이 몰아치는 날이든 이 표현을 융통성 없이 앵무새처럼 따라만 하면 어쩌나 걱정한 셈이다. 연구자들은 이 문제를 재빨리 검증했다. 누군가가 모델링을 본 뒤에 같은 과제(단순히 반복해서 흉내낼 수 있는 일)뿐만 아니라, 단순 모방으로 해결할 수 없는 다른 과제에서도 성과가 향상되는지 확인한 것이다. 수많은 연구 결과는, 모델링이 두 유형의 과제 모두에서 학습자의 성과를 향상시킴을 보여주었다. 다시 말해, 모델링은 학습 전이transfer를 촉진한다.

모델링의 이점은 단순한 기술 습득에만 그치지 않는다. 누군가가 어떤 일을 어떻게 하는지 보여주는 모델링을 본 학습자는 자기 효능감self-efficacy(과제를 성공할 수 있다는 믿음)이 높아지고, 자기 조절self-regulation 능력도 적극 발휘한다. 또한 과제에 대한 흥미가 증가하고 학습 환경에 대해 긍정적 감정을 더 많이 보고한다. 이 모든 연구 결과를 종합하면, 새로운 것을 가르칠 때 모델링을 활용해야 하는 강력한 이유가 된다.

전문성에 접근하기: 인지적 모델링

인간이란 모델링을 통해 늘상 이득을 보고 있지 않냐고 말하고 싶을지도 모른다. 주변 사람들을 관찰하기만 하면 되지 않겠나. 파트너가 팬케이크를 뒤집는 모습을 보거나, 동네 아이들이 농구하는 걸 보거나, 직장 동료가 프레젠테이션을 하는 모습을 지켜볼 수 있다. 그러나 사람들이 눈에 보이는 행동을 하고 있다고 해서 그것이 곧 모델링이 되는 것은 아니다. 이유는 몇 가지 있다.

첫째, 모델링은 보통 어느 정도 전문성을 가진 사람이 수행할 때 효과적이다. 네 살짜리 아이가 'A'라는 글자 쓰기를 배우는 것은, 같은 유치원생에게 배우는 것보다 이미 그 기술을 숙달한 어른에게 배우는 것이 훨씬 빠르다. 다만 서두에서 언급한 "전문성의 저주"에서 설명했듯, 전문가라고 해서 당연히 모델링할 수 있는 것은 아니다. 전문성이 도움이 되려면, 전문가가 효과적으로 모델링하는 방법을 알아야 한다.

둘째, 효과적인 모델링은 단순히 누군가가 하는 일을 옆에서 지켜보는 것 이상이다. 물론 전문가의 시연을 보기만 하는 것조차 아무것도 없는 것보다는 훨씬 낫긴 하다. 진정 효과적인 모델링에는 전문가의 **사고 구술 기법**think-alouds이 포함된다. 즉 모델링하는 사람이 무엇을 하고 있는지, 왜 그렇게 하고 있는지를 실시간으로 설명하는 것이다.

예를 들어, 침대에 시트를 씌우는 방법을 모델링할 때, 이렇게 말할 수 있다. "먼저, 시트를 보고 짧은 변과 긴 변을 구분합니다. 짧은 변을 침대의 위쪽에 맞추면 시트의 모양이 침대의 모양과 딱 들어맞게 되죠. 만약 긴 변을 위쪽에 두려고 하면, 맞지 않아요. 보이죠?" 이 방법은 조용히 시트를 침대에 씌우고 나서 "알겠어요?"라고 말하는 것보다 훨씬 효과적이다. 왜일까?

학습자가 모델링을 통해 배우기 위해서는 핵심 행동을 포착하고 유심히 관찰해 그것을 장기 기억에 저장해야 한다. 전문가의 사고 구술 기법은 이러한 핵심 행동에 주의를 기울이게 하므로, 학습자가 놓치기 어렵게 만든다. 인지과학자들은 이렇게 시연하면서 동시에 사고 과정을 말로 표현하는 것을 "**인지적 모델링**cognitive modeling"이라고 부른다.

인지적 모델링이 강력한 이유는, 이것이 전문성에 접근할 수 있는 통로를 열어주기 때문이다. 전문가가 보통은 눈에 보이지 않는 사고 과정을 초보자에게 가시화해 주기 때문에, 학습자들은 이후의 과제를 스스로 시도할 때 이 사고 규칙을 활용할 수 있다. 덕분에 학습자들은 특정 행동을 맥락과 상관없이 경직되게 따라 하는 것(예: "모델링에서 침대에 시트를 씌울 때 줄무늬가 가로로 갔으니까, 나도 항상 그렇게 해야 해.")에서 벗어날 수 있다. 앞 장에서 배운 전문가와 초보자의 스키마 차이로 설명하자면, 사고 구술 기법은 학습자가 과제의 심층 구조에 주의를 기울이도록 해서, 표면적 특징에 의해 산만해지지 않도록 하는 것이다.

또한 인지적 모델링은 학습자가 학습 과정을 자기 조절self-regulation하도록 돕는다. 다른 사람이 자신의 사고 과정을 말로 표현하는 것을 들으면, 학습자는 자기 자신의 내적 독백을 더 잘 인식하게 된다(예: "방금 기억 났는데, 시트의 태그가 어디 있더라. 잘 때 몸에 닿지 않게 침대 아래쪽으로 두어야지."). 이러한 "생각에 대해 생각하기thinking about thinking"가 바로 **메타인지**metacognition다. 학습자가 자신의 진행 상황을 추적하고, 학습의 효과성을 점검하며, 어떤 전략이 언제 도움이 되는지 결정하도록 돕는다.

모델링, 예제 풀이와 어떻게 다를까

앞 장에서 예제 풀이에 대해 읽어보았다. 예제 풀이는 페이지나 화면 위에 완성된 결과물로 존재하며, 학습자가 그것을 분석해야 한다. 반면, 모델링은 무언가를 해내는 과정을 실시간으로 시연하는 것이다.

물론 공통점도 있다. 모두 전문가 수행의 사례를 제공한다. 모두 학습자에게 활용 가능한 절차를 제시함으로써 인지 부하를 줄여준다. 덕분에 학습자는 무엇을 해야 하는지 알아내기 위해 작업 기억을 소진하지 않고 정확한 실행에 집중할 수 있다.

이런 유사점도 있지만, 예제 풀이와 모델링은 각각의 고유한 장점도 있다. 예제 풀이는 학습자가 어떤 것을 처음 시도할 때 훌륭한 스캐폴드scaffold, 즉 발판 역할을 한다. 예를 들어 학습자가 통계 소프트웨어 프로그램에서 자신의 코드를 작성하려 할 때, 다른 사람이 작성한 코드의 예제 풀이를 참조할 수 있다. 만약 적혀 있는 예제 풀이가 없다면, 코드를 작성하는 모델링을 직접 보았더라도 처음 보고 들은 시연 내용을 장기 기억에서 정확히 불러와야 한다. 그런데 단 한 번의 노출 이후에 그것을 온전히 기억해내기는 거의 불가능하다. 이때 예제 풀이는 문서화된 산출물로서, 학습자가 모든 것을 즉시 정확하게 기억해야 하는 부담을 덜어준다.

반대로 인지적 모델링은 예제 풀이로는 불가능한 방식으로 학습자에게 실시간 의사결정 과정과 자기 조절 전략에 접근할 수 있도록 해준다. 다시 침대에 시드를 씌우는 예시로 돌아가 보자. 맞춤 시트를 침대에 씌우는 단계별 그림이 있는 유인물을 제공하면 예제 풀이로서 해결 방법을 보여줄 수는 있다. 하지만 그건 시트가 잘 맞지 않아 욕이 튀어나오려 할 때 어떻게 조절해야 하는지는 알려주지 않는다.

모델링은 특히 각 단계마다 많은 의사결정이 숨어 있는 과제를 가르칠 때 탁월하다. 10장에서 다룬 이중 채널 처리 가설을 떠올려 보라. 여러 단계가 있고 각 단계마다 이유와 근거를 설명해야 하는 과제를 가르치려고 할 때, 예제 풀이는 혼란스러운 자료가 되기 쉽다. 도표, 주석, 텍스트로 가득 차 학습자의 시각 채널을 과도하게 사용하게 되어 인지 과부하를 일으킬 위험이 있기 때문이다. 그러나 모델링은 일부 정보를 다른 채널로 분산시킬 수 있다. 학습자는 과정이 단계별로 전개되는 모습을 시각 채널로 보는 동시에, 그 이유와 근거를 설명하는 말을 언어 채널로 들을 수 있다. 이렇게 정보가 두 채널에 나뉘어 입력되면, 인지 과부하가 발생할 가능성은 훨씬 줄어든다.

모델링 효과 극대화하기

여기 연구자들이 찾아낸, 모델링을 특히 효과적으로 만들 수 있는 몇 가지 방법을 추가로 소개한다.

전략 1: 핵심 행동의 심층 처리를 이끄는 프롬프트 | prompt processing

앞서 여러 번 강조했듯이, 학습자가 정보를 능동적으로 처리할 때 나중에 그것을 기억할 가능성이 훨씬 커진다. 따라서 어떤 과제를 모델링한 후에는, 학습자가 각 핵심 행동에 대해 심층 처리를 하도록 유도해야 한다. 이렇게 해야 학습자가 배운 것이 오래 남는다.

테일러Taylor와 동료 연구자들이 2005년 수행한 메타 분석에 따르면, 학습자들이 **"규칙 코드**rule codes**"**를 스스로 만들어내도록 하는 데 초점을 맞춘 실험이 여럿 있었다고 한다. 규칙 코드란 학습자가 장기 기억에 저장해야 할 멘탈 모델 속 핵심 행동의 명칭이다. 이 방법이 효과를 보려면, 학습자는 모델링 속 인물이 무엇을 하고 있었는지 그리고 그것이 왜 중요한지를 말로 표현해야 한다.

예를 들어 자녀에게 쓰레기를 버리는 방법을 가르치고 있다면, 시범을 보인 후에 다음과 같은 프롬프트*로 이렇게 물어볼 수 있다. "아빠가 먼저 한 게 뭐였지? 그건 어떻게 도움이 될까? 그다음엔 뭘 했어? 왜 그런 것들을 신경 써야 할까?" 이런 프롬프트는 앞 장에서 예제 풀이와 관련해 읽었던 자기 설명 질문과 유사하다. 두 경우 모두, 목표는 학습자가 새로운 과정의 각 단계를 수행하는 근본 목적을 설명하게끔 하는 것이다.

2007년 리뷰 논문에서 실케 슈워름Silke Schworm과 알렉산더 렌클Alexander Renkl은 규칙 코드가 주어질 때보다 학습자가 스스로 만들어낼 때 가장 효과적이라는 점을 보여주는 실험 결과를 분석했다. 그러나 같은 연구들에서 동시에 학습자가 이를 자발적으로 만들어 내기 어려워한다는 사실도 드러났다. 다시 말해, 명확한 안내와 질문이 필요한 것이다. 예로 "이 설명 영상에서 첫 번째 단계의 목적은 무엇이었나요?"와 "영상에서 얻은 교훈은 무엇인가요?"를 비교해 보자. 구체적인 전자가 일반적인 후자보다 훨씬 효과적이다.

* 이 프롬프트는 단순히 정보나 의견, 즉각적 반응 등 '결과나 사실'을 묻는 것이라기보다, 특정 사고과정을 수행하도록 유도한다는 점에서 '단순한 질문'과 다르다. -역주

전략 2: 대처 모델 | coping models

모델링을 더 효과적으로 만드는 또 다른 방법이 있다. 연구자들이 "**대처 모델**coping models"이라고 부르는 방식을 활용하는 것이다. 대처 모델에는 실수를 실제로 보여주고, 그 자리에서 수정하는 과정이 포함된다. 즉 오류로부터 배우고 과정을 다듬어 점차 실수를 줄여 나가는 방법을 시연하는 모델이다.

다시 침대 시트 씌우기 예시로 돌아가 보자. 만약 대처 모델을 활용해 이를 가르친다면, 처음에는 시트를 뒤집힌 상태로 씌우는 실수를 의도적으로 보여줄 수 있다. "잠깐, 솔기가 밖으로 나와 있는 것을 방금 봤네요. 시트를 뒤집어야겠군요."라며 실수를 인식하고 즉시 고쳐 계속 진행하는 것이다.

연구 결과에 따르면, 대처 모델은 몇 가지 이유로 오류 없는 모델링보다 꾸준히 더 좋은 성과를 내고 있다. 4장에서 다룬 틀린 예시의 힘을 떠올려 보자. 학습자는 흔히 저지르는 실수를 직접 보게 된다. 덕분에 앞으로는 그 오류를 피할 수 있다.

대처 모델에서 학습자는 정교한 내적 대화가 가능하다. 전문가가 자기 점검 과정self-monitoring을 보여줄 때, 초보 학습자는 자신의 스키마에 오류를 어떻게 인식하고 수정하는지에 대한 틀을 형성하게 된다. 학습자는 단순히 그게 틀렸다는 사실뿐만 아니라 왜 틀렸는지, 어떻게 고쳐야 하는지까지 이해하게 된다. 연구자들은 또한 이런 내적 대화에 대한 접근이 자기 조절을 촉진하는 이유 중 하나라고 본다. 학습자는 자기 점검 전략을 배우고, 동시에 실수를 학습 과정의 자연스러운 일부로 받아들이게 된다.

실전 모델링

밥 로스(Bob Ross) 효과

핵심 아이디어: 무언가를 하는 방법을 실시간으로 보여주어라. 암묵적인 것을 명시적으로 드러내 학습자가 빠르게 전문성을 습득할 수 있도록 하라.

멘탈 모델 Mental Models

모델링은 때로는 부담스럽게 느껴질 수 있다. 어색하지 않고 효과적으로 하는 방법을 살펴보자.

밥 로스Bob Ross는 1980년대 중반부터 1990년대 중반까지 미국 공영방송인 PBS에서 방영된 〈그림을 그립시다The Joy of Painting〉라는 프로그램의 진행자였다. 방송에서 그는 실시간으로 풍경화를 그리면서 시청자들에게 그 방법을 시연했다. 로스는 효과적인 모델링의 훌륭한 사례다. 강력한 시연에 필요한 두 가지 핵심 요소를 일관적으로 보여주었기 때문이다.

+ 로스의 팁 1: 실시간으로, 단계별로 해야 할 일 보여주기

〈그림을 그립시다〉는 로스가 그림을 그리는 과정을 실시간으로 시청자가 지켜보는 프로그램이었다. 이는 완성된 그림을 가지고 화가가 구름을 이렇게 그렸을지도 모른다고 분석하는 예제 풀이와 다르다. 또는 단순히 "캔버스 위에서 5cm 떨어진 지점에 납작붓을 수평으로 약 8cm쯤 끌어라."라는 식의 지시문만 읽고, 자신의 캔버스에 어떻게 적용할지는 시청자에게 맡기는 것도 아니었다. 시청자들은 로스가 색을 섞고, 작업에 가장 적합한 붓을 고르며, 구름을 그린 뒤 풍경의 다른 요소를 수정하는 과정을 눈앞에서 직접 지켜볼 수 있었다.

이 모든 요소가 결합되어 시청자들은 나중에 스스로 시도할 때 참고할 수 있는 모델을 얻게 되었다. 앞 장에서 보았던 것처럼, 이는 학습자의 인지 부하를 줄여준다. 무엇을 해야 할지 알아내는데에 작업기억을 다 써버리는 대신, 시청자들은 실제로 구름을 효과적으로 그리는 일에 집중할 수 있었다.

+ 로스의 팁 2: 암묵적인 것을 명시적으로 드러내기

〈그림을 그립시다〉 프로그램 내내 로스는 자신이 무엇을 하고 있는지("이제 앞 쪽에 키 큰 소나무 몇 그루를 그려봅시다"), 어떻게 하는지("가지를 그릴 때는 붓으로 'Z'자를 그린다고 생각하면 돼요"), 그리고 왜 그렇게 하는지("이번에 더 어두운 색을 쓰는 이유는 이 나무들이 산의 그늘 속에 있기 때문이죠")를 설명했다.

로스의 해설은 암묵적인 것을 명시적으로 드러내는 훌륭한 사례다. 이 장 초반에 살펴본 것처럼, 어떤 기술을 수행하는 단계가 명확히 언급되지 않으면, 학습자는 중요한 단계를 놓칠 수 있다("흰색 바탕색을 칠하는 것부터 시작합시다"). 또한 특정 단계나 그 순서의 근거를 이해하지 못할 수도 있다("흰색 바탕색은 그 위에 덧칠할 색들을 더 쉽게 섞을 수 있게 해줍니다"). 이것을 명시적으로 말하면 학습자가 혼자서도 그 기법을 성공적으로 활용할 가능성이 커진다.

로스는 또한 이런 말로도 유명하다. "그림에는 실수란 없다는 것을 기억하세요. 그냥 작고 행복한 우연이 있을 뿐이죠." 앞서 다룬 연구들에 따르면, 모델링을 접하는 것은 학습자들이 자기 조절 전략을 기르는 데 도움을 준다. 그는 의도치 않은 붓놀림이 새로운 가능성을 열어주는 모습을 보여줌으로써, 실수를 그림 그리기 과정의 자연스러운 일부로 받아들이게 했다.

로스는 종종 실수를 하고 이를 해결하는 모습을 모델링했다. 예를 들어, "햇빛을 받았을 때보다 더 어둡게 칠했네요. 그러니 페인트 시너를 덧발라서 다시 밝게 해보겠습니다. 자, 이제 제가 상상했던 모습으로 돌아왔군요." 이러한 대처 모델은 시청자들이 비슷한 실수를 피하도록 할 뿐 아니라, 불가피하게 생기는 오류를 고치는 전략까지 제공했다.

밥 로스처럼 모델링하기

자, 효과적인 모델링에 두 가지 핵심 요소가 있다는 것을 알게 되었다. 1) 실시간으로, 단계별로 무엇을 해야 하는지 보여주기, 2) 암묵적인 것을 명시적으로 드러내기. 이제 이것들이 TV 속 〈그림을 그립시다〉 바깥 실제 상황에서는 어떻게 구현되는지 살펴보자.

직장 동료 메이지가 찾아와, 자신이 담당하는 직원 올리비아의 퇴사 건과 관련해 대처 방법을 의논한다고 해보자. 올리비아는 "자신과 가족을 위한 시간을 갖고 싶다"며 그만두기로 했다. 올리비아가 새로운 기회를 찾아 떠나는 것이 아니기 때문에, 메이지는 다른 팀원들이 어떻게 반응할지 걱정하며 언제 어떻게 이 소식을 공유할지 조언을 구한다. 이런 상황은 모델링이 적합한데, 무슨 말을 하느냐만큼이나 어떤 어조와 태도로 말하느냐가 중요하기 때문이다.

여기서 여러분이 밥 로스처럼 말한다면 이렇게 답할 수 있다.

물론, 먼저 올리비아와 만나 모든 내용을 조율하는 게 필요하겠지만, 저라면 내일 팀 회의 시간을 이용해 이 사실을 발표하겠습니다. 그래야 뒷말이 나가거나 쓸데없는 대화를 막을 수 있을 거예요. 이런 식이죠. "여러분, 오늘 회의를 마무리하기 전에 팀에 관련된 중요한 소식이 하나 있습니다. 더 자세한 내용은 올리비아가 직접 전해줄 거예요."

올리비아가 팀원들에게 퇴사 사실을 알린 뒤에는, 다시 당신에게 발언을 넘기도록 하세요. 그러면 올리비아의 재직 기간을 함께 축하할 발언을 할 수 있겠죠. 어떤 점을 강조할지는 당신이 저보다 더 잘 아시겠지만, 이렇게 말해볼 수 있을 거예요. "올리비아는 이곳에 있는 동안 수년간 고객들이 원했던 새로운 현장 가이드를 주도적으로 제작했습니다. 올리비아의 뛰어난 프로젝트 관리 능력도 있지만, 무엇보다 프로젝트를 성공적으로 이끈 요인은 사용자를 모든 의사결정의 중심에 두었던 점입니다. 올리비아, 당신이 우리 팀에 가져다준 통찰에 진심으로 감사드립니다. 그 영향은 앞으로도 우리 업무에 계속 남을 것입니다. 이런 작별은 참으로 아쉽지만 행복합니다. 우리가 이제 더 이상 매일 함께 일할 수 없다는 것은 슬픕니다. 그렇지만 당신이 새로운 길에서 무엇을 이루어낼지 기대하며 응원하겠습니다."

이렇게 하는 데에는 두 가지 이유가 있습니다. 발언을 다시 당신이 이어받으면 팀원들이 올리비아의 개인사를 침해할 수 있는 질문을 던질 기회가 사라집니다. 그리고 따뜻한 어조와 편안한 태도로 올리비아의 공헌을 감사하는 것은 그녀가 나쁜 이유로 떠나는 게 아님을 팀에게 알려줍니다. 이렇게 하면 불필요한 소문거리가 줄어듭니다.

앗, 방금 빠뜨린 게 있네요. 거기서 끝내면 안 됩니다. 팀원들에게 올리비아의 업무를 어떻게 이어받을 것인지 계획을 알려주며 마무리할 거예요. 그래야 마감 기한이 지연되거나 팀원들이 올리비아의 업무를 떠안아 과부하에 빠질지 모른다는 불안을 미리 잠재울 수 있습니다.

정리하면, 올리비아가 퇴사 사실을 먼저 공유하도록 하고, 그다음 당신이 나서서 올리비아가 그동안 보낸 시간에 대한 감사로 이어가며, 마지막으로 올리비아의 업무를 어떻게 이어갈 것인지 계획을 공유하며 마무리할 것입니다.

이렇게 당신의 의견을 공유하는 방식이 효과적인 이유는 무엇일까? 바로 효과적인 모델링의 두 가지 핵심 요소 덕분이다.

첫째, 무엇을 말할지에 대해 가정하며 이야기한 것이 아니다. 실제로 그 발표를 어떻게 할지 즉석에서 모델링을 해서, 메이지가 당신의 어조와 몸짓까지 볼 수 있었다. 두 가지 모두 메이지가 팀에게 소식을 전할 때 중요한 참고가 된다.

둘째, 암묵적인 것을 명시적으로 드러냈다. 퇴사 발표의 세 단계를 직접 이름 붙여 정리한 것이다(예: "정리하면, 그녀가 퇴사 사실을 먼저 공유하도록 하고, 그다음 당신이 나서서…"). 또 각 단계의 근거를 설명했다("따뜻한 어조와 편안한 태도로 올리비아의 공헌을 감사하는 것은 그녀가 나쁜 이유로 떠나는 게 아님을 팀에게 알려줍니다."). 마지막으로 실수를 모델링함으로써("앗, 거기서 끝내면 안 됩니다. 팀원들에게 올리비아의 업무를 어떻게 이어받을 것인지 계획을 알려주며 마무리할 거예요."), 메이지가 그 마지막 단계를 빠뜨리면 어떤 결과(예: 놓친 마감일이나 더 많은 일을 떠맡아야 하는 팀원들의 불안)가 생길지를 명확히 이해하게끔 했다.

결론

모델링은 누군가가 새로운 것을 배우게 하는 가장 효과적인 방법 중 하나다. 이 장에서는 몇 가지 예시만 다뤘지만, 실제로는 타이어를 교체하는 방법부터 어려운 피드백을 주는 방법까지 다양한 맥락에서 사용할 수 있다. 인터넷에 넘쳐나는 사용법 영상 및 튜토리얼 영상만 봐도 알 수 있다. 새로운 영상 편집 프로그램을 사용하는 법, 의상 스타일링하는 법, 스테이크를 완벽하게 굽는 법, 소셜 미디어 캠페인 중 참여도를 향상시키는 법, 그리고 헤어 및 메이크업 튜토리얼까지. 거의 모든 상황에서 누군가에게 무엇을 해야 하는지 보여주는 방법이, 단순히 말로 설명하는 것보다 훨씬 더 효과적이다.

핵심 요점

* 연구자들은 동일한 정보를 학습자에게 제공할 때, 모델링(실제 과제 수행 시연)으로 제시한 경우와 핵심 요점만 나열한 경우를 비교하면, 모델링을 통해 훨씬 더 많은 학습 효과가 나타난다는 사실을 발견했다.
* 전문가들이 왜 특정한 과정을 채용하는지는 초보자에게 종종 수수께끼처럼 보인다. 이때 전문가가 무엇을 왜 하고 있는지를 실시간으로 설명하는 인지적 모델링은 초보자가 이러한 정보를 직접 접하게 하고, 더 빠르고 깊이 있게 배우도록 한다.
* 대처 모델은 실수를 하고 그것을 실시간으로 수정하는 과정을 포함한다. 이는 학습자가 흔히 하는 실수를 피하게 도와주고, 잘못된 과정을 수정하는 전략을 제공하며, 실수를 학습 과정의 자연스러운 부분으로 받아들이도록 한다.

9장. 과부하 피하기

Baddeley, A. (2001). Is working memory still working? ***American Psychologist***, *56*(11), 849-864.

Baddeley, A. D., & Hitch, G. J. (1974). Working memory. In G. Bower (ed.) ***The Psychology of Learning and Motivation*** (Vol. 8). New York: Academic Press.

Bjork, R. A., & Bjork, E. L. (2020). Desirable difficulties in theory and practice. ***Journal of Applied Research in Memory and Cognition***, *9*(4), 475-479.

Keppel, G., & Underwood, B. J. (1962). Proactive inhibition in short-term retention of single items. ***Journal of Verbal Learning and Verbal Behavior***, *1*(3), 153-161.

Mayer, R. E., & Moreno, R. (2003). Nine ways to reduce cognitive load in multimedia learning. ***Educational Psychologist***, *38*(1), 43-52.

McNew, B. S. (2017). ***Why Nike CEO says "Less is more"***. The Motley Fool. Available at: www.fool.com/investing/2017/01/04/why-nike-ceo-says-less-ismore.aspx (Accessed: December 11, 2024).

Murdock Jr, B. B. (1967). Recent developments in short-term memory. ***British Journal of Psychology***, *58*(3-4), 421-433.

Paas, F., Renkl, A., & Sweller, J. (2003). Cognitive load theory and instructional design: Recent developments. ***Educational Psychologist***, *38*(1), 1-4.

Peterson, L., & Peterson, M. J. (1959). Short-term retention of individual verbal items. ***Journal of Experimental Psychology***, *58*(3), 193-198.

Reitman, J. S. (1971). Mechanisms of forgetting in short-term memory. ***Cognitive Psychology***, *2*(2), 185-195.

Serki, N., & Bolkan, S. (2024). The effect of clarity on learning: Impacting motivation through cognitive load. *Communication Education*, *73*(1), 29-45.

Sweller, J. (1994). Cognitive load theory, learning difficulty, and instructional design. *Learning and Instruction*, *4*(4), 295-312.

Sweller, J. (2010) Element interactivity and intrinsic, extraneous, and germane cognitive load. *Educational Psychology Review*, *22*, 123-138.

Willingham, D. T., & Riener, C. (2019). *Cognition: The Thinking Animal*. Cambridge: Cambridge University Press.

10장. 채널 넘나들기

Baddeley, A. (1998). *Human Memory*. Boston: Allyn & Bacon.

Clark, J. M., & Paivio, A. (1991). Dual coding theory and education. *Educational Psychology Review*, *3*, 149-210.

Dunlosky, J., Rawson, K. A., Marsh, E. J., Nathan, M. J., & Willingham, D. T. (2013). Improving students' learning with effective learning techniques: Promising directions from cognitive and educational psychology. *Psychological Science in the Public interest*, *14*(1), 4-58.

Mayer, R. E. (2001). *Multimedia Learning*. New York: Cambridge University Press.

Mayer, R. E., & Anderson, R. B. (1992). The instructive animation: Helping students build connections between words and pictures in multimedia learning. *Journal of Educational Psychology*, *84*(4), 444-452.

Mayer, R. E., & Moreno, R. (2003). Nine ways to reduce cognitive load in multimedia learning. *Educational Psychologist*, *38*(1), 43-52.

Mayer, R. E., & Sims, V. K. (1994). For whom is a picture worth a thousand words? Extensions of a dual-coding theory of multimedia learning. *Journal of Educational Psychology*, *86*(3), 389-401.

Meilinger, T., Knauff, M., & Bulthoff, H. H. (2008). Working memory in wayfinding-

A dual task experiment in a virtual city. *Cognitive Science*, *32*(4), 755-770.

Paivio, A. (1986). *Mental representations: A dual coding approach*. Oxford, England: Oxford University Press

Sadoski, M., & Paivio, A. (2004). A dual coding theoretical model of reading. In R. B. Ruddell & N. J. Unrau (eds.) *Theoretical Models and Processes of Reading* (5th ed.), Newark, DE: International Reading Association, pp. 1329-1362.

Smith, M, & Weinstein, Y. (2019). *Learn how to study using… dual coding*. The Learning Scientists. Available at: www.learningscientists.org/blog/2016/9/1-1(Accessed: December 12, 2024).

Ward, M., & Sweller, J. (1990). Structuring effective worked examples. *Cognition and Instruction*, *7*(1), 1-39.

11장. 성공의 레시피

Atkinson, R. K., & Renkl, A. (2007). Interactive example-based learning environments: Using interactive elements to encourage effective processing of worked examples. *Educational Psychology Review*, *19*, 375-386.

Atkinson, R. K., Renkl, A., & Merrill, M. M. (2003). Transitioning from studying examples to solving problems: Effects of self-explanation prompts and fading worked-out steps. *Journal of Educational Psychology*, *95*(4), 774-783.

Bokosmaty, S., Sweller, J., & Kalyuga, S. (2015). Learning geometry problem solving by studying worked examples: Effects of learner guidance and expertise. *American Educational Research Journal*, *52*(2), 307-333.

Creager, A. N. H., Grote, M., & Leong, E. (2020). Learning by the book: Manuals and handbooks in the history of science. *BJHS Themes*, 5, 1-13.

Dunlosky, J., Rawson, K. A., Marsh, E. J., Nathan, M. J., & Willingham, D. T. (2013). Improving students' learning with effective learning techniques: Promising directions from cognitive and educational psychology. *Psychological Science in the*

Public interest, *14*(1), 4-58.

Hilbert, T. S., Schworm, S., & Renkl, A. (2004). Learning from worked-out examples: The transition from instructional explanations to self-explanation prompts. *Instructional Design for Effective and Enjoyable Computer-Supported Learning*, 184-192.

Kalyuga, S., Chandler, P., Tuovinen, J., & Sweller, J. (2001). When problem solving is superior to studying worked examples. *Journal of Educational Psychology*, *93*(3), 579-588.

Kyun, S., Kalyuga, S., & Sweller, J. (2013). The effect of worked examples when learning to write essays in English literature. *The Journal of Experimental Education*, *81*(3), 385-408.

Moxon, J. (1683). *Mechanick exercises, or, The doctrine of handy-works: applied to the art of printing: the second volumne*. Internet Archive. Available at: https://archive.org/details/mechanickexercis00moxo_0/page/n448/
mode/1up (Accessed: December 13, 2024).

Paas, F., Renkl, A., & Sweller, J. (2003). Cognitive load theory and instructional design: Recent developments. *Educational Psychologist*, *38*(1), 1-4.

Renkl, A. (1997). Learning from worked-out examples: A study on individual differences. *Cognitive Science*, *21*(1), 1-29.

Renkl, A. (1999). Learning mathematics from worked-out examples: Analyzing and fostering self-explanations. *European Journal of Psychology of Education*, *14*(4), 477-488.

Renkl, A. (2002). Worked-out examples: Instructional explanations support learning by self-explanations. *Learning and Instruction*, *12*(5), 529-556.

Salden, R. J., Koedinger, K. R., Renkl, A., Aleven, V., & McLaren, B. M. (2010). Accounting for beneficial effects of worked examples in tutored problem solving. *Educational Psychology Review*, *22*, 379-392.

Schumacher, H. (2022). ***Inside the world of instruction manuals***. BBC Future. www.bbc.com/future/article/20180403-inside-the-world-of-instructionmanuals(Accessed: December 12, 2024).

Schworm, S., & Renkl, A. (2007). Learning argumentation skills through the use of prompts for self-explaining examples. ***Journal of Educational Psychology***, *99*(2), 285-296.

Svenvold, M. (2015). ***The disappearance of the instruction manual***. Popular Science. Available at: www.popsci.com/instructions-not-included/ (Accessed: December 13, 2024).

Sweller, J., & Cooper, G. A. (1985). The use of worked examples as a substitute for problem solving in learning algebra. ***Cognition and Instruction***, *2*(1), 59-89.

Tuovinen, J. E., & Sweller, J. (1999). A comparison of cognitive load associated with discovery learning and worked examples. ***Journal of Educational Psychology***, *91*(2), 334-341.

vade mecum. (n.d.). In ***Merriam-Webster Dictionary***. Available at: www.merriam-webster.com/dictionary/vade%20mecum

van Gog, T., Kester, L., & Paas, F. (2011). Effects of worked examples, example problem,and problem-example pairs on novices' learning. ***Contemporary Educational Psychology***, *36*(3), 212-218.

van Merrienboer, J. J., Kirschner, P. A., & Kester, L. (2003). Taking the load off a learner's mind: Instructional design for complex learning. ***Educational Psychologist***, *38*(1), 5-13.

Ward, M., & Sweller, J. (1990). Structuring effective worked examples. ***Cognition and Instruction***, 7(1), 1-39.

Zosimus. (2018). In ***Cambridge University Press eBooks*** (pp. 196-201). https://doi.org/10.1017/9781316856567.012

12장. 나처럼 해봐

Decker, P. J. (1980). Effects of symbolic coding and rehearsal in behavior modeling training. ***Journal of Applied Psychology***, ***65***(6), 627-634.

De La Paz, S., Butler, C., Levin, D. M., & Felton, M. K. (2024). Effects of a cognitive apprenticeship on transfer of argumentative writing in middle school science. ***Learning Disability Quarterly***, ***47***(2), 70-83.

Dodson, T. M. (2023). Effects of expert modeling videos on the development of nursing students' clinical competence. ***Journal of Nursing Education***, ***62***(8), 454-460.

Dodson, T. M. (2023). Use of expert modeling videos in undergraduate nursing education: A systematic review. ***Journal of Nursing Education***, ***62***(2), 89-96.

Franklin, A. E., Sideras, S., Gubrud-Howe, P., & Lee, C. S. (2014). Comparison of expert modeling versus voice-over PowerPoint lecture and presimulation readings on novice nurses' competence of providing care to multiple patients. ***Journal of Nursing Education***, ***53***(11), 615-622.

Giaimo, C. (2017). ***One of the earliest industrial spies was a French missionary stationed in China***. Atlas Obscura. Available at: www.atlasobscura.com/articles/porcelain-corporate-espionage-china-missionary-dentrecolles(Accessed: December 17, 2024).

Hoogerheide, V., van Wermeskerken, M., Loyens, S. M., & van Gog, T. (2016).
Learning from video modeling examples: Content kept equal, adults are more effective models than peers. ***Learning and Instruction***, ***44***, 22-30.

Hvistendahl, M. (2019). ***The oldest game***. Foreign Policy. Available at: https://foreignpolicy.com/2019/04/27/the-oldest-game-industrial-espionagetimeline/ (Accessed: December 17, 2024).

Huang, X. (2017). Example-based learning: Effects of different types of examples on student performance, cognitive load and self-efficacy in a statistical learning task.

Interactive Learning Environments, *25*(3), 283-294.

Pedersen, S., & Liu, M. (2002). The effects of modeling expert cognitive strategies during problem-based learning. *Journal of Educational Computing Research*, *26*(4), 353-380.

Schworm, S., & Renkl, A. (2007). Learning argumentation skills through the use of prompts for self-explaining examples. *Journal of Educational Psychology*, *99*(2), 285-296.

Taylor, P. J., Russ-Eft, D. F., & Chan, D. W. L. (2005). A meta-analytic review of behavior modeling training. *Journal of Applied Psychology*, *90*(4), 692-709.

Naval, E. (2019). *The curse of knowledge*. Available at: https://ucatt.arizona.edu/news/curse-knowledge (Accessed: January 2, 2025).

van Gog, T., Verveer, I., & Verveer, L. (2014). Learning from video modeling examples: Effects of seeing the human model's face. *Computers & Education*, *72*, 323-327.

Walker, S. G., Mattson, S. L., & Sellers, T. P. (2020). Increasing accuracy of rock-climbing techniques in novice athletes using expert modeling and video feedback. *Journal of Applied Behavior Analysis*, *53*(4), 2260-2270.

White, M. C. (2017). Cognitive modeling and self-regulation of learning in instructional settings. *Teachers College Record*, *119*(13), 1-26.

Zimmerman, B. J. (2013). From cognitive modeling to self-regulation: A social cognitive career path. *Educational Psychologist*, *48*(3), 135-147.

Zimmerman, B. J., & Kitsantas, A. (2002). Acquiring writing revision and self-regulatory skill through observation and emulation. *Journal of Educational Psychology*, *94*(4), 660-668.

MEMO

13장. 발사 준비: 학습 목표를 설정하라

14장. 준비 완료, 플레이어 원: 아이디어를 구조화하고 순서를 정하라

15장. 탈선 금지: 주의력을 집중하라

05

사고의 여정

출발점, 도착점 그리고 그 사잇길의 설계

지금까지 학습 과정의 모든 요소들을 배웠다. 과연 이 모든 것을 어떻게 하나로 엮어낼 수 있을까? 5부에서는 다음 세 가지 핵심 주제에 초점을 맞춘다. 스키마를 염두에 두고 목표 설정하기, 인지 과부하를 피하기 위한 학습 순서 정하기, 그리고 학습자의 주의를 가장 중요한 것에 집중시키기.

발사 준비

학 습 목 표 를 설 정 하 라

요즘 인터넷이 하는 일 중에서 가장 유용한 것을 꼽으라면 아마 학교 숙제에 대해 다소 "엉뚱한" 답을 내놓는 아이들의 사례를 모아보는 일일 것이다. 이 중에서도 짐이라는 어린이의 사례가 재미있다.

자, 이 장면을 몇 가지로 해석할 수 있다. 이 어린이는 아마 숙제를 끝까지 해낼 수 없어서 장난기 어린 "지름길"을 택했을지 모른다. 또 다른 해석은 이 어린이가 매우 진지하게 숙제를 했지만, 문제의 의도나 문맥 자체가 너무 모호한 나머지 결국 자신의 "성공"적 답안이 문제가 기대했던 바와는 완전히 다른 방향으로 나아갔다는 것이다.

이런 일은 비단 어린이들에게만 일어나는 것은 아니다. 혹시 어떤 일을 열심히 해서 "성공"적으로 끝냈는데, 나중에 그 방식이 그 일이 실제로 요구했던 바는 아니었음을 알게 된 적이 있는가? 이런 순간을 흔히

"아무도 묻지 않은 질문에 답 찾기"라고 표현하곤 한다. 그런데 이런 현상은 왜 애초에 생기는 것이며, 이를 어떻게 해결할 수 있을까?

과제를 엉망으로 한 것이 원인일 수 있지만, 실제로는 처음부터 목표 설정이 잘못된 채로 시작했기 때문에 발생하는 경우가 훨씬 많다. 인간은 일반적으로 문제가 명확히 주어졌을 때 그것을 해결하는 데 꽤 능숙한 편이다. 하지만 우리는 문제를 설정하는 데는 무척 서툴다. 타인이 성공적으로 일을 해내기 위해서는 무엇을 알고 무엇을 할 수 있어야 하는지를 정확히 정의하는 데 어려움을 겪는다는 것이다.

효과적인 목표 설정에 대한 연구는 학습이 일종의 "복잡계complex system"라는 점을 인정한다. 이 시스템은 배워야 할 것, 학습이 이루어지는 방식, 그리고 학습이 이끌어낼 최종 결과, 이 세 가지 사이의 정교한 균형에 달려 있다. 이 요소들 간의 관계가 불균형해지거나 서로 단절되면, 시스템은 어떤 방식으로든 실패하게 된다. 그리고 그런 실패의 대가는 결코 가볍지 않다. 많은 조직이 막대한 시간과 비용을 들여 추진한 프로젝트들이 좌초되고 마는 원인 역시, 달성하고자 하는 학습과 성장의 목표를 효과적으로 설정하지 않은 탓에 시작도 전에 실패가 예정된 채로 움직이는 경우가 허다하기 때문이다.

효과적 목표 설정의 과학

효과적 목표effective objectives가 어떤 도움이 될 수 있는지 이해하려면, 먼저 그 목표가 우리에게 어떤 가능성을 열어주는지 알아야 한다. 다행히도,

목표와 수행 사이의 관계는 심리학 하위 분야를 통틀어 가장 널리 연구된 분야 중 하나다. 수많은 연구가 조직 운영의 효율성부터 학업과 스포츠에 이르기까지 거의 모든 영역에서 잘 설정된 목표가 수행 능력을 향상시킨다는 사실을 반복해서 입증해 왔다. 효과적 목표 설정이 가져다주는 대표적 이점은 다음과 같다.

- 효과적인 목표는 수행의 방향성을 제시한다. 목표는 학습자(그리고 학습을 지도하는 사람)가 무엇에 집중해야 할지, 그리고 무엇이 학습의 성공으로 이어질 가능성이 높은지를 분명히 보여준다.
- 효과적인 목표는 노력의 자원 분배를 조절한다. 목표는 어떤 방식으로 자원을 사용하는 것이 가장 효율적인지 알려주므로, 에너지를 낭비하지 않게 해준다.
- 효과적인 목표는 지구력을 강화한다. 명확한 목표가 있으면 그 목표에 도달할 때까지 노력을 계속할 가능성이 훨씬 높아진다.
- 효과적인 목표는 새로운 전략 개발을 촉진한다. 목표는 우리가 개선하려는 것에 대해 탁월함의 기준을 제공하기 때문에, 이를 바탕으로 기존 방식을 개선하고 정제하는 새로운 전략을 만들어낸다.

지금까지 소개한 것이 효과적 목표 설정이 갖는 장점의 일부에 불과하다면, 우리는 어떻게 이 좋은 목표 설정을 스스로 어떻게 해볼 수 있을까? 목표 실징을 탄탄히 하는 출발점은 **정확성**에 집중하는 것이다. 정확하게 목표를 세우고 싶다면, 다음과 같은 질문을 스스로에게 던져봐야 한다.

1. 이번 학습 경험을 통해 사람들이 무엇을 알게 되거나, 어떤 능력을 갖추게 되기를 원하는가?
2. 어떤 조건 하에서 사람들이 배운 것을 실제로 보여주어야 하는 상황이 발생하는가?
3. 사람들이 성공했는지 어떻게 판단할 것인가?

이 세 가지 질문은 서로 밀접하게 연결되어 있지만, 이해하기 쉽게 다음의 세 가지 범주로 나누어 하나씩 살펴보자. 결과Outcomes, 조건Conditions, 그리고 평가 방법Measures.

결과outcomes 구성 요소

효과적 학습 목표는 구체적이고 관찰 가능한 결과로 구성해야 한다. 이 원칙은 심리학 문헌에서 가장 신뢰할 수 있고 반복적으로 검증된 연구 결과 중 하나다. 전체 연구 90% 이상에서, 명확하고 도전적인 목표를 설정한 경우가 단순히 "최선을 다하라"고 촉구했을 때보다 더 높은 성과로 이어졌다. 최선을 다하라는 말은 어떻게 더 나아질 수 있는지에 대한 이미지를 주지 않는다. 따라서 우리가 원하는 결과를 정확하게 명시하는 것이 좋다.

두 가지 예시를 통해 좀 더 구체적으로 살펴보자.

- "인공지능의 이점이나 위험성에 대해 구조적 논증을 설득력 있는 방식으로 발표할 수 있다"는 유용한 학습 목표다. 이 과제를 수행하기 위해 필요한 명확한 요소들이 있기 때문이다(예: 최신 AI 지식, 논증을 구성하는 일반적인 구조에 대한 이해 등). 게다가 이 목표는 관찰 가능하다. 실제로 발표하는 모

습을 보면, 이 목표를 달성했는지 여부를 판단할 수 있다.

- 반면에 "더 설득력 있게 하기"란 목표는 너무 모호해서 실질적인 도움이 되지 않는다. 학습자를 어떻게 도와야 할지, 어디에 중점을 둬야 할지를 알기 어렵다. 결국 이 목표를 달성하기 위해서는 구체적으로 무엇을 할 수 있어야 하는지 말하기 어렵다는 것이 문제다.

이러한 목표 설정 방식은 [2부. 질서 있는 마음]을 시작할 때 다루었던 스키마 이론과도 맞닿아 있다. 학습 목표의 결과를 구체적인 지식과 기술로 분해하면, 곧 다음과 같은 질문이 떠오르게 된다. "무엇이 학습자의 장기 기억에 남아야 하며, 그것이 기존 스키마와 어떻게 연결될 것인가?"

조건conditions 구성 요소

이 구성 요소가 처음엔 눈에 띄지 않을 수 있지만, 수많은 연구에서 보여주듯 환경적 요인은 수행에 결정적인 영향을 미친다. 따라서 학습 목표를 설정할 때마다 그 수행이 어떤 조건에서 이루어질지를 반드시 고려해야 한다.

설정한 과제와 그 과제가 수행되는 조건, 그리고 결과물 사이의 관계에 대한 연구는 **파킨슨의 법칙**Parkinson's Law이라는 개념을 탄생시켰다. 이 법칙은 간단히 말해, "노력의 정도는 과제의 난이도에 따라 조절된다"는 것이다. 이 현상을 현실 세계에서 실제로 보여준 대표적 사례가 1975년 게리 P. 래섬Gary P. Latham과 에드윈 로크Edwin Locke의 유명한 연구다. 연구에서는 벌목꾼들의 작업방식에 주목했는데, 이들의 업무는 나무를 베고 목재로 가공하는 것이다. 두 사람은 벌목꾼들에게 주어진 작업 시간이 짧을수록,

오히려 (시간 대비) 생산량이 더 많아진다는 것을 발견했다. 즉, 작업을 하는 조건이 바뀌자, 그 일을 해내는 방식도 함께 바뀐 것이다. 비슷한 맥락의 연구들이 체스, 역도 등 광범위한 분야에 걸쳐 반복적으로 수행되었으며, 모든 결과에서 과제의 조건적 난이도가 성취도를 조절하는 경향이 유사하게 나타났다.

습득해야 할 지식, 즉 앞서 살펴본 결과의 구성 요소가 동일하다 하더라도, 과업이 수행되는 조건이 달라지면 그 성과는 놀라울 정도로 다른 양상으로 바뀔 수 있다. 예를 들어, 당신에게 100미터를 자신의 최고 기록으로 달리라는 목표가 주어진다고 하자. 이 과업의 일반적 조건은 꽤 명확하다. 우리는 100미터가 얼마나 먼지, 당신의 최고 기록이 몇 초인지 알 수 있고, 이 기록을 깨기 위해 근력과 속도 훈련 계획을 어떻게 세울지 안다. 이제, 100미터 달리기를 미끄러운 얼음 위에서, 오르막길을 따라, 강한 바람을 맞으며 하라고 한다고 생각해 보자. 갑자기 과제의 조건이 바뀌었기 때문에, 훈련 계획은 완전히 달라져야 한다.

앞서 살펴본 두 가지 예시로 다시 돌아가, 조건 구성 요소가 어떤 의미인지 살펴보자.

- "인공지능의 이점이나 위험성에 대한 구조적 논증을 설득력 있는 방식으로 같은 수강생들을 대상으로 발표할 수 있다"란 목표는 유용한 조건적 요소를 포함하고 있어서, 학습자가 준비하는 데 도움이 된다. 같은 수업을 들어온 다른 학생들이 청중이므로, 주제에 대해 이미 일정 수준의 공통된 이해 기반이 형성되어 있음을 참고할 수 있기 때문이다.

- 반대로, 목표가 "인공지능의 이점이나 위험성에 대한 구조적 논증을 설득력 있게 유엔(UN)에서 발표할 수 있다"가 되면 이야기는 완전히 달라진다. 생판 다른 조건에서의 수행은 전혀 다른 능력을 요구하기 때문이다. 예컨대 전 세계 다른 국가의 AI 관련 정책에 대한 최신 정보, AI의 이점과 위험성이 그러한 정책에서 어떻게 고려되고 있는지, 또는 고려되지 않고 있는지를 보여주는 다양한 예시 등이 필요할 것이다.

이 예시에서 우리가 얻는 배움은, 조건은 수행을 결정짓는다는 것이다. 맥락이 바뀌면 성공에 필요한 역량 자체가 달라지기 때문이다. 우리가 수행 조건을 통제할 수 있든 없든, 그 조건은 학습 목표를 설정할 때 반드시 고려해야 할 핵심 요소라는 점에는 변함이 없다.

평가measures 구성 요소

이 구성 요소는 단 하나의 질문으로 요약된다. "누군가가 우리가 설정한 목표를 달성했는지 우리는 어떻게 알 수 있을까?" 이 질문에 답하기 위해서는 설정한 결과와 일치하는 평가 도구가 필요하다.

경험상, 실제 현장에서 평가에 대해 언급할 때마다 미묘한 주저함이 느껴지곤 한다. 이는 여러 형태로 나타난다. 어떤 사람들은 이렇게 말한다. "데이터에 기반한 의사결정이 중요하다는 건 알지만, 우리 상황에서는 평가를 사용할 수 없습니다. 이런 이유 때문이죠. [여러 가지 이유 등장. 시간이 없다, 자원이 없다, 우리가 하는 일은 평가하기엔 너무 복잡하다 등]" 또 어떤 사람들은 과거 학교 시절 시험에 대한 부정적 경험 때문에, 다른 사람들에게 비슷한 경험을 반복시키고 싶지 않다고 한다.

자, 이런 관점에는 모두 일리가 있다. 그렇지만 우리는 다음 두 가지를 강조하고 싶다.

1. 학습 목표와 밀접하게 일치하는 평가 방법을 만드는 일은 그만한 가치가 있다.
2. 평가 실시가 반드시 자원이 많이 소모되거나 부정적인 경험이 되지는 않는다.

이것들이 무슨 의미를 가지는지, 다음 절에서 좀 더 자세히 파고들어 보자.

평가는 어떻게 도움이 되는가

1. 우선순위 설정

평가는 무엇에 집중해야 할지 우선순위를 세우는 데 도움이 된다. 앞서 다룬 학습 목표를 다시 떠올려 보자. "인공지능의 이점이나 위험성에 대해 구조적 논증을 설득력 있는 방식으로 다른 수강생들 앞에서 발표할 수 있다." 이 목표에 일치하는 평가 방법은, 10분 발표를 통해 평가하되 다음과 같이 목표에서 직접 추출한 항목을 포함한 평가 **루브릭**rubric을 활용하는 것이다.

평가 항목	내용
구조적 논증	발표자가 문제의 맥락을 제시하고, 쟁점이 무엇인지 분석하며, 반대 입장을 제기한 뒤 이에 반론을 제시한다.
설득력 있는 방식	발표자는 설득력 있는 언어를 사용한다. 예를 들어, AI가 지배하는 세상의 모습을 그려주는 비유적 언어를 사용하거나, 논증의 논리적 균형을 강화하기 위해 '3의 법칙'과 같은 서사 구조를 활용한다.
청중과의 맞춤	발표자가 같은 수강생들의 실제 경험에 호소한다. 예를 들어, AI가 그들의 삶에 어떤 긍정적 또는 부정적 영향을 미칠 수 있는지 고려하게 한다.

루브릭이 결정되면, 발표를 하게 될 수업을 구성할 때 무엇에 집중해야 할지를 정하는 일이 수월해진다. 발표 수업에서는 구조, 스타일, 그리고 청중에 집중할 수 있다. 무엇을 평가할 것인지 알게 되면, 강의계획서에서 무엇을 넣고 무엇을 뺄지를 결정하는 어려운 선택도 가능해진다. 예를 들어, 동료 교수가 새로운 AI 도구의 실습 활동을 해보자고 할 때, 흥미롭고 관련 있어 보이긴 해도 쓰지 않기로 결정할 수 있다. 이 활동보다 여러분이 이미 계획해 둔 활동이 학습자들에게 더 중요하기 때문이다.

이런 결정은 수업 시간이 늘 부족한 교수들만의 고민이 아니다. 늘 우리는 시간 부족이라는 현실 속에서 살아간다. 경영학자 피터 드러커Peter Drucker의 유명한 말이 있다. "평가되는 것이 관리된다What gets measured, gets managed." 프로젝트 마감일까지 남은 주차가 줄어들고, 고객 교육 시간은 정해져 있고, 이사회 회의는 늘 3시간으로 고정되어 있다면, 결과물을 어떻게 평가할지 미리 정해 두기만 해도(설령 그 평가 방법을 사용하지 않더라도!) 무엇을 남기고 무엇을 덜어낼지를 결정하는 데 큰 도움이 된다.

2. 목표를 평가하는 도구

우리가 흔히 듣는 말 중 하나는 이렇다. "지금 여기서 하려는 일은 너무 복잡해서 실제로 평가하기 불가능합니다." 만약 여러분이 이렇게 말하고 있다면, 아마도 목표를 다시 세워야 할 필요가 있다. 일단 자원의 문제는 잠시 제쳐두자. 목표를 평가할 방법 자체가 없다면, 앞에 나열한 산출물과 수행 요소를 충분히 명확하게 정의하지 않았다는 증거다. 여기서 꼭 기억해야 할 점이 있다. 일반적인 목표("더 설득력 있게 말하기")와 구체적이고 평가 가능한 목표("같은 수강생들에게 인공지능의 이점이나 위험성에 대한 구조적 논증을 설득력 있는 방식으로 발표할 수 있다")는 다르다는 것이다.

이것은 학습자에게도 매우 중요하다. 학습자는 평가 정보를 사용해 자신이 목표를 달성했는지 판단할 수 있다. 스스로에게 이렇게 물어보자. "학습자가 완벽히 잘하지 못했더라도, 자신이 무엇을 어떻게 개선해야 할지 설명할 수 있을까?" 이 질문에 "그렇다"라고 답할 수 있는 정보를 제공하는 평가가 이상적이다.

이렇게 해야 학습자가 AI 발표에서 점수를(또는 중간 평가에서 점수를) 받아 보고 "더 잘할걸"이라며 막연한 생각만 하고 끝내지 않는다. 평가가 명확하다면 자신의 데이터를 본 학생은 구체적으로 이렇게 말할 수 있다. "내 주장을 제시하기 전에 반대 입장을 더 진정성 있게 다루었어야 했구나. 그냥 허수아비 논증으로 제시해 버렸구나." 결국 다시 처음으로 돌아가, "최선을 다하라"와 같은 모호한 목표 설정은 한계가 있다. 무엇보다도, 모든 길은 애초에 설정된 학습 목표의 질로 귀결된다.

3. 사용 가능한 정보

평가를 반드시 해야 하는 주된 이유는, 실제로 목표를 달성했는지 여부를 알려주기 때문이다. 우리는 이 정보를 앞으로의 작업을 더 효과적으로 만드는 발판으로 쓸 수 있다. 문제는 많은 분야에서 사람들이 평가를 목표에 일치시키는 데 어려움을 겪는다는 점이다.

앞서 "같은 반 수강생들에게 인공지능의 이점이나 위험성에 대한 구조적 논증을 설득력 있는 방식으로 발표할 수 있다."는 목표를 발표와 루브릭을 사용해 평가할 수 있다고 했다. 여기서 제시하지 않은 방식이 있다. "이 과제를 완료한 후 설득력 있는 논증을 얼마나 잘할 수 있다고 느끼나요? 1(자신 없음)부터 10(매우 자신 있음)까지의 척도로 평가해 주세요." 또는 "이 강의를 친구에게 추천하겠습니까?"와 같이 학생들의 강의평가에 흔히 등장하는 질문이다. 자신감이나 추천 점수를 평가하는 것이 틀렸다는 것이 아니다. 이 문항들이 전혀 다른 목표, 가령 "학생들은 설득력 있는 논증을 만드는 능력에 대한 자신감이 높아질 것이다."에 일치할 뿐이다. 만약 목표를 여러 가지 선택한다면, 각 목표에 가까운 평가 방법을 별도로 선택해야 한다.

목표와 평가가 일치(이를 연구자들은 "**구성 타당도**"라고 한다)하는지 확인하려면, 다음 질문을 던져보아야 한다.

아무런 관련 지식이나 기술이 **없어도** 이 평가에서 **좋은** 성과를 낼 수 있는가?
관련 지식과 기술을 **충분히 갖추었음에도** 이 평가에서 **낮은** 성과가 나올 수 있는가?

첫 번째 질문부터 보자. 만약 우리의 평가 도구가 다음 질문을 한다고 가정한다. "이 과제를 마치고 나서 설득력 있는 논증을 얼마나 잘할 수 있다고 느끼나요? 1(자신 없음)부터 10(매우 자신 있음)까지의 척도로 평가해 주세요." 이때 8장에서 다룬 더닝-크루거 효과를 떠올려 보자. 사람은 실제 능력이 부족할 때 오히려 자신감을 더 느끼는 경향이 있다. 이런 자기 확신은 목표를 정확하게 평가하는 방법이 아니다.

두 번째 질문으로 넘어가자. 이번에는 다음과 같은 질문을 평가 방법으로 썼다고 해보자. "이 강의를 친구에게 추천하겠습니까?" 그 응답은 너무 다양한 이유에 의해 영향받을 수 있다. "그렇다, 교수님이 수업 마지막 날 피자를 사주셨음."부터 "그렇지 않다, 친구들은 쉽게 A학점 받는 강의를 찾는데, 이 수업은 힘들다."까지 가능한 것이다. 두 번째 응답의 경우, 학생이 "설득력 있는 논증하기"라는 학습 목표를 충분히 달성했더라도 이 평가 항목의 점수는 낮다.

학습 목표와 평가 도구를 맞추어야alignment 하는 이유는 명확하다. 잘못된 평가를 사용하면, 그 데이터를 근거로 내리는 결정 또한 잘못될 수밖에 없기 때문이다. 2012년 버튼Berton이 수행한 일련의 연구에서는 마케팅 분야에서 흔히 사용되는 평가 지표인 "광고 회상advertising recall"의 타당성에 의문을 제기했다. 광고 회상을 평가할 때, 연구 참가자들은 "이 제품의 광고를 얼마나 자주 보셨습니까?", "어디서 보셨습니까(예: 광고판, 텔레비전, 잡지, 인터넷, 소셜 미디어)?" 같은 질문들에 답을 하게 된다.

그런데 살펴보니 어떤 광고 회상 연구에서는 응답자들은 포드의 트럭 모델 Ford F-150 광고를 온라인과 잡지뿐만 아니라 텔레비전에서 48시간마다 한 번씩 보았음에도 불구하고, 4명 중 1명 이상이 그 광고를 본

적이 없다고 답했다. 또 다른 연구에서도 비슷한 결과가 있었는데, 광고 회상과 구매 행동 사이에 관계가 없었다. 예컨대, 어떤 광고는 매출 점유율을 15%나 끌어올렸는데도 소비자들은 그 광고에 대해 거의 아무런 기억도 하지 못했다.

핵심 메시지는 이것이다. 널리 사용되는 평가 지표라고 해서 반드시 옳지는 않다는 것. 관건은 맞춤alignment 여부다. 광고가 실제 구매 행동에 어떤 영향을 미치는지를 알고 싶다면, 광고 회상이 아니라 구매 행동을 평가해야 한다. 해당 연구에 포함된 회사들이 광고 회상의 데이터에 기반하여 결정을 내렸다면, 광고를 중단해 버렸을 것이고 결국 매출 증가의 기회를 잃었을 것이다.

한 가지 더 주의할 점이 있다. 광고, 리더십, 공공 정책, 교육 등 여러 분야에 걸친 연구에서 밝혀진 바에 따르면, 자기 보고self-report 데이터는 실제 경험보다 응답자의 특성(예: 성격, 기분, 인구 통계)과 더 밀접하게 관련 있다. 만족도와 학습 성취 사이의 상관 관계는 매우 낮고, 배웠다고 느끼는 것과 실제로 배운 것 사이에도 낮은 상관관계가 있었다. 물론 자기 보고가 쓸모 있는 순간이 있지만, 어디까지나 인식의 변화를 평가할 때이지 관찰 가능한 결과를 평가하는 것은 아니다.

이 장은 이런 전제로 시작했다. 효과적인 학습 목표란 학습자가 학습 경험을 통해 무엇을 알고 무엇을 할 수 있게 될지를 명확히 표현하는 것이다. 인지과학의 언어로 말하자면. 효과적인 목표는 우리가 전달하고자 하는 정보가 학습자의 장기 기억에 어떻게 자리 잡고 다시 그 기억으로부터 어떻게 꺼내어질지를 인식하는 것이다. 바로 여기에서 13장의 멘탈 모델이 등장한다.

실전 효과적 목표 설정

로켓 발사 준비

핵심 아이디어: 효과적인 학습 목표는 학습 과정의 예상 결과, 조건, 그리고 평가를 명확히 정의함으로써, 학습자 중심의 지원을 가능하게 한다.

멘탈 모델 Mental Models

학습 목표 설정이 로켓을 우주로 쏘아 올리기 위해 준비하는 일과 닮은 이유는 무엇일까?

수백만 파운드의 금속과 연료, 그리고 때로는 인간을 우주로 날려 보내는 작업은 그야말로 엄청난 수준의 계획 수립과 목표 설정 없이는 불가능하다. 놀랍게도 이 과정에서 배울 수 있는 교훈이 학습 목표의 효과적 설정에도 고스란히 적용된다.

+ 1단계: 결과 구성 요소 = "성공적 발사 정의하기"

단순히 로켓이 이륙했다는 것만으로는 성공적인 발사라고 말할 수 없고, 진짜 성공으로 여겨지기 위해서는 로켓이 해야 할 무수히 많은 임무들이 포함되어야 한다.

자, 당신이 팀 워크숍을 계획하는 업무를 맡았다고 가정해 보자. 가장 먼저 할 일은, 차분히 앉아 이 워크숍의 목적이 무엇인지 정하는 것이다. 다음 두 가지 계획안의 장점을 비교해 보자.

1안 이번 워크숍의 목적은 팀 내 신뢰를 구축하고 우리가 함께 나아갈 새로운 전략 방향을 설정하는 것이다.

2안 이번 워크숍이 끝날 때까지, 나는 팀원들이 다음을 해내길 바란다.

- 향후 18개월 간 우리가 취할 가장 영향력 있는 전략적 조치 세 가지를 명확하게 말할 수 있다.
- 자신의 현재 역할과 전문 분야가 이 전략적 조치에 어떻게 기여할 수 있는지 최소 두 가지 방식으로 설명할 수 있다.
- 전략을 달성하기 위해 스스로 발전시켜야 할 성장 영역 한 가지를 파악하고, 이를 위한 구체적 성장 계획을 세울 수 있다.
- 각자의 업무에 대한 "이유"가 팀원 간에 어떻게 맞물리고, 서로를 어떻게 보완하는지 설명할 수 있다.

보시다시피, **1안**은 구체적 학습 목표를 명확하게 표현한 것이 아니라 희망 섞인 말에 가깝다. 반면에 **2안**은 팀이 함께 보낸 시간이 어떤 결과를 만들어낼지를 구체적으로 명시한다. 또한 참여하는 팀원 각각의 존재를 전제하고, 그들이 이미 알고 있는 것(또는 새롭게 알아야 할 것)을 고려하며, 그 지식을 실제 업무와 연결시키는 구조를 가지고 있다. 마지막으로, "신뢰를 구축하자"와 같은 모호한 미사여구에 빠지지 않고, 그 과정이 실제로 어떤 형태로 전개될지를 구체적으로 보여준다.

따라서 이 워크숍에 참석하는 누구라도, 이 경험의 목표와 그 목표를 달성하기 위한 과정이 무엇인지 명확하게 이해할 수 있다. 이렇게 구체적으로 정의된 목표는 또한 팀이 함께 보내는 한정된 시간 동안 무엇에 집중하고 무엇을 뒤로 미뤄야 할지를 결정하는 우선순위 설정에도 큰 도움이 된다.

+ 2단계: 조건 구성 요소 = "성공적인 발사가 이루어질 조건을 결정하는 일"

> 맑고 구름 없는 날에 이루어지는 성공과, 강풍과 폭우 속에서의 성공은 완전히 다른 기준을 요구하므로, 날씨가 적합하지 않을 때 로켓 발사는 과감히 취소된다.

이제 워크숍이 어떤 환경에서 열릴지를 고려해야 한다고 상상해 보자. 여러분은 어떤 점에 주목하겠는가? 왜 그럴까?

1안 공간이 편안한지, 자연광이 잘 들어오는지, 그리고 간식이 충분한지를 확인할 수 있다. 간식은 항상 중요하니까. 또한 우리 팀에 새로 들어온 직원이 몇 명 있는데 행사에 참여한 적이 없기 때문에, 그들이 워크숍 장소를 찾는 데 도움이 필요할지 모른다.

2안 작년까지는 3~4일간 진행되는 대면 워크숍과 같은 시간을 3주에 걸쳐 온라인으로 나눠 운영하는 방식을 오갔다. 서로의 일하는 "이유"를 공유하고 연결짓는 신뢰 구축 작업이 이번 프로젝트의 성격이므로, 이번에는 첫 번째 방식이 훨씬 효과적일 것 같다. 시간에 쫓기지 않고 방해받지 않을 것이기 때문에, 중단 없이 이루어지는 대면 방식을 선택하겠다.

예시에서 **1안**은 상황을 고려하긴 했지만, 피상적인 수준에 머무르고 있다. 물론 작업할 편안한 환경을 갖는 것과 간식은 중요하지만, 그것이 이 워크숍의 핵심 목표 달성과 어떻게 연결되는지는 명확하지 않다.

반면 **2안**은 작업의 광범위한 조건, 참여자, 그리고 해야 할 일 사이의 관계를 전략적으로 고려한다. 이 경우엔 집중된 시간 동안 대면으로 함께 하는 환경이 분산된 온라인 세션보다 훨씬 더 나은 결과를 만들어낼 것이라는 판단이 뚜렷하게 드러난다.

+ 3단계: 평가 구성 요소 = "발사가 얼마나 성공적이었는지 판단하는 일"

로켓 발사는 수백 명이 관여하는 복잡한 작업이어서, 그만큼 성공 여부를 판별하기 위해 사전·사후 검토가 어마어마하게 체계적으로 이루어져야 각자의 역할이 제대로 수행되었는지 무엇이 잘되었고 개선되어야 하는지 판단할 수 있다.

이제 워크숍의 막바지에 이르렀다고 생각해 보자. 여러분은 워크숍이 목표를 달성했는지 어떻게 판단할 수 있을까? 어떤 접근 방식을 취하시겠는가?

1안 워크숍이 끝날 때, 팀원들을 원형으로 둘러 앉히고 다음 프롬프트에 대한 생각을 공유하게 하려고 한다. "예전에는 이렇게 생각했지만, 지금은 이렇게 생각합니다." 그런 다음 워크숍에서 각자 가장 유익했던 점과 다음 번에 어떻게 개선했으면 좋겠는지에 대한 짧은 성찰을 이메일로 보내 달라고 요청할 것이다.

2안 워크숍이 끝나기 전, 참석자들이 개별적으로 다음의 질문에 응답할 시간을 따로 마련할 것이다. 질문의 예는 다음과 같다.

- 이번 워크숍을 통해 도출한 가장 영향력 있는 전략적 조치 세 가지를 어떻게 설명하시겠습니까? 자신의 기존 역할과 전문성이 그러한 목표를 달성하는 데 어떻게 활용될 수 있을까요?

- 그러한 목표를 달성하기 위해, 스스로 발전시켜야 할 한 가지 성장 영역은 무엇이며 이를 어떻게 개선해 나가겠습니까? 당신의 성장을 위해 팀원들은 어떻게 지원할 수 있을까요?
- "이유" 공유 활동을 통해, 우리 팀에 공통적으로 보였던 특징은 무엇입니까? 그 특성이 우리가 함께 하는 일의 목적에 대해 어떤 통찰을 주었나요?

여기서 **1안**은 워크숍의 마무리를 자유로운 성찰의 기회로 삼고 있지만, 초반에 설정한 목표 자체가 모호했기 때문에 이런 성찰 방법 역시 그럴 수밖에 없다. 참석자들이 이 질문에 답하더라도, 자신의 경험이 워크숍의 본래 목적과 어떻게 연결되는지 알기 어려울 것이다.

반면, **2안**은 초기에 설정한 목표와 연결되는 구체적인 질문들을 제시한다. 이 질문에 진지하게 답한다면 누구든지 워크숍이 실제 목표를 달성했는지 그리고 참석자로서 자신이 어떤 성장을 이루었는지 명확히 알 수 있다.

결론

로켓을 발사하든 팀 워크숍을 기획하든, 성공의 가능성은 카운트다운이 시작되기도 전에 이미 상당 부분 결정되어 있다. 성공을 어떻게 정의하느냐, 그 일이 어떤 환경에서 이루어질 것이냐, 그리고 무엇으로 성과를 평가하느냐, 모두 학습 경험에서 핵심적인 요인이다.

정확하고 신중한 목표를 세우면, 이 세 가지 요인을 잘 맞물리도록 맞춰 앞으로의 학습을 위해 성공적인 발사를 준비할 수 있다.

핵심 요점

* 효과적 목표 설정은 학습에 여러 가지 이점을 가져다준다. 연구에 따르면 잘 설계된 목표는 성과를 높여주며, 이는 다양한 분야에서 일관적으로 나타난다.
* 효과적인 학습 목표를 위해서는 수행, 조건, 결과와 더불어, 다음에 제시된 과정의 핵심 구성 요소들을 고려해야 한다.
  - **결과 구성 요소**: 목표가 구체적인 결과로 표현되어야 하며, 바라는 목표를 달성하기 위해 필요한 세부 요소들이 드러나야 한다.
  - **조건 구성 요소**: 환경적 요인은 수행에 영향을 미치므로, 학습 목표를 세울 때는 성과가 발휘될 조건을 반드시 고려해야 한다.
  - **평가 구성 요소**: 학습자가 목표한 역량을 충분히 갖췄다고 판단하기 위해 필요한 수행 수준이 어느 정도인지 규정한다. 이를 위해 명확한 성과 기준을 설정하고, 학습자는 스스로 그 기준을 달성했는지 또는 넘어섰는지를 확인하게 된다.

평가를 위한 루브릭 작성 단계

학교에서 혹은 직장에서 구성원들의 능률적 학습을 돕기 위해서는, 학습 목표와 평가, 피드백이 긴밀하게 연결되어야 한다. 이것이 바로 단순히 '평가 기준표'를 만드는 데 그치지 않고 루브릭을 단계별로 설계해야 하는 이유이다. 루브릭은 학습자의 성취를 판단하는 도구이기도 하지만, 동시에 학습의 방향을 안내하는 지도이기도 하다.

그런데 평가 기준이 모호하거나 평가 항목이 중복되면, 교수자나 팀장은 채점에 일관성을 잃고 학습자는 무엇을 어떻게 개선해야 할지 알 수 없다. 따라서 루브릭은 즉흥적이 아닌, 적절한 단계를 따라 체계적으로 설계해야 한다. 이 과정에서 루브릭은 학습자에게는 자기 성찰을 위한 피드백 도구가 되고, 교수자에게는 교육의 질을 점검하고 개선하는 설계도 역할을 한다.

1. 평가 목표 설계

① 학습자들은 어떤 학습 경험을 하였나?

② 무엇을 평가할 것인가?

③ 왜 평가할 것인가?

④ 학습과 평가가 끝난 후, 무엇을 '할 줄' 알게 되면 성공적 학습으로 판단할 것인가?

2. 평가할 항목(요소) 선택

① 목표에서 핵심 행동을 3~5개 정도 선택한다. (예: 구조, 자료 활용, 의사 전달, 시간 준수 등)

② 기준은 중복되지 않게 하며, 한 기준에 한 가지 아이디어만 담는다.

- 나쁜 예: '내용과 디자인' '논리성' '전달력' → '내용과 디자인'이라는 한 가지 항목에 두 가지 서로 다른 요소가 포함된다. 내용과 설득력이 중복되는 요소다.

- 좋은 예: '내용과 논리' '전달력' '시각자료의 적절성' → 서로 중복되지 않으며, 이 세 항목은 점검 시 과제를 완전히 평가할 수 있기 때문에 좋은 항목의 구성이 된다.

3. 평가할 수준 결정

① 탁월함/양호함/발전중, 혹은 A/B/C/D 등의 수준으로 나눈다.

② 각 수준은 직관적으로 이해할 수 있도록 정한다.

4. 수준별 서술문 작성

① 관찰 가능하고 구체적으로 작성한다.

② 모든 서술문은 같은 문장 형식으로 유지한다.

5. 가중치 결정

① 모든 평가 항목이 같은 비중일 필요는 없다.

② 목표 달성에 중요한 기준에 가중치(예: 40%)를 둔다.

6. 시범 채점 (생략 가능)

① 과제 샘플이나 과거의 과제를 시범 적용해 보며 문구를 다듬는다.

② 가능하면 동료와 공동 채점하고 채점 수준을 맞추어 신뢰도를 높인다.

7. 학습자와 루브릭에 관한 토의(이 단계를 첫 단계로 해도 된다)

① 루브릭을 학습자들에게 사전에 공개하고, 수업 중 스스로 혹은 동료의 과제를 루브릭에 맞춰 평가해 보게 한다.

② 학습자들이 과제를 할 때 어디에 집중해야 하는지 쉽게 알게 한다.

8. 실행 후 다음을 위해 수정

① 실제 채점 과정에서 애매하거나 곤란했던 부분을 사례로 남기고, 다음을 위해 수정한다.

준비 완료, 플레이어 원

아이디어를 구조화하고 순서를 정하라

저자 짐의 친구가 비행 훈련을 받고 있을 때의 일이다. 조종석 옆에 앉은 교관이 훈련생에게 비교적 단순해 보이는 조작을 요청했다. 비행 조건이 최적이었던 평소와 달리, 그날은 시야가 나쁜 날이었다. 결국 훈련생은 교관의 요청을 수행하지 못했고 나중엔 이렇게까지 말했다. "그 순간 누군가 내 이름이 뭐냐고 물었어도 아마 그것조차 제대로 대답하지 못했을 거예요."

다행히도 교관이 즉시 조종을 넘겨받아 위험한 상황을 막을 수 있었지만, 그 순간에 도대체 무슨 일이 일어난 걸까? 왜 그 훈련생은 완전히 얼어붙었을까? 왜 우리는 모두 이런 "**인지적 마비**cognitive paralysis" 순간을 한 번쯤 경험하는 걸까? 훈련생은 당시에 자신이 겪은 현상을 설명할 말이 없었지만, 사실 그는 준비 부족으로 인한 인지 과부하cognitive overload(9장에서 다뤘던 개념) 상태에 빠졌던 것이며, 따라서 기본적인 작업조차 수행할 수 없었다. 즉 그 훈련생은 한 번에 새로운 일을 너무 많이 시도한 데다 낯선 환경적 요인까지 겹치면서, 두뇌가 처리할 수 있는 용량을 초과해 버리고 말았다.

이 상황을 비행 시뮬레이터flight simulator 훈련과 비교해 보자. 시뮬레이터에서는 다양한 상황을 "조절"할 수 있으며, 학습자의 숙련도에 따라 난이도를 단계적으로 관리한다. 이 경우, 시뮬레이터는 복잡한 과업을 더 작은 단위로 쪼개어 처리 가능한 형태와 난이도로 바꿈으로써 학습자를 돕는다. 또한 학습자에게 **프라이밍 효과**priming effect를 일으켜, 기존 지식을 활성화함으로써 새로운 정보를 쌓아갈 수 있도록 한다. 만약 시뮬레이터가 짐의 친구에게 실제 비행에 앞서 저시야 상황을 연습해볼 기회를 제공했었다면, 그는 아마 그런 인지적 마비 상태를 겪지 않았을 것이다. 인지 부하에 압도당하지 않고, 스스로를 통제할 수 있었을 것이다.

사실 비행 시뮬레이터 원리는 우리가 어떤 새로운 지식이나 기술을 배울 때에도 똑같이 적용된다. 학습자가 조건이나 내용 때문에 압도당하게 내버려두지 않고, 정보를 구조화하고 그 제시 순서를 전략적으로 배열함으로써 학습 효과를 극대화할 수 있다.

구조화와 순서 정하기는 왜 중요한가

2장에서 살펴봤듯이, 우리가 기억에 저장하는 정보는 하나씩 고립된 단위로 학습되는 것이 아니라, 스키마라는 상호 연결된 네트워크의 형태로 저장된다. 또 9장에서 다뤘던 것처럼, 작업 기억의 용량은 매우 제한적이므로, 학습자가 새로운 정보를 장기 기억으로 통합할 때 그들의 인지적 부하를 관리해야 한다는 것 역시 알고 있다. 이 모든 점을 고려하면, 다음과 같은 질문이 중요해진다. "사람들이 사고 체계 속에서 정보를 조직하는 방식과 더 잘 맞도록 나는 어떻게 아이디어를 구조화하고 순서를 정할 수 있을까?"

프라이밍, 학습을 위한 준비: 사전지식의 중요성

확실한 사실이 하나 있다. 사전지식은 인지 부하를 관리하는 데 큰 도움이 된다. 그렇기 때문에, 새로운 정보를 학습자에게 전달할 때에는 그들이 이미 알고 있는 것이 어떤 역할을 하는지를 반드시 고려해야 한다. 이 원리와 그 중요성을 설명하기 위해, 인지과학자 대니얼 T. 윌링햄Daniel T. Willingham이 제안한 사고 실험을 살펴보자.

다음 글자 리스트를 외워보세요. BB CN ASAC IANA TOU NI CEF

이제 다음 글자 리스트를 외워보세요. BBC NASA CIA NATO UNICEF

어느 한쪽이 다른 쪽보다 기억하기 쉬운 이유는 무엇일까? 두 번째 줄에 있는 약어들은 여러분이 이미 아는 것이기 때문이다. 20개의 서로 무관한 글자를 외우는 대신, 인지 부하를 줄여주는 의미 있는 다섯 개의 글자 덩어리로 처리한 것이다. 이 현상은 누구에게나 해당된다. 관련된 사전지식이 더 많을수록, 인지 부하는 더 가벼워진다.

이 현상은 연구에서도 명확히 입증되었다. 리처드 메이어Richard E. Mayer와 록사나 모레노Roxana Moreno가 2003년에 실시한, 사전 학습의 중요성에 대한 여러 차례의 실험을 보자. 연구팀은 참가한 학생들에게 브레이크와 펌프의 작동 원리를 설명하는 내레이션 영상을 보여주었다. 영상을 보기 전, 펌프와 브레이크 구성 부품 이름과 기능을 미리 학습할 기회를 가진 그룹이 그렇지 않은 그룹보다 이어지는 문제 해결 과제에서 훨씬 더 높은 성과를 보였다. 그들이 이미 숙지하고 있던 각 부품의 이름과 기능이 인지 부하를 줄여주었기 때문에, 영상을 보는 동안 부품들이 어떻게 상호작용하여 펌프나 브레이크 시스템을 작동시키는지에만 집중하면 되었다. 한편 사전 정보가 없었던 그룹은 각 부품의 이름과 기능은 물론, 부품 간의 관계가 기계의 작동에 어떻게 기여하는지까지 대량의 정보를 동시에 처리했어야 했다. 이 모든 것이 인지 과부하를 야기했다.

K. 안데르스 에릭손K. Anders Ericsson(8장에서 다뤘던 의도적 연습 연구자)은 그의 대표 논문에서 숙련된 전문성과 사전지식의 관계를 다루었다. 1993년

연구에서, 에릭손은 사전지식과 성과의 관계를 우아하게 그려내며, 이를 "**기억 기술**memory skill"이라고 명명했다. 그에 따르면 기억 기술이란 "장기 기억에 저장된 정보를 활용하여 확장된 작업 기억에서 신속하게 필요한 정보를 찾아내는 전문가의 능력"을 의미한다. 이 기술을 통해 전문가들은 "단기 기억의 제한된 저장 용량을 효과적으로 뛰어넘게" 된다.

예를 들어, 체스 마스터가 우리 같은 초보자보다 훨씬 빠르고 정확한 수를 둘 수 있는 이유는, 그들의 작업 기억이 초보자들보다 더 발달했기 때문이 아니다. 체스 마스터가 장기 기억에 쉽게 활용할 수 있는 방대한 패턴과 전략 레퍼토리를 가지고 있어서다. 앞서 본 약어 사례에서 정보를 "덩어리chunk" 지었을 때 글자들을 기억하기가 쉬웠던 것처럼 체스 마스터도 마찬가지다. 노련한 체스 선수들은 각 말을 따로 생각하지 않는다. 특정 한 말의 움직임과 관련된 조합과 배치를 하나의 정보 "덩어리"로 기억한다. 경기에서 고수들이 초보자들보다 속도가 빠른 이유는, 이미 수없이 본 유사한 모든 패턴 중에서 가장 적절한 수를 즉각적으로 떠올릴 수 있기 때문이다. 반면, 초보자는 매번 말 하나 하나를 고려하며 다음 수를 추론하려고 애쓴다. 이 과정은 훨씬 오래 걸리고 그만큼 인지 부하도 폭발적으로 증가한다.

"요즘 학생들은 뭐든 외울 필요가 없잖아요. 필요하면 구글에서 찾아보거나, AI를 사용해서 글을 쓰면 되니까요." 이 말에 학습의 본질을 이해하는 사람이라면 그토록 분노할 수밖에 없는 것은 바로 이런 이유다. 배경지식은 전문성, 문제 해결, 창의성, 혁신, 또는 비판적 사고 같은 모든 고차원적 사고의 필수 조건이다. 윌링햄의 말을 빌리자면, "이해란, 위장된 기억이다."

부분과 전체에 주의 기울이기

우리가 이미 보았듯이, 정보를 어떻게 제시하느냐의 선택은 인지 부하에 막대한 영향을 준다. 인지과학자들은 정보를 조직하는 방식을 **분리**Isolated와 **상호작용**Interacting 두 가지로 구분한다. 각각이 학습 과정에서 어떤 방식으로 작동하는지 살펴보자.

+ 분리된 정보

정보를 한 번에 하나씩 제시하는 방식이다. 각 요소가 전체 속에서 어떻게 함께 관계지어지는지는 보여주지 않는데, 이를 "부분-과제" 구조라고 부른다.

> 예: 여러분이 세렝게티 투어를 이끄는 전문 투어 가이드이며, 참가자들이 마주치게 될 야생동물을 소개한다고 상상해 보자. 이 사실을 분리된 정보로 제시하는 방식은 이렇다. 멀리서 보이는 동물을 발견하고 그 종에 대한 즉석 정보를 사람들에게 제공하는 것이다(저기 누우가 있어요, 저기 악어가 있네요). 이 방식을 새로운 동물이 나타날 때마다 반복한다.

+ 상호작용하는 정보

부분들이 어떻게 함께 맞춰지는지 보여주기 위해 모든 정보를 한 번에 제시하는 것을 의미한다. "전체-과제" 구조라고도 알려져 있다.

> 예: 여러분은 이번에도 전문 투어 가이드인데, 이전과 달리 생태계의 전체 그림과 서로 다른 종들이 상호간 그리고 환경과 어떻게 상호작용하는

지에 대한 설명을 하기로 했다고 생각해 보자. 이렇게 설명할 수 있다. "이 물웅덩이는 이 지역 누우들이 즐겨 찾는 곳이지만, 악어들도 가득하므로, 누우 무리가 물을 마시기 시작할 때 악어들이 먹이를 향해 기어가는 장면이 펼쳐질 수도 있습니다."

이 예시에서 한 방법은 여러 종을 개별 단위로 보고 필요할 때만 제시하는 반면, 다른 방법은 모든 것을 그들 사이의 관계와 함께 통합된 하나의 그림으로 보여주고 있음에 주목해야 한다.

분리된 정보 vs. 상호작용하는 정보

2002년 에드위나 폴락Edwina Pollock, 폴 챈들러Paul Chandler, 존 스웰러John Sweller는 분리 제시와 상호작용 제시, 이 두 가지 방식 중 어느 것이 더 학습에 효과적인지 연구했다. 연구에서는 제시 방법을 다양하게 조합했다(예: 분리된 요소로 모두 제시, 상호작용 요소로 모두 제시, 두 방식의 조합으로 제시). 최적의 학습 결과는 두 방식을 적절한 순서의 조합으로 제시했을 때 나타났다.

실험 내용을 구체적으로 살펴보면, 학습 경험의 시작 부분에는 분리 제시가, 후반부에서는 상호작용 제시가 가장 효과적이었다. 이러한 연구 결과는 다음 가설을 뒷받침한다. 초보 학습자에게 복잡한 정보를 제시할 때는 그 정보를 분리된 형태로 제시하는 편이 유리하다. 그러면 새로 처리해야 할 정보가 한꺼번에 몰리지 않기 때문에 학습자가 감당해야 할 인지 부하가 분산되기 때문이다(예: 사파리 여행에 나서기 전, 만날 가능성이 있는 동물의 생김새와 이름을 익히기). 동시에, 스키마에 대한 이해를 통해 알 수 있듯, 정보의 여러 부분 사이를 "연결하는 것connect the dots"도 매우 중요하므로, 학습자가 부분들만이 아닌 전체 맥락을 볼 수 있도록 상호작용 요소 제시법이 궁극적으로 활용되어야 한다.

이 지점에서 K. 안데르스 에릭손K. Anders Ericsson의 연구가 다시 등장한다. 에릭손은 서베를린 음악 아카데미the Music Academy of West Berlin에서 세계적인 독주자로 성장할 잠재력을 지닌 바이올린 전공 학생들을 연구했다. 이미 연주 실력 면에서는 상위권에 속한 이들의 기술적 성공을 에릭손은 인지적 측면으로 이해하고자 했다. 그가 밝혀낸 여러 성공 요인 가운데에는 연습의 의도성과 동기 및 노력의 중요성도 있었지만, 에릭손은 특히 "지도자가 훈련 과제를 적절한 순서로 조직하고 학습자의 향상 정도를 면밀히 관찰하여, 복잡하고 도전적인 과제로 언제 전환할지 판단하는" 방법을 주목했다.

그렇기 때문에 우리는 초등학교 1학년 학생에게 바흐 협주곡을 건네주곤, 행운을 빌며 자리를 떠날 수 없다. 실제로 학습의 성패를 가르는 것은 기초적 과제에서 복잡한 과제로 점진적으로 나아가는 세심한 순서의 설계다. 예를 들어, 먼저 간단한 음을 내는 방법을 배우고, 그다음 현을 손가락으로 튕기는 법을 익히며, 그 후엔 활 사용을 배워, 마지막으로 이러한 기술을 모두 결합해 "반짝반짝 작은 별"과 같은 간단한 곡을 연주하게 되는 식이다.

두 단계를 거꾸로 하면 아무 소용이 없다는 것을 우리는 이제 안다. 활을 잡는 방법을 알아내려고 하면서 음을 내기 위해 손가락을 어디에 둘지 고민하고, 그와 동시에 악보를 읽으려 시도한다면 초보 연주자는 곧바로 인지 과부하 상태에 빠진다. 이건 초보자들의 작업 기억이 감당할 범위를 넘어선다. 숙련된 연주를 위해서는, 기본기들이 오래전에 자동화되어 장기 기억에 저장되어 있어야만 한다. 그래야 작업 기억이 여유를 가지고 매우 기교적인 빠른 음의 연속이나 표현력 같은 과제에 집중할 수 있다.

바이올린을 시작한 초등학교 1학년 학생의 사례에선 이 원리가 당연해 보인다. 하지만, 팀의 "성과가 너무 낮음"을 탓하는 말을 얼마나 자주 들었는가? 그 팀에게 과연 단계적 훈련과 연습의 기회가 주어졌던 적이 있었는가?

그러므로 우리가 인지적 측면에서 두 마리 토끼를 다 잡기 위해서는, 과정을 의도적으로 구조화하고 순서를 정해야만 한다. 이는 새 지식을 분리된 요소로 이해하고, 요소 간의 상호작용을 배우는 유일한 방법이다.

구조화된 지원을 언제, 어떻게 할 것인가

이 글을 읽으면서 여러분은 "사전 훈련에 시간을 쓰기보다는, 학습 도중 즉각적인 지원을 주는 게 더 효율적일 것 같다."라고 생각할지도 모른다. 그러나 실제 이런 "비상시에만 유리창 깨기"식 접근은 도움을 주기는커녕 오히려 해가 될 수 있다.

예를 들어, 누군가에게 수영을 가르친다고 하자. 체계적이고 단계적으로 구성된 수업을 통해 가르치는 것과, 깊은 물속에 던져 넣고 거의 익사 직전에 물에 떠 있을 수 있는 전략을 소리쳐 알려주는 것이 어떻게 다른지 생각해 보자. 이 상황에서 주어지는 그 추가 정보는 도움을 주려는 목적이더라도 그 사람에게 가장 필요 없는 것이다.

이 사실은 연구 결과도 뒷받침한다. 학습자가 인지 과부하 상태에 있을 때, 추가되는 정보는 비록 학습을 돕기 위해 설계된 것이라도 상황을 더 악화시킨다.

다행히 우리는 연구 결과로부터 그 해법을 배웠다. 구조화와 순서화가 효과적으로 이루어지면, 학습 지원의 방식이 학습 과정 자체에 미리 내장된다고 한다. 이로써 적절하지 못한 순간에 새로운 정보를 갑자기 과잉 제시하는 것이 아니라, 학습자가 필요한 순간에 필요한 정보를 얻게끔 돕는다. 이 접근 방식을 인지과학자들은 "**적시 처리**Just-in-Time Processing" 혹은 "**점진적 처리**Pay-as-You-Go Processing"*라고 부른다. 그러려면 학습자가 학습 과정의 어느 시점에 얼마나 많은 인지 부하를 감당할 수 있는지 파악하고, 그 한계를 넘지 않도록 지원을 조절해야 한다.

이 개념을 좀 더 쉽게 이해하기 위해 인지심리학자 제롬 브루너Jerome Bruner가 1966년 집필한 고전 교육이론서 『교육 이론을 향하여Toward a Theory of Instruction』에서 제시한 사고 실험을 보자.

> "이 다람쥐는 그 남자가 사랑한 그 소녀가 먹이를 준 개가 쫓은 다람쥐입니다."
> This is the squirrel that the dog that the girl that the man loved fed chased.
>
> "이 남자는 다람쥐를 쫓은 개에게 먹이를 준 소녀를 사랑한 남자입니다."
> This is the man that loved the girl that fed the dog that chased the squirrel.

* 필요할 때마다 그만큼만 정보를 순차적으로 제공하는 학습 지원 방식. '종량제 처리'라고도 한다. -역주

여기서 주목해야 점은 두 문장이 정확히 같은 정보를 담고 있다는 사실이다. 그렇다면 왜 하나는 읽어내기가 거의 불가능하고, 다른 하나는 상대적으로 쉽게 이해될까? 그 이유는 바로 정보의 논리적 전개에 있는데, 정보가 화면에 나타난 순서에 따라 우리가 정보를 처리하면서 감당해야 할 인지 부하가 달라지기 때문이다.

이 현상을 이해하는 또 다른 방법은, 앞서 자주 등장한 K. 안데르스 에릭손에게 돌아가 얻을 수 있다. 효과적인 순서화란 학습자가 학습의 각 단계를 따라 나아갈 때 그 순간에 필요한 기초적이고 즉시 활용한 기억 기술을 제공하는 것과 유사하다. 가령 B 단계는 A 단계에 대한 이해를 기반으로 하므로, 반드시 A 다음에 B가 등장해야 한다.

이것은 우리가 6장에서 살펴본 사전지식의 개념과는 다르다. 그때는 학습자에게 이미 관련 지식이 존재한다는 전제하에 그 지식을 활성화하는 것이 목적이었다. 이와 달리 적시 처리 방식에서 학습자는 각 단계를 밟아 나가며 필요한 지식을 새로 만들어가게 되는데, 이 지식은 학습자 대신 학습 과정을 설계한 사람이 정한 순서에 따라 쌓인 결과물이다. 지금까지의 논의는 다음 멘탈 모델로 이어진다.

실전 구조화와 순서화

비디오 게임

핵심 아이디어: 작업 기억은 제한적이므로, 학습자가 과제 수행에서 작업 기억을 적용하기 전에 필요한 정보를 미리 확보하도록 학습의 순서를 정해야 한다. (정보를 단계적으로 구조화하는 것이 비디오 게임의 레벨 설계와 유사하다.)

멘탈 모델 Mental Models

+ 1단계: 게임의 목적

대부분의 비디오 게임은 명확한 목표가 있다. 지도를 탐색하고, 위험을 피하고, 적을 물리치는 일 등이다. 목표가 무엇이든 간에, 게임은 플레이어가 해야 할 일이 무엇인지 분명히 제시하며, 그 이후의 모든 플레이 경험은 바로 그 출발점에서 비롯된다. 학습 경험의 토대를 마련하는 것도 마찬가지다.

실제로, 비디오 게임이 흔히 "플레이어 원 준비 완료"라고 시작하는 데에는 다 이유가 있다. 어떤 게임도(어떤 학습 경험도) "준비 상태readiness"가 결여되어 있다면 애초에 시작도 할 수가 없다. 이 논리를 따르면, 우리의 첫 번째 단계는 아주 단순한 질문에서 출발한다. "성공하기 위해 알아야 할 것, 그리고 할 수 있어야 할 것은 무엇인가?"

예를 들어 보자. 누군가가 십대 아들에게 운전을 가르친다고 하자. 이런 즐거움을 경험해 본 사람이라면 누구나 알겠지만, 무작정 차에 태워놓고 가르치기 시작하는 건 현명한 방법이 아니므로, 좋은 운전이란 무엇인가의 기준을 먼저 결정해야 한다. 차에 타기도 전에 가장 먼저 목표를 세우는 것이다. 여기서 목표란 매우 기본적인 것들인데, 다른 차들과 부딪히지 않기, 차선 유지하기, 양손으로 핸들 잡기 등이다.

물론 이런 목표가 영원히 그대로 남지는 않는다. 상황이 무척 중요하며 어디에서 운전하느냐에 따라 목표도 달라져야 한다. 아이다호Idaho의 시골에서 아이에게 운전을 가르친다면, 맨해튼의 복잡한 도심에서 운전할 때와는 완전히 다른 목표와 기준이 필요할 것이다.

+ 2단계: 게임 내 튜토리얼

대부분의 비디오 게임은 시작할 때 기본기를 가르치는 단계가 있는데, 게임을 진행하기 위해 꼭 알아야 할 기본 조작과 규칙인 달리기, 점프하기, 피하기, 공격하기 동작을 익히도록 설계되어 있다. 어떤 학습자를 지원할 때도 이와 같은 전략을 활용할 수 있다. 따라서 이 단계에서 우리가 던져야 할 또 다른 핵심 질문은 다음과 같다. "학습자가 이후에 해야 할 일을 수행하지 못하게 하는 결핍된 지식이나 기술은 무엇인가?"

앞서의 예시에서, 그 답은 "브레이크가 어디 있는지 모르면 정지 신호에서 멈출 수 없다."일 것이다. 이런 기초 지식과 기본 기술을 쌓게 하려면, 우선 차가 멈춰 있는 상태에서 초보 운전자에게 기본사항들을 안내하여 실제로 차를 운전하기 전에 자동차의 주요 부품과 기능을 익히게 하는 것이 좋다. 브레이크와 가속페달의 위치를 알려주고, 방향지시등 작동법을 보여주며, 백미러를 맞추는 연습을 하게 하는 식이다. 이런 과정의 핵심은 앞서 다룬 펌프와 브레이크 시스템의 사전 학습에 관한 연구에서처럼, 사전에 학습된 지식이 실제 운전을 시작할 때 감당해야 할 인지 부하를 줄여준다는 점이다.

+ 3단계: 레벨 업

비디오 게임의 탁월성은 플레이어가 알아야 할 내용을 정확한 순서로 제시하는 데 있다. 예를 들어, 게임을 처음 시작하자마자 최종 보스를 물리치라고 한다면, 게이머는 순식간에 인지 과부하 상태에 빠져 감당할 수 없는 복잡함 때문에 게임을 포기하고 떠나버릴지 모른다.

그래서 초창기 게임 디자이너들은 이에 대한 해결책을 고안했는데, 바로 "레벨"의 개념이다. 레벨은 게이머들이 알아야 할 것들이 단계별로 순서화된 독창적인 장치다. 이 덕분에 각 레벨을 통과하는 경험은 다음 레벨에서 필요한 기술을 익히는 데 점진적인 발판이 된다. 이 원리에 따라, 이 단계에서 우리가 던질 수 있는 질문은 이렇다. "어떤 사람이 X 하는 법을 배우지 않고 Y를 할 수 있을까?"

운전 교육의 예로 돌아가, 레벨 업의 가장 좋은 방법은 난이도를 조금씩 높이는 것이다. 그러니 우리는 아들이 먼저 주차장으로 가 기본 조작을 익히고, 그다음 한적한 골목길로 나가며, 마지막으로 고속도로에 진입하도록 구성할 수 있다. 이때 중요한 점은 각 단계가 그다음 단계의 전 단계가 되도록 난이도를 조정하는 것이다. 즉 X(주차장)에서 기본기 경험을 충분히 했다면, 자연스럽게 Y(골목길 운전)를 수행할 수 있는 충분한 실력을 갖추게 된다.

레벨 업 과정을 한층 강화하려면, 이 점진적 난이도 상승을 분리된 요소와 상호작용 요소 개념으로 생각해볼 수 있다. 예를 들어, 차가 멈춰 있는 상태에서는 먼저 각 요소를 개별적으로 익히게 하고(예: 여기가 거울, 여기가 신호등, 여기가 핸들), 그다음에는 이 요소를 상호작용하는 전체 시스템의 부분으로 연결해 본다(예: 차선을 변경하거나 고속도로에서 빠져나올 때는 사이드미러를 확인하고, 방향지시등을 켜며, 이 모든 행동을 분리된 각각의 조작이 아닌 하나의 통합된 움직임으로 수행해야 한다).

결론

비디오 게임을 하든 누군가에게 운전을 가르치든, 14장이 강조하는 점은 모든 발달 경험에는 구조화와 순서화가 필수적이라는 것이다. 우리가 집을 지을 때, 벽을 세우기 전에 지붕을 올리지 않고, 기초도 없이 벽을 세우지 않듯이 순서가 중요하다.

만약 어디서 시작해야 할지 확신이 서지 않는다면, 다음 세 가지 질문을 스스로 던져보라. 게임의 목적은 무엇인가? 학습자가 그 목표를 달성하기 위해 알아야 할 것과 할 수 있어야 할 것은 무엇인가? 어떻게 학습 단계를 쌓으면 한 단계의 성공이 다음 단계에서의 발판이 될까?

핵심 요점

* 작업 기억은 한계가 있으므로, 학습자에게 한 번에 너무 많은 정보를 제시하는 것은 인지 과부하로 이어질 가능성이 높다. 학습자들에게 제시하는 정보를 구조화하고 그 순서를 정하는 방식으로 인지 과부하를 피할 수 있다.
* 학습자에게 "기억 기술"을 길러줄 수 있다. 학습의 전반적인 목표가 무엇인지 결정하고, 그 목표 달성을 방해하는 누락된 지식과 기술이 무엇인지 식별하며, 점진적인 난이도 상승을 통해 학습자가 그 공백을 메울 수 있도록 한다.
* 구조화와 순서화를 개선하는 실용적 방법은 먼저 분리된 요소들(독립적인 지식)을 제시하고 이후에 상호작용하는 요소(서로 연결된 지식)를 제시하는 것이다.

탈선 금지

주 의 력 을 　 집 중 하 라

호메로스의 『오디세이아Odyssey』 12권에서 오디세우스Odysseus와 그의 선원들은 키르케Circe의 섬을 떠나 기나긴 귀향의 항해를 이어간다. 출항에 앞서 키르케는 그들에게 세 가지 시련이 기다리고 있음을 경고한다. 배를 산산이 부술 수 있는 방황하는 바위들, 그 사이를 간신히 빠져나가야 하는 괴물 스킬라와 카리브디스, 그리고 무엇보다 악명 높은 세이렌Sirens이다.

이 날개 달린 세이렌이 부르는 노래는 너무나 달콤해서 그 소리를 들은 뱃사람들은 이성을 잃고 결국 죽음에 이르고 만다. 이에 키르케는 한 가지 계책을 제시한다. 선원들의 귀를 벌집 밀랍으로 막아 세이렌들의 유혹에 빠지지 않도록 하라는 것이다. 하지만 늘 호기심이 앞서는 오디세우스는 그 노래를 직접 듣고 싶은 욕망을 참지 못한다. 그래서 그는 선원들에게 자신을 돛대에 단단히 묶어두라고 명령한다.

이 밖에도 무수히 많은 다른 우연한 사건에서 증명하듯, 『오디세이아』는 그 영리한 주인공과 선원들이 직면한 유혹과 방해 없이는 그야말로 오디세이아다운 끝없는 방황의 여정이 되지 않았을 것이다. 현대의 항해가이자 작가인 할 로스Hal Roth는 그의 저서 『우리는 오디세우스를 따라갔다 We Followed Odysseus』에서 트로이Troy에서 이타카Ithaca까지의 거리는 고작 565해리 정도지만, 오디세우스는 고향으로 돌아오기까지 10년 동안 수천 해리를 항해했다고 말했다.

그 수많은 우회와 방황이야말로 흥미진진한 이야기와 서사시를 만들어내지만, 학습의 관점에서 보자면 계획한 여정에서 주의를 빼앗는 어떤 요인도 학습으로 이어지지 않는다. 즉, 잘 배우고자 하는 목표가 있다면, 그 목표에서 주의를 빼앗는 어떤 현상도 도움이 되지 않는다. 다행히 키르케가 오디세우스와 선원들에게 조언을 주었듯, 주의를 빼앗는 세이렌 같은 악영향을 이겨내고 우리가 가진 주의력이 목표한 항로를 올곧게 나아가도록 도울 방법이 있다. 효과적인 학습을 위한 주의력 집중 관리가 바로 이 마지막 장의 주제가 될 것이다.

주의, 산만 그리고 학습의 기본 원리

앞 두 장에서 학습 경험의 출발점과 도착점에 대해 살펴보았다. 아무리 목표가 명확하고 학습 흐름이 정교하게 설계되어 있다 해도 그것만으로 성공이 보장되지는 않는다. 주의와 산만의 역할을 제대로 이해하고 다루지 않으면, 모든 과정이 엉망이 될지도 모른다. 이 마지막 장에서 우리가 다루려는 것이 바로 학습자들이 A에서 B로 너무 멀리 돌아가지 않고 도달하도록 돕는 법이다.

이미 여러 차례 다뤘고 특히 9장에서 보았던 것처럼, 작업 기억은 용량이 제한되어 있으며 너무 많은 정보를 한꺼번에 제시받은 학습자는 쉽게 인지 과부하에 빠진다. 사실 주의력 자체도 유한한 자원이다. 학습 설계는 학습자의 주의를 그들이 기억해야 할 정보에만 집중시키고 그 외 다른 것에서는 멀어지게 해야 한다.

문제는, 세상이 이미 주의 분산 요인으로 가득 차 있고, 심지어 인간들은 정보를 전달하려는 과정에서 더 많은 주의 분산 요인을 신나게 만들어내기도 한다는 것이다. 학습 경험을 더 흥미롭게 만들려는 의도가 학습자들의 주의를 핵심 과제 목표에서 멀어지게 하곤 한다. 인지과학자들은 이렇게 겉보기엔 반짝이고 멋지지만 실제로는 학습에 불필요한 구성 요소를 "**유혹적 세부사항**seductive details"이라고 부른다. 이 요소들을 일단 눈치 채고 나면, 쉽게 무시하기 어렵다.

예를 들어 학창시절 경험을 돌이켜보면, 아마도 수많은 유혹적 세부사항 역시 덩달아 기억에 떠오를 것이다. 고대 로마에 대해 배울 때 로마 병사로 분장했던 날, 에드거 앨런 포Edgar Allan Poe의 단편소설을 읽고 디오라마를 만들었던 날, 혹은 프랑스어 단어를 외우기 위해 메뉴판을 디자인했던 날 말이다. 학교에서 보낸 평범한 나날보다 그때의 특별한 순간이 더 생생하게 떠오른다면, 그 이유가 정말 유혹적 세부사항 덕분인지 자문해보자. "내가 지금 떠올리는 기억은 선생님이 정말 배우게 하고 싶었던 내용과 관련이 있는가, 아니면 핵심 내용과 별로 상관없는 주변 세부사항인가?"

만약 답이 "후자"라면, 여러분이 진짜 배운 것은 로마 병사 복장 입는 법이지 고대 로마의 사회에 대한 이해가 아니었을 것이다. 디오라마 만드는 법을 기억했을 뿐, 포의 작품에서 배경 설정의 역할을 알게 되지는 않았다. 프랑스어 메뉴판을 색칠하는 것은 즐겨도, 프랑스어로 산딸기가 "framboise"라는 것은 잊었을지 모른다.

실제로 저자들은 초중등 교육이나 대학 교육 현장에서 학생들의 "수업 참여도"를 높이려는 칭찬할 만한 교육자들의 본능이, 반짝이는 디테일에 집착하다 정작 실질적인 학습을 저버리는 사례를 수도 없이 봐왔다. 짐의 한 멘토는 이런 상황을 이렇게 표현하곤 했다. "사막에 세운 등대 같아. 눈부시지만 쓸모는 없어." 활동을 설계할 때는 반드시 자문해 보자. "학습자가 이 활동을 하는 동안 작업 기억은 무엇에 쓰이게 될까?"

만약 학습자의 작업 기억이 학습 목표와 밀접하게 일치하는 정보를 처리하지 않는다면, 그건 잘못된 활동이다.

자, 우리를 유혹하는 세부사항이 존재하며 그것이 학습자의 주의를 핵심에서 멀어지게 만들 위험이 있다는 것을 알게 되었다. 그렇다면 주의가 흐트러질 때 두뇌에서는 실제로 어떤 일이 일어날까? 그런 일을 우리는 어떻게 예방할 수 있을까?

유혹적 세부사항이 주의를 무너뜨리는 방법

연구자들이 일관되게 보여준 것은, 인간의 주의가 중요한 대상에서 얼마나 쉽게 벗어나 하찮은 대상에 끌리는지였다. 여러 실험에서 같은 내용을 공부하되 유혹적 세부사항이 포함된 것을 접한 학습자들이 그렇지 않은 학습자들에 비해 학습 효과가 현저히 떨어지는 것으로 나타났다. 인지과학자들은 이런 결과를 토대로 유혹적 세부사항이 인간의 주의를 무너뜨릴 수 있는 두 가지 약점을 밝혀냈다. **주의 분산**과 **주의 전환**이다.

주의 분산 | Attention Distraction

주의력에 대한 첫 번째 장애물은 앞서 살펴본 여러 사례에서 볼 수 있었는데, 학습자의 주의가 의도된 학습 내용에서 벗어나는 현상이다. 좀 더 구체적으로 설명하자면, 주의 분산은 우리가 본래 기억해야 할 핵심이 아니라, 그 주변의 인지적으로나 감정적으로 자극적인 요소에 끌려가 버리는 경향을 이용하는 것이다.

+ 흥미롭지만 결국 주의를 빼앗는 콘텐츠

이런 콘텐츠는 그럴듯하지만 쓸모없는 잡동사니로, 주요 내용을 이해하는 데 도움을 주기보다는 지적 장식품 역할을 한다. 다음은 샤논 하프Shannon F. Harp와 리처드 마이어Richard E. Mayer가 1997년 실제 연구에 사용한 곤충의 서식지에 관한 짧은 글이다.

> 일부 곤충은 혼자 살고, 일부는 큰 집단을 이루어 산다. 혼자 사는 말벌은 독거 말벌이라고 부른다. 진흙 말벌은 그런 독거 말벌의 한 종류이다. 방아벌레는 혼자 산다. **방아벌레는 등이 뒤집히면, 몸을 공중으로 튕겨 올리며 딸깍 소리를 내고 바로 착지한다.** 개미는 큰 무리를 이루어 산다. 개미에도 여러 종류가 있다. 어떤 개미는 나무 위에 살고, 검은 개미는 땅 속에 산다.

이와 같은 실험에서 연구자들은 흥미로운 사실을 발견했다. 글에서 굵게 표시된 문장을 참가자들은 가장 흥미롭다고 평가했지만, 그 문장이 포함된 텍스트를 읽은 참가자들은 전체 글의 핵심 내용을 기억해내기 어려워했다.

반대로, 같은 텍스트를 그 유혹적 세부사항 문장이 제거된 채로 읽은 참가자들은 글의 핵심 내용을 훨씬 더 기억해낼 수 있었다. 요컨대, 뒤집힌 방아벌레가 자세를 스스로 바로잡을 때 소리를 낸다는 사실은 알아두기에 재미있는 정보이지만, 학습 목표가 여러 곤충들의 서식 환경이라면, 그 디테일은 학습의 본래 목표를 방해하는 불필요한 장식에 불과하다.

3장에서 살펴본 전문가와 초보자의 차이도 다시 생각해 보자. 전문가들은 이미 핵심 지식을 갖고 있으므로, 이런 관련 적은 디테일에 주의가 잠시 빼앗기더라도 다시 중요한 내용으로 주의를 돌릴 수 있다. 그러니 그들이 이런 사소한 세부사항에 보다 관대한 것이다.

초보자는 다르다. 그런 인지적으로 흥미로운 요소가 산만함을 유발할 수 있다는 점을 진지하게 받아들여야 한다. 그러므로 다음 번 발표를 준비할 땐, 발표의 어떤 부분이 주의를 분산시키는 "반짝이는 요소"에 해당하는지, 그리고 어떤 부분이 청중들이 꼭 기억했으면 하는 핵심 내용인지 잘 구분해 보아야 한다.

주의 전환 | Attention Diversion

주의 전환은 인지과학자들에게 "**스키마 간섭**schema interference"이라고도 불리는데, 이를 통해 학습 과정에 주의 전환이 어떻게 영향을 미치는지 짐작할 수 있다. 6장에서 살펴보았듯이, 새로운 정보를 받아들이는 방식은 이미 가지고 있는 스키마에 의해 형성되므로, 우리는 언제나 이미 알고 있는 것을 바탕으로 새로운 것을 이해하려는 경향이 있다.

연구에 의하면, 주의 전환이 일어날 때마다 학습자는 의도된 학습과 관련 없거나 불필요한 사전지식을 떠올리게 되고, 그 결과 학습의 초점이 핵심 개념에서 벗어나 완전히 다른 방향으로 흘러가 버리기도 한다. 이는 외국어 학습에서 흔히 볼 수 있는 "거짓 친구" 현상에서 찾아 볼 수 있다.

예를 들어 영어 원어민에게 코막힘을 뜻하는 스페인어 단어 "constipado"를 가르치려 할 때, 그걸 들은 원어민이 감기 증상을 묘사하는 상황을 깜빡 잊어버리고 다른 곳에 주의를 뺏겨도 전혀 이상하지 않다. 그 스페인어 단어는 영어 사용자에게 신체 다른 부분(장)의 "막힘"인 변비constipation와 관련된 완전히 다른 스키마를 활성화시키기 때문이다.

이런 주의 전환 혹은 스키마 간섭이 수정되지 않은 채 방치되면, 장기적으로 이후 학습에도 나쁜 영향을 미치게 된다. 새로운 정보도 기존의 잘못된 오해를 토대로 받아들여지기 때문이다. 앞선 예시의 경우, 그 사람이 스페인 여행 중 코가 막혀 약국에 갔을 때 상황이 꼬일 수 있다. 이런 의미에서, 주의 전환은 학습을 계속 훔치는 도둑이다. 컴퓨터 시스템의 버그처럼, 주의 전환의 순간에 부정확하거나 무관한 정보가 활성화되면 시간이 지날수록 더 큰 왜곡을 만들어낸다.

주의 분산과 마찬가지로, 주의 전환 역시 의사소통이 시작되기도 전에 대화를 망칠 수 있다. 예를 들어, 당신이 고객 유지 전략에 대해 발표할 때 첫 슬라이드에 "Never gonna give you up. Never gonna let you down.(당신을 포기하지 않아요. 당신을 실망시키지 않아요.)"라는 문구를 적어두었다고 해보자.

여러분의 의도가 청중이 1987년 팝 히트곡 "Never Gonna Give You Up(너를 포기하지 않아)"을 다 함께 흥얼거리게 하는 것이었다면, 그 슬라이드는 완벽하다. 그러나 발표 목적이 고객 유지율을 개선하는 5가지 전략을 전달하는 것이라면, 바람직하지 않다. 여러분은 이미 모든 청중의 장기 기억을 핵심 메시지에서 멀어지게 하고, 릭 애스틀리Rick Astley의 중독적인 선율을 불필요하게 떠올리게 했을지도 모른다.

주의력 문제를 어떻게 다룰 것인가

지금까지 우리는 주의가 얼마나 쉽게 빼앗길 수 있는지 여러 가지로 살펴보았다. 그러면 이제 잃어버린 주의력을 어떻게 되찾을 수 있을까? 이 질문에 대한 가장 명백한 대답은, 아마 유혹적 세부사항을 모두 제거하는 것이다. 하지만 안타깝게도 그것만으로는 좀처럼 해결되지 않는다. 그렇다면 다른 방법은 없을까?

연구자들은 이 문제를 오랫동안 탐구해 왔으며, 주의를 뺏으려는 수많은 자극 속에서도 학습자의 집중을 효과적으로 유지시키는 실증적 전략들을 제시했다.

유혹적 세부사항들을 따로 구분하라

유혹적 세부사항이 학습자의 주의를 학습할 내용에서 빼앗는다고 해서, 그 요소들이 아예 가치가 없다는 뜻은 결코 아니다. 사실, 학습이 즐거운 이유는 예상치 못한 정보 조각들 덕분이며, 이런 의외의 정보는 전체 학습 경험을 더 풍부하게 만든다.

다행히도, 연구자들은 유혹적 세부사항을 버리지 않고도 주의를 빼앗기지 않는 방법을 발견했다. 관건은 "그 정보를 어떻게 나누어 언제 제시하느냐"다. 2005년 실험에서 샤논 하프Shannon F. Harp와 에이미 마슬리히Amy A. Maslich는 유혹적 세부사항이 학습 자료 곳곳에 자리잡고 있는 경우에, 그 세부사항을 핵심 내용과 구분해 제시했을 때보다 더 부정적인 영향을 미친다는 것을 발견했다.

즉, 흥미롭지만 본질적이지 않은 내용을 포함하고 싶다면, 그것을 메인 요리가 아닌 사이드 메뉴로 제시하자. 유혹적 세부사항을 도입부에서 흥미로운 이야기로 사용하거나, 결론부에서 학습 내용을 다 다룬 후 생각을 확장시키는 방안으로 쓸 수 있다. 혹은 시각적으로 구분된 텍스트 상자나 말풍선에 담아 핵심 내용과 분리하는, 세심한 디자인을 선택하는 방법도 있다. 어떤 전략을 선택하든, 핵심 내용과 유혹적 세부사항을 섞지 말고 분리하라.

학습자의 주의를 관련성으로 유도하라

학창 시절 내내 쳐야 했던 표준화 시험 중 독해 문제를 기억할 것이다. 지문의 이해도를 점검하기 위해, 독해 질문은 학생들이 주어진 글을 다 읽은 '후에' 제시된다. 사후에 제시되는 이런 질문은 독해력 테스트로서 명백히 유용하다. 그러나 연구자들이 세심한 설계를 통해 밝힌 바에 따르면, 자료를 접하기 전에 제시하는 질문은 학습자의 주의를 우리가 원하는 방향으로 미리 유도할 수 있다.

제임스 피처트James W. Pichert와 리처드 앤더슨Richard C. Anderson이 이끈 1977년 실험이 그 대표적 사례로, 연구팀은 참가자들에게 두 소년이 한 집에서 놀고 있는 상황을 묘사한 짧은 글을 제시했다. 그 글에는 아이들의 놀이뿐 아니라 집 자체에 대한 다양한 묘사가 섞여 있었다. 실험 참가자들은 세 가지 서로 다른 조건에 따라 나뉘었다. 첫 번째 그룹에게는 집을 구입하려는 사람의 입장에서 텍스트를 읽도록 요청했고, 두 번째 그룹은 집을 털려는 도둑의 입장에서 읽도록 했으며, 세 번째 그룹은 아무런 지시도 주지 않았다.

나중에 참가자들에게 글의 내용을 기억해 보라고 하고 그 결과를 비교했더니, "구매자" 그룹은 '집의 상태'를 가리키는 표현(예: 최근 페인트칠 시기)을 기억하고, "강도" 그룹은 집 안의 '물건'과 그 위치를 언급하는 부분(예: 비싸 보이는 스테레오 시스템)을 기억할 가능성이 더 높다는 것을 발견했다.

이 연구는 사람의 주의를 사전에 조정할 수 있음을 보여주는 것으로, 학습자가 어떤 세부사항에 집중하는지는 단지 그 경험을 어떤 시각으로 바라보게 할지 미리 유도함으로써 가능하다. 연구자들은 또한 읽기 이후가 아닌 읽기 이전에 제시된 간단한 독해 질문이 독자들의 주의를 훨씬 더 구체적으로, 가장 주목할 만한 핵심 부분으로 이끌 수 있음을 확인했다.

요컨대, 사람들의 주의를 조작manipulate(이 단어는 신중하게 쓸 필요)할 수 있는 힘은 여러분이 상상할 수 있는 것보다 훨씬 크다. 아마도 더욱 중요한 사실은, 여러분이 의도하든 하지 않든 언제나 학습자의 주의를 특정 방향으로 이끌고 있다는 것이다. 따라서 그 영향력을 인식하고 처음부터 의식적으로 학습 과정을 설계해야 한다.

지금까지 주의력에 대한 제반 문제를 살펴보았는데, 마지막으로 짚고 넘어가야 할 점이 있다. 여러분은 이쯤에서 이런 의문이 들지도 모른다. 학습을 되도록 재미없게 만들라는 건가? 절대 그렇지는 않다. 학습은 흥미롭고, 자기 효능감을 주며, 만족스러워야 한다. 요점은 작업 기억이 제한적이기 때문에, 그 매력이 학습 목표를 흐리는 방향이 되어선 안 된다는 것이다. 이제 마지막 멘탈 모델을 살펴보자.

실전 주의력 방향 설정

양 떼 몰이

핵심 아이디어: 주의력은 유한하고 세상은 온통 방해 요소로 가득하다. 학습자가 엉뚱한 것에 주의를 빼앗기지 않도록 그들이 진짜 이해하고 기억해야 할 정보에 초점을 맞추도록 안내해야 한다.

멘탈 모델 Mental Models

주의력이 양 떼라고 상상해 보자. 그냥 내버려두면 양들은 목적도 방향도 없이 이리저리 흩어진다. 그렇지만 스스로를 숙련된 양치기이며 믿음직한 양치기 개도 한 마리 있다고 생각하면, 사람들의 주의를 결집시키고 원하는 방향으로 질서 있게 이끌 수 있다. 분명히 밝히건대 여기서 우리가 말하고자 하는 것은 "사람들이 양이다"라는 비유가 아니다. 인간의 주의력이 때로 제멋대로인 양처럼 행동할 수 있으니 그에 따라 유도할 필요가 있다는 것이다.

+ 1단계: 경로 설계하기

큰 양 떼를 한 곳에서 다른 곳으로 이동시키고 싶다면, 아무런 준비도 없이 바로 몰기 시작하지는 않을 것이다. 실제로, 양치기들은 미리 길과 문, 울타리를 활용해 양들이 어디로 가야 하고, 가장 효율적인 이동 경로가 무엇인지 계획한다.

주의력을 다루는 일도 마찬가지다. 사람들의 주의를 인도할 때는 "구불구불한 해안 도로를 따라 드라이브"하는 모드가 아니라 "시내를 가로질러 곧장 목적지로 가기" 모드에 가까워야 한다. 따라서 스스로에게 이렇게 물어보자. “사람들이 새로운 이해에 도달하기 까지 가장 직접적인 경로는 무엇인가?”

양 때 혹은 사람들의 주의를 다룰 때는 단지 어디로 보낼 것인가만 결정하는 것이 아니다. 어디로 보내지 않을 것인가를 명확히 하는 것도 중요하다. 이 문제는 이동 경로 주변에 주의를 엉뚱한 방향으로 끌어당기는 수많은 경로가 존재할 때 특히 중요하다. 그러려면 적절한 내용과 유혹적 세부사항을 구분해야 한다. 그렇지 않으면 유혹적 세부사항들이 사람들의 주의를 분산하고 방해하며 일탈하게 끔 한다.

예를 들어, 여러분이 일곱 살 아이에게 축구공을 차는 방법을 가르친다고 생각해 보자. “공을 정확하게 차는 법 배우기”와 같은 명확하게 정의된 목표가 있더라도, 그 목표와 일치하지 않는 활동으로 학습과정은 쉽게 흐트러질 수 있다. 예를 들어, 갑자기 볼 트래핑이나 시야 확보 같은 기술을 가르치고 싶어질지도 모른다. 둘 다 훌륭한 기술이지만, 이 특정 기술과 직접적인 관련은 없다. 그 대신 초보 축구 선수의 목표에 부합하도록 설계된 연습 과제는 다음과 같이 정리될 수 있다. 공을 더 정확하게 차기 위해, 우리는 세 가지 핵심 요소에 집중할 것이다.

- 머리를 숙여 공을 주시하기
- 차지 않는 발은 단단히 디디기
- 차는 발은 공을 가로질러 부드럽게 움직이기

이 세 가지 활동은 목표로 가는 가장 직선적인 경로를 이룬다. ‘공 차기’라는 목표 달성에 기여하는 과정의 핵심 요소에 직접 관련되어 있으면서, 초보자의 주의를 다른 곳으로 흩어지지 않게 한다.

참고로 계획에 부적합한 활동을 방지하는 것이 일곱 살 초보 축구 선수들에게만 해당하는 일이 아님을 알아두자. 우리는 회의, 교육, 워크숍 등이 너무 일반적이거나 목표에 맞지 않는 활동 때문에 잘못되는 경우를 수없이 보아왔다. 예를 들어, 팀원들이 특정 고객의 요구를 더 잘 이해하게 하려는 목적이라면 고객 웹사이트에서 정보를 모으는 보물찾기가 재미있을 수 있지만, 팀이 필요로 하는 구체적인 정보를 얻기는 어려울 것이다.

+ 2단계: 이동 방향 통제하기

명시된 목표에 활동을 맞추는 것은 좋은 출발점이지만, 일곱 살 아이들은 말 그대로 일곱 살 아이들이다. 그들의 일상은 유혹적 세부사항들로 가득 차 있다. 따라서 이 아이들의 주의를 목표로 향하게 하고 동시에 주의를 뺏는 수많은 요소로부터 멀어지게 할 방법을 고민해야 한다. 이 때 필요한 것이 바로 "양치기 개"의 역할이다.

여기서 양치기 개는 학습자의 주의를 불필요한 세부사항에서 벗어나게 하고, 배워야 할 핵심 내용으로 이끄는 가벼운 유도nudge나 단서cue를 의미한다. 앞서 살펴본 여러 연구에서 밝혔듯 우리는 학습 전에 학습자의 주의를 미리 준비시킬 수 있다. 그러니 "양치기 개"의 역할 행동으로써 학습자가 앞으로 배울 내용에 대한 기대를 형성하도록 하고, 필요한 것과 불필요한 것을 분별할 수 있는 기준점을 제공할 수 있다.

이를 위해서는 전문가인 여러분이 학습 과정에서 적어도 일시적으로라도 대부분의 주도권을 잡아야 한다. 일곱 살 초보 축구 선수에게 "오늘은 어디서부터 시작할까?"라고 물을 시간이 아니다. 초보자들이 어디에 주의 집중해야 하는지 스스로 깨닫기를 기대하는 것은, 초원의 양들에게 어디로 가고 싶은지 묻는 것과 같다. 초보자는 자신이 무엇을 알아야 하고, 그걸 어떻게 배워야 하며, 그 과정에서 무엇에 집중해야 하는지 결정할 수 없으므로, 이런 기본적인 방향 설정은 전문가가 해야 한다.

대신, 이렇게 말할 수 있다. "자, 오늘은 공을 정말, 정말 잘 차는 데 집중할 거야. 이 목표를 위해, 세 가지 핵심 요소에 집중하자. 머리를 숙이고, 차지 않는 발은 단단히 고정하고, 그리고 차는 발은 공을 가로질러 차기. 팀 동료들이나 골대 쪽을 보면서 공이 어디로 가는지 살피고 싶겠지만, 안 돼. 오늘은 오직 세 가지에만 집중하자. 머리 숙이기, 발 고정, 끝까지 차기."

이후 과제의 요소들을 설계할 때, 학습자가 상호작용하는 유일한 대상이 오직 여러분이 알리고자 하는 내용이도록 만들면 된다. 예를 들어, 연습 과정에서 골대를 완전히 제거해서 학습자가 불시의 순간에 머리를 들지 못하도록 유혹을 없애는 것이다. 공 옆에 착지할 발의 위치를 표시하는 상자를 그려, 차는 사람이 올바른 위치에 발을 놓았는지 스스로 확인하도록 할 수도 있다. 마지막으로, 차는 동작이 끝나면 멈춰서 다리와 발의 최종 위치가 공을 넘어섰는지, 제대로 끝까지 찼는지 확인하게 할 수 있다.

이 전략은 어린이들을 가르치고 코칭하는 행위에만 국한되지 않는다. 비슷한 기법을 사용해 성인들도 여러분이 원하는 정보에 집중하고 적극적으로 처리하게 유도할 수 있다. 30명이 참가하는 워크숍을 진행한다고 생각해 보자. 청중 전체에게 질문을 던지고 손 든 몇 명만 답하게 하면 실제로 주의를 기울이는 사람은 서넛 정도에 불과하다. 나머지 사람들은 이메일, 문자 메시지, 또는 오늘 할 일 목록을 머릿속으로 정리해 보기 쉽다. 그 대신, 질문을 던진 뒤 참가자들에게 짝을 지어 이야기 해보게 하거나, 생각난 답을 메모한 후 함께 공유하게 할 수 있다. 여러분은 바로 양치기가 되어, 참가자들이 워크숍의 내용에 집중하도록 주의를 몰아, 퇴근 후 할 일을 생각해 보는 일에 주의가 흩어지지 않게 한다.

결론

옛말에 "목적지가 아니라 여정이 중요하다."라는 말이 있다. 하지만 15장에서 살펴본 교훈은 둘 다 똑같이 중요하다는 것이다. 사람들이 새로운 이해의 지점에 도달하도록 이끌려면, 단순히 목표를 제시하거나 그 목표에 일치하는 활동을 생각해내는 것만으로는 충분하지 않다. 그 사이를 잇는 경로를 설계하고, 그 길을 방해할 수 있는 모든 유혹적 세부사항을 인식하며, 학습자가 핵심 내용에 자연스럽게 몰입하도록 유도해야 한다.

다시 말해, 명확한 경로를 설계하고 양치기 개를 활용해 학습자의 주의를 원하는 초점으로 계속 되돌릴 수 있다면, 학습자를 그들이 가야 할 목적지로 보다 확실하게 이끌 수 있을 것이다.

핵심 요점

* 주의력은 한정된 자원이지만, 우리는 사람들의 주의를 의도적으로 조정함으로써 그들이 기억해야 할 정보에 집중하도록 이끌 수 있다.
* 유혹적 세부사항은 주의력을 해친다. 여기에는 다음 두 가지 유형이 있다. 주의 분산(인지적으로나 감정적으로 흥미로운 내용), 그리고 주의 전환(학습자가 정보를 일관되게 이해하지 못하게 하는 혼란스러운 내용).
* 유혹적 세부사항들을 다루려면, 핵심 내용과 분리해서 제시하고, 대신 학습자의 주의를 관련성 쪽으로 유도하고 불필요한 정보로부터 멀어지게 해야 한다.

13장. 발사 준비

Barnett, P. (2015). If what gets measured gets managed, measuring the wrong thing matters. *Corporate Finance Review*, *19*(4), 5-10.

Behn, R. D. (2003). Why measure performance? Different purposes require different measures. *Public Administration Review*, *63*(5), 586-606.

Berton, R. (2012). Marketers who measure the wrong thing get faulty answers. *Business Review*, *85*(2), 117-128.

Biggs, J. (1995). Assessing for learning: Some dimensions underlying new approaches to educational assessment. *Alberta Journal of Educational Research*, *41*(1), 1-17.

Bloom, B. S. (1965). *Taxonomy of educational objectives: The classification of educational goals*. New York, NY: David McKay.

Cohen, J., & Berlin, R. (2020). What constitutes an "opportunity to learn" in teacher preparation? *Journal of Teacher Education*, *71*(4), 434-448.

Cook, D. A., Brydges, R., Ginsburg, S., & Hatala, R. (2015). A contemporary approach to validity arguments: A practical guide to Kane's framework. *Medical Education*, *49*(6), 560-575.

Cook, D. A., Zendejas, B., Hamstra, S. J., Hatala, R., & Brydges, R. (2014). What counts as validity evidence? Examples and prevalence in a systematic review of simulation-based assessment. *Advances in Health Sciences Education*, *19*, 233-250.

Gagne, R. M., Briggs, L. J., & Wager, W. M. (1992). *Principles of Instructional Design* (4th ed.). Orlando, FL: Harcourt Brace Jovanovich.

Gronlund, N. E. (1970). ***Stating Behavioral Objectives for Classroom Instruction***. London: Macmillan.

Latham, G. P., & Locke, E. A. (1975). Increasing productivity and decreasing time limits: A field replication of Parkinson's law. ***Journal of Applied Psychology***, ***60***(4), 524-526.

Locke, E. A. (1968). Toward a theory of task motivation and incentives. ***Organizational Behavior and Human Decision Processes***, ***3***, 157-189.

Locke, E. A., & Latham, G. P. (1985). The application of goal setting to sports. ***Journal of Sport Psychology***, 7(3), 205-222.

Mager, R. F. (1962). ***Preparing Instructional Objectives***. Belmont, CA: Fearon.

Pollock, E., Chandler, P., & Sweller, J. (2002). Assimilating complex information. ***Learning and Instruction***, ***12***(1), 61-86.

Porter, S. R. (2011). Do college student surveys have any validity? ***The Review of Higher Education***, ***35***(1), 45-76.

Schon, D. A. (1992). ***The Reflective Practitioner: How Professionals Think in Action***. Abingdon: Routledge.

Shondrick, S. J., Dinh, J. E., & Lord, R. G. (2010). Developments in implicit leadership theory and cognitive science: Applications to improving measurement and understanding alternatives to hierarchical leadership. ***The Leadership Quarterly***, ***21***(6), 959-978.

von Bertalanffy, L. (1968). ***General Systems Theory***. New York, NY: Braziller.

14장. 준비 완료, 플레이어 원

Agodini, R., Harris, B., Atkins-Burnett, S., Heaviside, S., Novak, T., & Murphy, R. (2009). ***Achievement Effects of Four Early Elementary School Math Curricula: Findings from First Graders in 39 Schools***. NCEE 2009-4052. National Center for Education Evaluation and Regional Assistance.

Brophy, J., & Good, T. (1986). Teacher behavior and student achievement. In M. C. Wittrock (ed.) ***Handbook of Research on Teaching*** (3rd ed.). New York: Mc-Millan.

Brown, M. C., McNeil, N. M., & Glenberg, A. M. (2009). Using concreteness in education: Real problems, potential solutions. ***Child Development Perspectives***, *3*(3), 160-164.

Bruner, J. S. (1966). ***Toward a Theory of Instruction***. Cambridge: Harvard University Press.

Ericsson, K. A., Krampe, R. T., & Tesch-Romer, C. (1993). The role of deliberate practice in the acquisition of expert performance. ***Psychological Review***, ***100***(3), 363-406.

Mayer, R. E., & Moreno, R. (2003). Nine ways to reduce cognitive load in multimedia learning. ***Educational Psychologist***, ***38***(1), 43-52.

Newell, A., & Simon, H. A. (1972). ***Human Problem Solving***. Englewood Cliffs, NJ: Prentice Hall.

Pollock, E., Chandler, P., and Sweller, J. (2002). Assimilating complex information. ***Learning and Instruction***, ***12***(1), 61-86.

Smith, L. R., & Sanders, K. (1981). The effects on student achievement and student perception of varying structure in social studies content. ***The Journal of Educational Research***, ***74***(5), 333-336.

Sweller, J., van Merrienboer, J. J. G., & Paas, F. G. W. C. (1998). Cognitive architecture and instructional design. ***Educational Psychology Review***, ***10***, 251-296.

Willingham, D. T. (2009). ***Why Don't Students Like School? A Cognitive Scientist Answers Questions about How the Mind Works and What It Means for the Classroom***. San Francisco, CA: Jossey-Bass.

Ziegler, J. C., Bertrand, D., Lete, B., & Grainger, J. (2014). Orthographic and phonological contributions to reading development: Tracking developmental trajectories using masked priming. *Developmental Psychology*, *50*(4), 1026-1036.

15장. 탈선 금지

Harp, S. F., & Maslich, A. A. (2005). The consequences of including seductive details during lecture. *Teaching of Psychology*, *32*(2), 100-103.

Harp, S. F., & Mayer, R. E. (1997). The role of interest in learning from scientific text and illustrations: On the distinction between emotional interest and cognitive interest. *Journal of Educational Psychology*, *89*(1), 92-102.

Harp, S. F., & Mayer, R. E. (1998). How seductive details do their damage: A theory of cognitive interest in science learning. *Journal of Educational Psychology*, *90*(3), 414-434.

Lehman, S., Schraw, G., McCrudden, M. T., & Hartley, K. (2007). Processing and recall of seductive details in scientific text. *Contemporary Educational Psychology*, *32*(4), 569-587.

McCrudden, M. T., & Corkill, A. J. (2010). Verbal ability and the processing of scientific text with seductive detail sentences. *Reading Psychology*, *31*(3), 282-300.

Garner, R., Gillingham, M. G., & White, C. S. (1989). Effects of "seductive details" on macroprocessing and microprocessing in adults and children. *Cognition and Instruction*, *6*(1), 41-57.

Pichert, J. W., & Anderson, R. C. (1977). Taking different perspectives on a story. *Journal of Educational Psychology*, *69*(4), 309-315.

Roth, H. (1999). *We Followed Odysseus*. Port Washington, WI: Seaworthy.

Sundararajan, N., & Adesope, O. (2020). Keep it coherent: A meta-analysis of the seductive details effect. *Educational Psychology Review*, *32*(3), 707-734.

Sung, E., & Mayer, R. E. (2012). When graphics improve liking but not learning from online lessons. *Computers in Human Behavior*, *28*(5), 1618-1625.

자, 여기까지다. 이 책을 통해 펼쳐본 인지과학의 세계와 그 다양한 응용을 즐겁게 따라와 주셨기를 바란다. 그동안 우리는 겉보기엔 한없이 확장될 것처럼 보이는 장기 기억의 구조적 형성과, 그와는 대조적인 작업 기억의 한계를 살펴보았다. 생각의 작동 방식에 대한 이해가 이 두 가지의 모순을 어떻게 조화롭게 풀어 내어 더 나은 학습과 성장 환경을 만드는지 보여주었다. 그 과정에서, 우리가 던지는 질문부터 우리가 들려주는 이야기, 의도적 연습, 그리고 활성화되는 사전지식에 이르기까지 학습의 모든 순간을 구성하는 요소를 탐구했다.

이 원리들을 현실에서 쉽게 활용하기 위해 우리는 여러 멘탈 모델을 제시했다. 처음에 밝힌 바와 같이, 이러한 모델은 행동을 위한 인지적 설계도로서, 의도적 주의를 기울일 때 더 나아진다는 것을 이제 여러분도 알게 되었다. 멘탈 모델에 집중함으로써 일상 속의 학습과 성장을 우연에 맡기지 않고, 생각의 작동 원리에 관한 깊은 이해 위에서의 현명한 선택으로 이끌어 나가길 바란다.

무엇보다도 이 책이 여러분에게 전하고자 한 것은 우리 삶 곳곳에 스며 있는 인지의 본질이다. 특히 그것을 알아볼 수 있는 눈을 가진 이들에게 도움이 되었길 바란다. 그런 의미에서 인지과학은 단순히 생각을 이해하는 학문을 넘어서며, 우리 세상을 더 잘 이해하도록 해준다.

MEMO